KB274093

꿩 먹고 알 먹는 헝가리어 첫걸음

유진일 지음

문예림

꿩 먹고 알 먹는 헝가리어 첫걸음

초판 3쇄 인쇄 2020년 9월 7일
초판 3쇄 발행 2020년 9월 14일

지은이 유진일
펴낸이 서덕일
펴낸곳 도서출판 문예림

출판등록 1962.7.12 (제406-1962-1호)
주소 경기도 파주시 회동길 366 3층 (10881)
전화 (02)499-1281~2 **팩스** (02)499-1283
대표전자우편 info@moonyelim.com **통합홈페이지** www.moonyelim.com
카카오톡 ("도서출판 문예림" 검색 후 추가)

디지털노마드의 시대, 문예림은 Remote work(원격근무)를 시행하고 있습니다.
우리는 세계 곳곳에 있는 집필진과 원하는 장소와 시간에 자유롭게 일합니다.
문의 사항은 카카오톡 또는 이메일로 말씀해주시면 답변드리겠습니다.

ISBN 978-89-7482-810-3(13790)

머리말

1892년 6월 23일에 조선왕국과 오스트리아·헝가리 제국 사이에 우호통상항해조약이 맺어졌으니 한국과 헝가리 간의 외교 역사는 어언 120년이 넘었다. 그러나 우호통상항해조약에도 불구하고 지정학적 위치와 정치적 원인 등으로 인해 약 100여 년간 양국 간의 긴밀한 교류 협력 관계는 이루어지지 못했다. 특히 2차 세계대전 이후로는 서로 다른 정치체제를 갖게 되면서 양국 간의 교류는 거의 전무하였다. 하지만 1988년에 동유럽에서 체제전환이 일어나고 동유럽 국가들 중에서 최초로 1989년에 한국이 헝가리와 대사급 외교관계를 수립하면서 양국 간의 경제, 문화, 인적 교류가 활발해졌다.

헝가리 민족은 아시아지역에서 이동을 시작하여 유럽에 정착한 민족으로 알려지고 있다. 이러한 점은 양국 간의 정치, 경제, 문화, 및 인적 교류에 있어서 서로를 연결시켜주는 매개체로서의 역할을 해왔다. 헝가리 민족의 기원과 관련하여 스키타이인설, 고대 튀르크인설, 훈족 설 등 많은 가설이 있지만 이들은 현재 대부분 공식적으로 부인되고 있다. 현재 일반적으로 받아들여지고 있는 언어학적, 고고학적 연구 결과물에 의하면 헝가리 민족은 핀-우그르 어족(Finno-Ugric)에 속하는 민족으로 밝혀지고 있다. 이들은 기원전 6,000~4,000년경에 우랄산맥에 거주하다가 기후 변화로 이동을 시작하였다. 헝가리 민족이 독자적인 민족을 형성한 시기는 기원전 500년경으로 이때로부터 서쪽으로 이동을 시작하였다. 헝가리원거주지(Magyar őshaza)를 출발한 헝가리 민족은 마그나 훙가리아(Magna Hungaria), 레베디어(Levédia), 그리고 흑해 옆 에텔쾨즈(Etelköz)를 거쳐 지금의 중부유럽지역으로 이동해 온 것으로 밝혀졌다. 역사적으로 밝혀진 헝가리 민족의 유럽 정착 시기는 896년으로 약 1000년이 넘었다. 따라서 1000년이란 세월이 흐르면서 다양한 원인들로 유럽민족들과 혼혈이 일어나 헝가리인들의 외모에서는 더 이상 아시아 민족이라는 느낌을 받지 못한다. 그러나 헝가리인들의 이러한 유럽적인 외형과는 달리 그들의 정신세계는 아직 완전히 아시아를 탈피하지 못한 듯하다. 전통, 종교, 예술, 문화 등 그들의 정신문화 속에서 여전히 아시아에서 유래한 다양한 문화요소들이 발견되고 있기 때문이다.

헝가리 민족이 아시아에서 유래한 민족이라는 사실이 외교관계 수립 초기에 한국과 헝가리 간의 관계가 긴밀해지는데 중요한 역할을 한 것은 사실이지만 동시에 헝가리에 관한 증명되지 않은 왜곡된 정보들이 한국에 널리 퍼지기도 하였다. 예를 들면 한국어와 헝가리어가 동일한 우랄-알타이어족에 속한다거나, 한국어와 헝가리어는 어순이 서로 같다거나, 두 언어에 동일한 어휘가 많이 있다는 등 걸러지지 않은 정보들이 범람하면서 양국에 관한 잘못된 정보들을 접하는 경우가 많았다. 그러나 양국 간에 외교관계가 수립된 이후 양국 간의 경제, 문화, 인적 교류 등이 활발해지면서 한국과 헝가리에 대한 정확한 정보가 서로 교류되게 되었다. 이러한 정확한 정보교류를 바탕으로 상대국 문화에 대한 이해도 역시 높아졌다. 특히 최근에 전 세계적으로 불고 있는 한류의 영향으로 헝가리 텔레비전에서 한국드라마가 몇 번씩 재방송되기도 하고 부다페스트 대학교에 한국어과가 개설되기도 하고 부다페스트에 한국문화원이 개원되면서 태권도, 한국 전통 음식, 민속 춤, 한글 등 한국 문화에 접촉하는 헝가리인의 수가 많아졌다. 이와 함께 한국인들의 헝가리에 대한 관심도 증가하였는데 헝가리에 관한 각종 문화 콘텐츠들이 제작되어 국내 텔레비전에서 소개되었고 헝가리 현지에서 한국 드라마들이 촬영되기도 하였다. 특히 한국 기업들의 대 헝가리 투자가 활발히 이루어지면서 한국회사에서 근무하는 헝가리인의 수도 많아지는 등 양국 간의 기업 차원의 교류도 활발히 이루어지고 있다.

이렇게 다양한 방면에서 양국 간의 교류가 증가되고 있는 상황에서 『꿩먹고 알먹는 헝가리어 첫걸음』의 출간은 중요한 의미를 갖는다. 서로 다른 문화 속에 살아가는 사람이 타문화를 이해하고 교류하는데 있어서 언어란 중요한 수단이 되기 때문이다. 그동안 헝가리인과 교류하기 위해 국내에서 헝가리어를 습득하고 싶어도 헝가리어를 배우기란 사실 쉽지 않았다. 한국외대에 헝가리어과가 있으나 대학생이 아닌 일반인이 헝가리어를 국내에서 습득하기란 사실 거의 불가능했다. 본 저자는 전공자가 아닌 일반인들의 이러한 헝가리어 학습 환경을 고려하여 본서를 집필하게 되었다. 『꿩먹고 알먹는 헝가리어 첫걸음』은 헝가리어를 접해본 적이 없는 일반인들이 한글만 알면 기본적인 헝가리어를 습득하는데 어려움이 없도록 집필하는데 중점을 두었다. 본서는 우선 헝가리어 알파벳과 발음을 습득한 후 총 12과로 구성된 본문에서 현재 헝가리에서 바로 사용할 수 있는 어휘들을 습득할 수 있도록 최신 어휘들을 사용하여 본문을 구성하였다. 그리고 각 과에서는 본 시리즈의 집필 의도에 맞게 헝가리의 다양한 문화를 이해할 수 있도록 중요한 문화를 소개하였다.

본서는 특히 헝가리어를 처음 배우는 한국인들이 쉽게 헝가리어를 습득할 수 있도록 본문에 한국어로 발음을 달아 놓았다. 또 문법을 정확히 이해할 수 있도록 다양한 예문을 제시하였으며 기초적인 듣기와 회화가 가능하도록 CD를 부록으로 첨부하였다. 한국어 발음 표기는 가능하면 국립국어원에서 고시한 헝가리어 표기법을 따랐으나 일부 발음의 경우 실제 발음과 다소 차이가 있어 실제로 헝가리에서 사용되는 발음으로 표기했음을 밝힌다. 아무쪼록 본 『꿩먹고 알먹는 헝가리어 첫걸음』이 다양한 이유로 헝가리어를 습득하려는 사람들에게 조그마나마 도움이 되었으면 하는 바람이다. 마지막으로 본서 집필 과정에서 조언을 아끼지 않은 Orosz Andrea 교수와 Kovács Sándor 교수에게 감사의 말을 전한다.

저자 유 진 일

대문자	소문자	헝가리어 명칭	발음
A	a	a [어]	ㅓ
Á	á	á [아ー]	ㅏー
B	b	bé [비ー]	ㅂ[b]
C	c	cé [찌ー]	ㅉ[ʦ]
Cs	cs	csé [치ー]	ㅊ[tʃ]
D	d	dé [디ー]	ㄷ
Dz	dz	dzé [지ー]	ㅈ[dz]
Dzs	dzs	dzsé [쥐ー]	쥐[dʒ]
E	e	e [에]	ㅔ
É	é	é [이ー]	ㅣ[e:]
F	f	eff [에프]	ㅍ
G	g	gé [가ー]	ㄱ
Gy	gy	gyé [지ー]	ㅈ[ɟ]~[dj]
H	h	há [하ー]	ㅎ
I	i	i, rövid i [이, 뢰비드 이]	ㅣ[i]
Í	í	í, hosszú í [이ー, 호쑤 이ー]	ㅣ[i:]
J	j	jé [이에]	ㅣ[j]
K	k	ká [까]	ㄲ
L	l	ell [엘ー]	ㄹ
Ly	ly	ejj, ellipszilon [에이ー, 입실론]	ㅣ[j]
M	m	emm [엠ー]	ㅁ
N	n	enn [엔ー]	ㄴ[n]
Ny	ny	enny [에니ー]	니[ɲ]
O	o	o, rövid o [오, 뢰비드 오]	ㅗ
Ó	ó	ó, hosszú ó [오ー, 호쑤 오ー]	ㅗー
Ö	ö	ö, rövid ö [외, 뢰비드 외]	ㅚ
Ő	ő	ő, hosszú ő [외ー, 호쑤 외ー]	ㅚー
P	p	pé [뻬ー]	ㅃ
R	r	err [에르ー]	ㄹ

대문자	소문자	헝가리어 명칭	발음
S	s	ess [에쉬-]	쉬[ʃ]
Sz	sz	essz [에쓰-]	ㅆ
T	t	té [띠-]	ㄸ
Ty	ty	tyé [티-]	ㅌ[ɟ]~[tj]
U	u	u, rövid u [우, 뢰비드 우]	ㅜ
Ú	ú	ú, hosszú ú [우-, 호쑤 우-]	ㅜ-
Ü	ü	ü, rövid ü [위, 뢰비드 위]	ㅟ
Ű	ű	ű, hosszú ű [위-, 호쑤 위-]	ㅟ-
V	v	vé [비-]	ㅂ[v]
Z	z	zé [지-]	ㅈ[z]
Zs	zs	zsé [쥐-]	쥐[ʒ]

※ 이밖에도 ch, q, w, x, y가 사용되는데 이들은 외래어 차용 시에 나타난다.

헝가리어의 모음

대문자	소문자	명칭	발음	예시
A	a	a[어]	어	apa[어뻐], alma[얼머]
Á	á	á[아-]	아-	ár[아-르], áram[아-럼]
E	e	e[에]	에	eper[에뻬르], ezer[에제드]
É	é	é[이-]	이-	étterem[이-떼렘], ész[이-쓰]
I	i	i, rövid i [이, 뢰비드 이]	이	ipar[이뻐르], izom[이좀]
Í	í	í, hosszú í [이-, 호쑤 이-]	이-	íz[이-즈], írás[이-라-쉬]
O	o	o, rövid o [오, 뢰비드 오]	오	orvos[오르보쉬], orosz[오로쓰]
Ó	ó	ó, hosszú ó [오-, 호쑤 오-]	오-	óra[오-러], óvoda[오-보더]
U	u	u, rövid u [우, 뢰비드 우]	우	uborka[우보르꺼], udvar[우드버르]
Ú	ú	ú, hosszú ú [우-, 호쑤 우-]	우-	új[우-이], út[우-뜨]
Ö	ö	ö, rövid ö [외, 뢰비드 외]	외	ördög[외르되그], öreg[외레그]
Ő	ő	ő, hosszú ő [외-, 호쑤 외-]	외-	ősz[외-쓰], őz[외-즈]
Ü	ü	ü, rövid ü [위, 뢰비드 위]	위	ünnep[윈넵], üveg[위베그]
Ű	ű	ű, hosszú ű [위-, 호쑤 위-]	위-	űr[위-르], űrruha[위-르루허]

※ 헝가리어 모음들은 장모음과 단모음이 짝을 이루고 있으며 이들은 독립된 음소이다.

※ a와 á는 음의 장단 차이뿐만 아니라 음가도 있어서도 서로 다르다.

※ 헝가리어에서 이중 모음은 존재하기 않는다.

※ 헝가리어에서는 모음 하나가 하나의 음절이다. 따라서 단어의 음절수는 모음의 수와 일치한다.

※ 헝가리어 모음은 전설모음(e, é, i, í, ö, ő, ü, ű)과 후설모음(a, á, o, ó, u, ú)으로 나뉜다.

※ 헝가리어는 모음조화 현상이 두드러진 특징으로 전설모음은 전설모음끼리, 후설모음은 후설모음끼리 어휘를 형성한다.

※ 본서에서는 학습자의 원활한 헝가리어 습득을 위해 일부 발음의 경우 외래어 표기법을 따르지 않고 실제 헝가리인의 발음에 가깝게 표기하였다.

대문자	소문자	명칭	발음	예시
B	b	bé[비-]	ㅂ	baj[버이], barát[버라-뜨]
C	c	cé[찌-]	ㅉ	cica[찌쩌], comb[쫌브]
Cs	cs	csé[치-]	ㅊ	család[철아-드], csiga[치거]
D	d	dé[디-]	ㄷ	darab[더러브], diadal[디어덜]
Dz	dz	dzé[지-]	ㅈ	madzag[머저그], edzés[에지-쉬]
Dzs	dzs	dzsé[쥐-]	쥐	dzsem[잼], dzsungel[준겔]
F	f	eff[에프]	ㅍ	fogas[포거쉬], forma[포르머]
G	g	gé[기-]	ㄱ	gomba[곰버], gumi[구미]
Gy	gy	gyé[지-]	ㅈ	gyár[자-르], gyerek[제렉]
H	h	há[하-]	ㅎ	haj[허이], hal[헐]
J	j	jé[이에]	ㅣ	jegy[예지], jel[옐]
K	k	ká[까]	ㄲ	kalauz[껄어우즈], kar[꺼르]
L	l	ell[엘-]	ㄹ	lány[라-니], lovag[로버그]
Ly	ly	ejj, ellipszilon [에이-, 입실론]	ㅣ	lyuk[이우크], moly[모이]
M	m	emm[엠-]	ㅁ	monda[몬더], munka[문꺼]
N	n	enn[엔-]	ㄴ	nagy[너지], nem[넴]
Ny	ny	enny[에니-]	니	nyár[니아-르], nyelv[니엘브]
P	p	pé[삐-]	ㅃ	pad[뻐드], paradicsom[뻐러디촘]
R	r	err[에르-]	ㄹ	rajz[러이즈], remény[레미-니]
S	s	ess[에쉬-]	쉬	sereg[쉐레그], sor[쇼르]
Sz	sz	essz[에쓰-]	ㅆ	szalag[썰어그], szalma[썰머]
T	t	té[띠-]	ㄸ	tanár[떠나-르], tea[떼어]
Ty	ty	tyé[티-]	ㅌ	gyertya[제르텨], tyúk[튜-크]
V	v	vé[비-]	ㅂ	vagyon[버존], van[번]
Z	z	zé[지-]	ㅈ	zenész[제니-쓰], zongora[존고러]
Zs	zs	zsé[쥐-]	쥐	zsák[자-크], zsidó[지도-]

※ cs, dz, dzs, gy, ly, ny, sz, ty, zs는 독립된 하나의 자음이다.

※ cs, gy, ly, ny, sz, ty, zs 등의 자음이 두 번 겹쳐질 때는 두 번 반복해서 쓰지 않고 ccs, ggy, lly, nny, ssz, tty, zzs 등으로 단축하여 쓴다. 단 발음은 그대로 장자음으로 발음한다.

※ 헝가리어 자음들은 많은 경우에 무성음과 유성음이 서로 짝을 이룬다. 이들 자음들은 조음방법과 조음위치는 같으나 무성음과 유성음이라는 차이만 있다. (p-b, t-d, ty-gy, k-g, f-v, sz-z, s-zs, c-dz, cs-dzs)

※ dz(마찰음, 유성음, 치음), dzs(마찰음, 유성음, 치경음), gy(파열음, 유성음, 경구개음), z(마찰음, 유성음, 치음), zs(마찰음, 유성음, 치경음) 등의 자음은 헝가리어에서는 독립된 자음이지만 한국어에서는 모두 'ㅈ'으로 발음되기 때문에 한국인이 이들 발음을 정확하게 구별하여 발음하기는 쉽지 않다.

※ l(치음, 설측음)과 r(치음, 전동음) 역시 헝가리어에서는 서로 다른 음소이지만 한국어에서는 그렇지 않기 때문에 많은 연습을 하지 않으면 한국인이 정확히 구별하여 발음하기가 쉽지 않다.

※ 헝가리어 자음들은 여러 동화작용이 일어나는데 다음의 경우는 철자와 다르게 발음되는 경우들이다.

d + j → gy	(예) adj → aggy	
gy + j → ggy	(예) hagyj → haggy	
l + j → ly	(예) beszélj → beszéjj	
ly + j → lly	(예) folyjon → follyon	
n + j → ny	(예) menj → menny	
ny + j → nny	(예) anyja → annya	
t + j → ty	(예) kertje → kertye	
ty + j → tty	(예) bátyja → báttya	
d + s → ccs	(예) fáradság → fáraccság	
gy + s → ccs	(예) nagyság → nagyccság	
t + s → ccs	(예) barátság → baráccság	
sz + s → ss	(예) egészség → egésség	
z + s → ss	(예) nehézség → nehésség	
d + sz → cc	(예) maradsz → maracc	
gy + sz → cc	(예) gyógyszer → gyóccer	
t + sz → cc	(예) látszik → láccik	
d + t → tt	(예) maradt → maratt	

헝가리어의 강세와 억양

헝가리어에서 강세는 단어의 첫음절에 있다. 억양의 경우에는 평서문과 의문사가 있는 의문문에서는 계속 내려주면 되고 의문사가 없는 의문문에서는 끝에서 두 번째 모음을 올렸다 내린다.

• 평서문: 문장 처음에서부터 문장 끝까지 계속 내려준다.

Koreai vagyok. (나는 한국인입니다.)

• 의문사가 있는 의문문: 의문사를 높인 후 문장 끝으로 가면서 계속 내려준다.

Hol van az egyetem? (그 대학교가 어디에 있습니까?)

• 의문사가 없는 의문문: 문장 끝에서 두 번째 모음을 올렸다 내린다.

Most mész az iskolába? (지금 학교에 가니?)

Ön kicsoda?

Mivel megyünk?

Hol van a kollégium?

Mikor jöttél Magyarországra?

Mit csináltál tegnap?

Hol van az autód?

Hol laknak a testvéreid?

Hol van a Rudas fürdő?

Az étteremben

Zöldségesnél

Az életemről

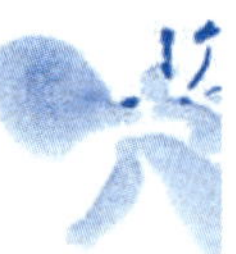

Mikor fogsz visszamenni Koreába?

Ön kicsoda?

당신은 누구십니까?

Kovács Sándor : Jó napot kívánok!
요- 너뽀뜨 끼-바-녹

Yú Zsinil :   Jó napot kívánok! Ön kicsoda?
요- 너뽀뜨 끼-바-녹   왼 끼초더

Kovács Sándor : Én Kovács Sándor vagyok. Ön Yú Zsinil?
인- 꼬바-치 샨-도르 버죡   왼 유- 진일

Yú Zsinil :   Igen, Yú Zsinil vagyok.
이겐 유- 진일 버죡

Kovács Sándor : Nagyon örülök.
너존   외륄윽

Sajnos, Andrea most nem tud idejönni. Ő beteg.
셔이노쉬 언드레어 모쉬뜨 넴   뚜드 이데이왼니   외- 베떼그

Yú Zsinil :   Igen?
이겐

Kovács Sándor : Igen. Én megyek önnel az egyetemig.
이겐   인- 메젝   왼넬   어즈 에제떼미이그

Yú Zsinil :   Köszönöm szépen!
꾀쐬놈   씨-쁜

Kovács Sándor : Szívesen!
씨-베쉔

1 단계

단어 익히기

• az	정관사, 그것(지시대명사), 저것(지시대명사)
• ki	누구, 누가(의문대명사)
• én	나, 저(1인칭 단수 인칭대명사)
• ő	그, 그녀(3인칭 단수 인칭대명사)
• ön	당신(3인칭 단수 인칭대명사)
• nap	날, 해, 태양
• egyetem	대학교
• kíván	원하다, 희망하다, 요구하다
• vagyok	이다, 있다(1인칭 단수 존재동사)
• igen	예
• nem	아니요
• örül	기뻐하다, 즐거워하다

• tud	할 수 있다(조동사), 알다(동사)
• jön	오다
• megy	가다
• köszön	감사하다, 인사하다
• jó	좋은
• nagyon	아주
• sajnos	유감스럽게도
• ide	여기로
• beteg	병든, 아픈, 환자(명사)
• önnel	당신과
• szépen	예쁘게, 상당히, 꽤
• szívesen	기꺼이, 천만에요

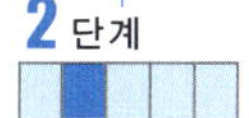

문법 배우기

1. 헝가리어

헝가리어는 언어학적으로 핀-우그르(Finno-Ugrian) 어족에 속하며 핀란드어 (Finnish), 에스토니아어(Estonian) 그리고 시베리아 지역에 흩어져 살고 있는 여러 소수민족들의 언어와 친족 관계에 있다.

언어의 종류는 한국어와 마찬가지로 첨가어에 속하기 때문에 단어나 어간에 문법적 기능을 가진 요소를 붙여나가는 형식의 언어이다. 그러나 한국어와는 달리 헝가리어에서는 다른 품사들보다 동사에 훨씬 더 많은 문법적 요소가 포함되어 있어 동사의 인칭 변화가 무엇보다도 중요하다. 따라서 헝가리어를 잘 구사하기 위해서는 무엇보다도 동사의 인칭변화를 능수능란하게 변화시킬 수 있어야 한다.

2. 인칭대명사(주격)

	단수	복수	
1인칭	én[안-] 나는	mi[미]	우리는
2인칭	te[떼] 너는	ti[띠]	너희는
3인칭	ő[와-] 그(녀)는	ők[와-크]	그(녀)들은
존칭	ön[왼] 당신은	önök[왼외크]	당신들은

※ 헝가리어에서 존칭 인칭대명사는 3인칭으로 취급된다. 따라서 문장에서 존칭 인칭대명사 ön이
　 나 önök이 주어이면 동사는 3인칭 동사를 사용해야 한다.

3. 관사

　정관사에는 a와 az가 있으며 부정관사로는 egy가 사용된다. 정관사에서 a는 자음으로 시작되는 명사에 붙게 되며 az는 모음으로 시작되는 명사에 붙는다. 헝가리어 동사의 인칭변화에는 1변화형과 2변화형이 있는데 정관사가 붙어 있는 명사가 목적어일 경우에는 반드시 2변화형을 취한다.

A. 정관사 a[에], az[어즈]

　　예　a szék[어 씨-크] (그) 의자
　　　　az alma[어즈 얼머] (그) 사과

B. 부정관사 egy[에지]

　　예　egy szék[에지 씨-크] 의자 하나
　　　　egy alma[에지 얼머] 사과 하나

4. 의문대명사

A. Ki[끼] 누구

　　예문　Ki van ott? (거기에 누가 있습니까?)
　　　　　끼　번　오뜨-

B. Mi[미] 무엇

　　예문　Mi van itt? (여기에 무엇이 있습니까?)
　　　　　미　번　이뜨-

5. 현재 1변화의 인칭변화

헝가리어 동사의 인칭변화는 동사 어간에 인칭어미를 붙이게 된다. 동사의 현재 1변화 인칭어미들은 다음과 같다.

	후설모음 동사	전설모음 동사	원순모음 동사
1인칭 단수(én)	ok	ek	ök
2인칭 단수(te)	sz		
3인칭 난수(ő/ön)			
1인칭 복수(mi)	unk	ünk	
2인칭 복수(ti)	tok	tek	tök
3인칭 복수(ők/önök)	nak	nek	

A. 후설모음 동사

헝가리어에서는 모음조화 현상이 두드러져 대부분의 단어들은 후설모음은 후설모음끼리, 전설모음은 전설모음끼리 그리고 원순모음은 원순모음끼리 모여 단어가 형성된다. 따라서 동사를 인칭 변화시킬 때 후설모음으로 이루어진 동사는 후설모음 인칭어미들을 붙여야 한다.

예 akar[어꺼르] 원하다

	인칭변화	의미
1인칭 단수(én)	**akarok**[어꺼록]	내가 원하다
2인칭 단수(te)	**akarsz**[어꺼르쓰]	네가 원하다
3인칭 단수(ő/ön)	**akar**[어꺼르]	그가/당신이 원하다
1인칭 복수(mi)	**akarunk**[어꺼룽크]	우리가 원하다
2인칭 복수(ti)	**akartok**[어꺼르똑]	너희가 원하다
3인칭 복수(ők/önök)	**akarnak**[어꺼르넉]	그들이/당신들이 원하다

예 tanul[떠눌] 공부하다, 배우다

	인칭변화	의미
1인칭 단수(én)	tanul**ok**[떠눌옥]	내가 공부하다
2인칭 단수(te)	tanul**sz**[떠눌쓰]	네가 공부하다
3인칭 단수(ő/ön)	tanul[떠눌]	그가/당신이 공부하다
1인칭 복수(mi)	tanul**unk**[떠눌웅크]	우리가 공부하다
2인칭 복수(ti)	tanul**tok**[떠눌똑]	너희가 공부하다
3인칭 복수(ők/önök)	tanul**nak**[떠눌넉]	그들이/당신들이 공부하다

B. 전설모음 동사

동사를 인칭 변화시킬 때 전설모음으로 이루어진 동사는 전설모음 인칭어미들을 붙여야 한다.

예 beszél[베씨-일] 이야기하다, 말하다

	인칭변화	의미
1인칭 단수(én)	beszél**ek**[베씨-일엑]	내가 이야기하다
2인칭 단수(te)	beszél**sz**[베씨-일쓰]	네가 이야기하다
3인칭 단수(ő/ön)	beszél[베씨-일]	그가/당신이 이야기하다
1인칭 복수(mi)	beszél**ünk**[베씨-일윙크]	우리가 이야기하다
2인칭 복수(ti)	beszél**tek**[베씨-일떽]	너희가 이야기하다
3인칭 복수(ők/önök)	beszél**nek**[베씨-일넥]	그들이/당신들이 이야기하다

예 emel[에멜] 올리다, 들어올리다

	인칭변화	의미
1인칭 단수(én)	emel**ek**[에멜엑]	내가 올리다
2인칭 단수(te)	emel**sz**[에멜쓰]	네가 올리다
3인칭 단수(ő/ön)	emel[에멜]	그가/당신이 올리다
1인칭 복수(mi)	emel**ünk**[에멜윙크]	우리가 올리다
2인칭 복수(ti)	emel**tek**[에멜떽]	너희가 올리다
3인칭 복수(ők/önök)	emel**nek**[에멜넥]	그들이/당신들이 올리다

C. 원순모음 동사

　동사를 인칭 변화시킬 때 원순모음으로 이루어진 동사는 원순모음 인칭어미들을 붙여야 한다.

　　🔵 **tör**[뙤르]　깨다, 부수다

	인칭변화	의미
1인칭 단수(én)	tör**ök**[뙤뢱]	내가 깨다
2인칭 단수(te)	tör**sz**[뙤르쓰]	네가 깨다
3인칭 단수(ő/ön)	tör[뙤르]	그가/당신이 깨다
1인칭 복수(mi)	tör**ünk**[뙤륑크]	우리가 깨다
2인칭 복수(ti)	tör**tök**[뙤르뙥]	너희가 깨다
3인칭 복수(ők/önök)	tör**nek**[뙤르넥]	그들이/당신들이 깨다

　　🔵 **örül**[외륄]　기뻐하다, 반가워하다

	인칭변화	의미
1인칭 단수(én)	örül**ök**[외륄욐]	내가 기뻐하다
2인칭 단수(te)	örül**sz**[외륄쓰]	네가 기뻐하다
3인칭 단수(ő/ön)	örül[외륄]	그가/당신이 기뻐하다
1인칭 복수(mi)	örül**ünk**[외륄윙크]	우리가 기뻐하다
2인칭 복수(ti)	örül**tök**[외륄뙥]	너희가 기뻐하다
3인칭 복수(ők/önök)	örül**nek**[외륄넥]	그들이/당신들이 기뻐하다

6. '예'와 '아니오'

　질문에 대한 긍정답변은 igen[이겐](예), 부정답변은 nem[넴](아니오)이다.

A. 긍정 질문에 대한 답변

Ő diák?　(그는 학생입니까?)
외- 디아-크

Igen. Ő diák.(긍정답변) (예. 그는 학생입니다.)
이겐   외- 디아-크

Nem. Ő nem diák.(부정답변) (아니오. 그는 학생이 아닙니다.)
넴   외- 넴 디아-크

B. 부정 질문에 대한 답변

Ő nem diák? (그는 학생이 아닙니까?)
외- 넴 디아-크

De igen. Ő diák.(긍정답변) (천만에요. 그는 학생입니다.)
데 이겐   외- 디아-크

Nem. Ő nem diák.(부정답변) (아니오. 그는 학생이 아닙니다.)
넴   외- 넴 디아-크

7. 조동사 'tud'

tud가 일반 동사 일 때는 '알다' 의 의미이지만 조동사 일 때는 '할 수 있다' 의 의미로 쓰인다. tud가 조동사 일 때는 일반 동사와 함께 쓰이는데 이때 일반 동사는 반드시 원형(infinitive) 형태가 온다. 헝가리어 규칙 동사의 원형은 동사의 현재 1변화 3인칭 단수 형태에 ni를 붙인 형태이다. 그러나 불규칙 동사의 원형 형태는 동사마다 다르므로 따로 알아두어야 한다.

A. 규칙 동사의 원형

Tudok olvasni. (나는 읽을 수 있습니다.)
뚜독   올버쉬니

Tud olvasni. (그는/그녀는 읽을 수 있습니다.)
뚜드 올버쉬니

※ 헝가리어 문장에서는 동사 안에 이미 인칭에 대한 정보가 있기 때문에 주어를 알 수 있는 경우에는 생략하는 경우가 많다.

　　예) Én tudok olvasni. → Tudok olvasni.

B. 불규칙 동사의 원형

현재 1변화 3인칭 단수 형태	의미	원형
van[번]	있다	lenni
megy[메지]	가다	menni
jön[이왼]	오다	jönni
tesz[떼쓰]	하다, 두다	tenni
vesz[베쓰]	사다, 잡나	venni
visz[비쓰]	가저가다	vinni
hisz[히쓰]	믿다	hinni
lesz[레쓰]	되다	lenni
eszik[에씩]	먹다	enni
iszik[이씩]	마시다	inni
alszik[얼씩]	자다	aludni
fekszik[펙씩]	눕다	feküdni
haragszik[허럭씩]	화내다	haragudni

예문

Tudok menni. (나는 갈 수 있습니다.)
뚜독　　멘니

Tud menni. (그는/그녀는 갈 수 있습니다.)
뚜드　멘니

8. 격조사 'val/vel'

격조사 val/vel은 명사에 붙게 되는데 사람에 붙게 되면 '~와'의 의미를 가지며 사물에 붙게 되면 '~을 가지고', '~으로'의 의미를 갖는다, 그리고 교통수단에 붙게 되면 '~을 타고'의 의미를 갖는다. 명사가 모음으로 끝나면 val/vel을 그대로 붙인다. (단 a, e로 끝날 경우에는 장모음화(á, é) 한 후 붙인다) 명사가 자음으로 끝나면 val/vel의 v가 앞의 자음에 동화된다.

A. 사람 + val/vel

Kati + val	→	Katival 꺼띠벌	꺼띠와
Anna + val	→	Annával 언나-벌	언너와
testőr + vel	→	testőrrel 떼쉬뜨외-렐	경호원과

B. 사물 + val/vel

mi + vel	→	mivel 미벨	무엇을 가지고, 무엇으로
kéz + vel	→	kézzel 끼-젤	손으로
toll + val	→	tollal 똘럴	펜으로

※ 헝가리어에서는 동일한 자음이 3개가 겹치면 두 개만 쓴다.

C. 교통수단 + val/vel

autó + val	→	autóval 어우또-벌	자동차를 타고
vonat + val	→	vonattal 보넡떨	기차를 타고
repülőgép + vel	→	repülőgéppel 레쀨외-깁-뻴	비행기를 타고

9. 격어미 'ig'

격어미 ig는 공간과 함께 쓰이면 '~까지'의 의미를 지니며 시간과 함께 쓰이면 '~까지' 또는 '~동안'의 의미를 갖는다. 모음으로 끝나든 자음으로 끝나든 그대로 ig를 붙이지만 a, e로 끝날 때는 장모음화(á, é) 시킨 후 붙인다.

A. 공간 + ig

egyetem + ig	→	egyetemig 에제떼미그	대학교까지
posta + ig	→	postáig 뽀쉬따-이그	우체국까지

B. 시간 + ig

| holnap + ig | → | holnapig
홀너삐그 | 내일까지 |

| három óra + ig | → | három óráig
하-롬 오-라-이그 | 세 시간동안, 세 시까지 |

표현 따라하기

Jó reggelt kívánok! (좋은 아침을 기원합니다!) (아침 인사)
요- 렉겔뜨   끼-바-녹

Jó napot kívánok! (좋은 날을 기원합니다!) (낮 인사)
요- 너뽀뜨   끼-바-녹

Jó estét kívánok! (좋은 저녁을 기원합니다!) (저녁 인사)
요- 에쉬띠-뜨 끼-바-녹

Jó éjszakát kívánok! (좋은 밤을 기원합니다!)
요- 이-이써까-뜨 끼-바-녹   (밤에 헤어지거나 잠자리에 들기 전 인사)

Viszontlátásra! (또 봅시다!) (헤어질 때 인사)
비쏜뜨라-따-쉬러

헝가리어로 말하기

▶ 회화 1

Ön kicsoda? / Hogy hívják? (당신은 누구십니까?)
왼   끼초더   호지   히-뱍

(Én) Kovács Sándor vagyok. (저는 꼬바치 샨도르 입니다.)
인-   꼬바-취   샨-도르   버죡

▶ 회화 2

Ön Yú Zsinil? (당신은 유 진일 입니까?)
왼   유- 진일

Igen, Yú Zsinil vagyok. (예, 저는 유진일 입니다.)
이겐　유- 진일　버죡

▶ **회화 3**

Köszönöm szépen! (정말 감사합니다.)
꾀쐬뇜　　　씨-뻰

Szívesen. (천만에요.)
씨-베쉔

함께 연습하기

1. 다음 명사에 정관사를 붙이시오.
   auto, könyv, iskola, pénz, kéz, asztal, óra, cipő, naptár, tanár

2. 다음 동사를 현재 1변화로 인칭변화 시키시오.
   fut, lép, ül, ad, csinál, csókol, vár, ver, tör, kér

3. 다음 명사에 격조사 val/vel을 붙이시오.
   lámpa, csillag, lány, fiú, villamos, metró, szerszám, számítógép, kéz,
   szótár

4. 다음 명사 어휘에 격조사 ig를 붙이고 뜻을 쓰시오.
   határ, Budapest, két nap, dél, péntek

5. 다음 문장을 헝가리어로 옮기시오.
   1) 안녕하세요! (낮 인사)
   2) 저는 유진일입니다.
   3) 당신은 누구십니까?
   4) 제가 당신과 함께 대학교까지 가겠습니다.
   5) 유감스럽게도, 언드레어는 지금 이곳에 오지 못합니다.

유럽 속 아시아-헝가리

헝가리 민족은 수 백 년에 걸쳐 아시아에서 유럽으로 이주해 카르파티아 산맥으로 둘러싸인 현재의 헝가리 지역에 9세기에 정착한 것으로 알려지고 있다. 헝가리 민족 외에도 훈족, 몽고족, 아바르족 등 아시아에서 유럽으로 이주한 많은 민족이 있지만 헝가리 민족인 마자르족만이 유일하게 현재 유럽에서 국가를 세우고 그 명맥을 유지하고 있다.

헝가리 민족의 기원에 관해서는 많은 가설들이 존재한다. 예를 들면 스키타이인설, 수메르인설, 튀르크인설, 훈족설 등 다양한 가설이 존재하는데 이는 마자르족이 짧은 기간에 유럽으로 이주한 것이 아니라 수 백 년을 걸쳐 이주하는 과정에서 많은 다른 민족들과 접촉하게 되면서 이들 민족과 문화적 공통점을 공유했다는 점에서 기인한다. 그러나 이러한 많은 가설들에도 불구하고 현재 학술적인 연구의 결과물을 근거로 일반적으로 받아들여지고 있는 헝가리 민족의 기원은 우랄어족 설 혹은 핀-우그르어족 설이다. 언어학과 고고학적 연구 결과에 의하면 마자르족은 약 BC 5000년 전에 우랄산맥 부근에 거주했던 것으로 알려지고 있다. 헝가리어와 함께 핀-우그르어족에 속하는 어족으로는 핀란드어, 에스토니아어를 비롯하여 시베리아지역에 거주하는 오스트야크, 보굴, 모르드빈, 체레미스 민족 등의 언어인 것으로 알려지고 있다.

약 BC 5000년 전에 우랄산맥 부근에 거주하던 이들 민족들은 기후변화에 따라 헝가리 민족인 마자르족은 유럽의 중앙으로 이주해왔고 핀란드민족과 에스토니아 민족은 북유럽지역으로 이주했으며 오스트야크 민족, 보굴 민족, 모르드빈 민족, 체레미스 민족은 시베리아지역으로 이주해 간 것으로 추측되고 있다.

따라서 헝가리는 아시아에서 이주한 마자르족에 의해 세워진 국가이며 헝가리인들은 지금도 자기 나라를 마자르(Magyar) 공화국으로 부르고 있다. '헝가리' 라는 국가명은 유럽인들의 마자르족에 대한 오해에서 비롯된 것으로 알려지고 있다. 유럽인들은 4세기말 루아왕 때 지금의 헝가리와 트란실바니아 지역을 지배했던 훈족과 9세기에 유럽에 정착한 마자르족을 동일한 민족으로 착각하였다. 그 결과 마자르족을 훈족과 동일한 민족으로 여겼는데 이는 Hungarian이 훈족을 의미하는 Hunnus에서 나왔다는 점에서 알 수 있다.

이렇게 아시아에서 이주해 온 헝가리 민족의 문화 속에는 아시아적인 요소가 많이 녹아있다.

예를 들면 헝가리 창세신화에서 새로 변한 천상의 아버지의 아들이 호수 속으로 들어가 가져온 씨에서 생명체가 탄생했다고 하는 신화의 잠수모티프는 보굴족, 보티악족, 커리얼러이족 등 시베리아지역에 거주하는 핀-우고르어족의 신화 내용과 흡사하다. 헝가리인들의 민속 신앙 역시 중앙아시아 지역의 신앙과 많은 점에서 흡사한데 아시아 지역의 무속 신앙에서 찾아볼 수 있는 우리의 무당처럼 신과 인간을 연결하는 존재인 탈토시의 흔적이 존재한다.

또 출생, 결혼, 사망과 관련한 의례 속에 중앙아시아지역에서 찾아볼 수 있는 샤머니즘적 혹은 주술적 요소가 다수 발견된다. 이러한 점에서 헝가리 민족의 문화는 주변에 있는 게르만족, 슬라브족들 등 여타 유럽 민족들의 문화와는 달리 아시아에서부터 형성된 문화가 아직도 그들의 문화 속에 다수 남아있다.

Mivel megyünk?

우리는 무엇을 타고 가나요?

Kovács Sándor :	Akkor, indulhatunk? 억꼬르　인둘허뚱크
Yú Zsinil :	Egy pillanat! Veszek egy újságot. 에지 뻴러너뜨　베쎅　에지 우−이샤−고뜨
Kovács Sándor :	Ott vásárolhat újságot. 오뜨 바−샤−롤허뜨 우−이샤−고뜨
Yú Zsinil :	Köszönöm szépen! 꾀쐬뇜　씨−뻰
Kovács Sándor :	Szívesen! 씨−베쉔
Yú Zsinil :	Kovács úr, mivel megyünk az egyetemig? 꼬바−취　우−르 미벨 메쥉크　어즈 에제떼미그
Kovács Sándor :	Autóbusszal megyünk. Ott van a megálló. 어우또−부쎌　메쥉크　오뜨 번　어 메갈−로−
Yú Zsinil :	De ott nincs autóbusz. 데 오뜨 닌취　어우또−부쓰
Kovács Sándor :	Mindjárt érkezik. 민자−르뜨 이−르께직

꼬바치 샨도르 : 그럼, 출발해도 될까요?

유진일 : 잠깐만요! 신문을 하나 살게요.

꼬바치 샨도르 : 저기에서 신문을 살 수 있어요.

유진일 : 감사합니다.

꼬바치 샨도르 : 천만에요.

유진일 : 꼬바치씨, 우리는 대학교까지 뭘 타고 가나요?

꼬바치 샨도르 : 버스를 타고 갑니다. 저기에 정류장이 있어요.

유진일 : 하지만, 저기에 버스는 없는데요.

꼬바치 샨도르 : 곧 도착할 겁니다.

1 단계

단어 익히기

- egy   하나

- vesz   사다
- indul   출발하다
- vásárol   사다, 구매하다
- van   있다
- nincs   없다
- érkezik   도착하다

- autóbusz   버스
- pillanat   순간, 찰라
- újság   신문
- úr   ~씨
- megálló   정류장
- lehet   가능하다, …할 수 있다, …해도 된다

• ott   저기에, 거기에

• akkor   그러면, 그때

• de   하지만, 그러나

• mindjárt   곧

문법 배우기

1. 현재 1변화 인칭변화의 예외

A. ik동사

동사가 ik로 끝나면 1인칭 어미를 ok, ek, ök를 쓰지 않고 om, em, öm을 쓴다. 이때 ik는 빼고 인칭변화를 시키지만 3인칭 단수에는 ik가 그대로 남아있다.

예 aggódik[어고-딕] 걱정하다

	인칭변화	의미
1인칭 단수(én)	**aggódom**[어고-돔]	내가 걱정하다
2인칭 단수(te)	aggódsz[어고-쯔]	네가 걱정하다
3인칭 단수(ő/ön)	aggódik[어고-딕]	그가/당신이 걱정하다
1인칭 복수(mi)	aggódunk[어고-둥크]	우리가 걱정하다
2인칭 복수(ti)	aggódtok[어고-똑]	너희가 걱정하다
3인칭 복수(ők/önök)	aggódnak[어고-드넉]	그들이/당신들이 걱정하다

예 lakik[러끽] 거주하다, 살다.

	인칭변화	의미
1인칭 단수(én)	**lakom**[러꼼]	내가 거주하다
2인칭 단수(te)	laksz[럭쓰]	네가 거주하다
3인칭 단수(ő/ön)	lakik[러끽]	그가/당신이 거주하다
1인칭 복수(mi)	lakunk[러꿍크]	우리가 거주하다
2인칭 복수(ti)	laktok[럭똑]	너희가 거주하다
3인칭 복수(ők/önök)	laknak[러크넉]	그들이/당신들이 거주하다

B. 치음으로 끝나는 동사

동사가 s, sz, z 등의 치음으로 끝나면 2인칭 단수 인칭어미는 sz를 쓰지 않고 ol, el, öl을 쓴다.

예 olvas[올버쉬] 읽다

	인칭변화	의미
1인칭 단수(én)	olvasok[올버속]	내가 읽다
2인칭 단수(te)	**olvasol**[올버숄]	네가 읽다
3인칭 단수(ő/ön)	olvas[올버쉬]	그가/당신이 읽다
1인칭 복수(mi)	olvasunk[올버슝크]	우리가 읽다
2인칭 복수(ti)	olvastok[올버쉬똑]	너희가 읽다
3인칭 복수(ők/önök)	olvasnak[올버쉬넉]	그들이/당신들이 읽다

예 tesz[떼쓰] 하다, 놓다

	인칭변화	의미
1인칭 단수(én)	teszek[떼쎅]	내가 하다
2인칭 단수(te)	**teszel**[떼쎌]	네가 하다
3인칭 단수(ő/ön)	tesz[떼쓰]	그가/당신이 하다
1인칭 복수(mi)	teszünk[떼쓩크]	우리가 하다
2인칭 복수(ti)	tesztek[떼쓰떽]	너희가 하다
3인칭 복수(ők/önök)	tesznek[떼쓰넥]	그들이/당신들이 하다

예 előz[엘외–즈] 앞서다, 앞지르다

	인칭변화	의미
1인칭 단수(én)	előzök[엘외–죅]	내가 앞서다
2인칭 단수(te)	**előzöl**[엘외–죌]	네가 앞서다
3인칭 단수(ő/ön)	előz[엘외–즈]	그가/당신이 앞서다
1인칭 복수(mi)	előzünk[엘외–쥉크]	우리가 앞서다
2인칭 복수(ti)	előztök[엘외–쓰똑]	너희가 앞서다
3인칭 복수(ők/önök)	előznek[엘외–즈넥]	그들이/당신들이 앞서다

C. ik동사이면서 동시에 치음으로 끝나는 경우

ik동사이면서 동시에 치음(s, sz, z)으로 끝나는 동사(ik는 제외)인 경우에는 1인칭 단수 인칭어미는 om, em, öm을 쓰고 2인칭 단수 인칭어미는 ol, el, öl을 쓴다.

◉ utazik[우떠직] 여행가다, 떠나다

	인칭변화	의미
1인칭 단수(én)	**utazom**[우떠좀]	내가 여행가다
2인칭 단수(te)	**utazol**[우떠졸]	네가 여행가다
3인칭 단수(ő/ön)	utazik[우떠직]	그가/당신이 여행가다
1인칭 복수(mi)	utazunk[우떠중크]	우리가 여행가다
2인칭 복수(ti)	utaztok[우떠쓰똑]	너희가 여행가다
3인칭 복수(ők/önök)	utaznak[우떠즈넉]	그들이/당신들이 여행가다

◉ eszik[에씩] 먹다

	인칭변화	의미
1인칭 단수(én)	**eszem**[에쎔]	내가 먹다
2인칭 단수(te)	**eszel**[에쎌]	네가 먹다
3인칭 단수(ő/ön)	eszik[에씩]	그가/당신이 먹다
1인칭 복수(mi)	eszünk[에쒱크]	우리가 먹다
2인칭 복수(ti)	esztek[에쓰떽]	너희가 먹다
3인칭 복수(ők/önök)	esznek[에쓰넥]	그들이/당신들이 먹다

D. 두개의 자음이나 ít로 끝나는 동사

두 개의 자음이나 ít로 끝나는 동사는 인칭어미가 자음으로 시작되는 2인칭 단수, 2인칭 복수, 3인칭 복수의 경우에 발음을 쉽게 하기 위해 삽입모음이 들어간다. 2인칭 단수와 3인칭 복수의 경우에는 a, e 중 하나의 삽입모음이 들어가고 2인칭 복수의 경우에는 o, e, ö 중 하나의 모음이 들어간다.

예 árt [아ー르뜨] 손해를 입히다

	인칭변화	의미
1인칭 단수(én)	ártok [아ー르똑]	내가 손해를 입히다
2인칭 단수(te)	ártasz [아ー르떠쓰]	네가 손해를 입히다
3인칭 단수(ő/ön)	árt [아ー르뜨]	그가/당신이 손해를 입히다
1인칭 복수(mi)	ártunk [아ー르뚱크]	우리가 손해를 입히다
2인칭 복수(ti)	ártotok [아ー르또똑]	너희가 손해를 입히다
3인칭 복수(ők/önök)	ártanak [아ー르떠넉]	그들이/당신들이 손해를 입히다

예 fest [페쉬뜨] 색칠하다

	인칭변화	의미
1인칭 단수(én)	festek [페쉬떽]	내가 색칠하다
2인칭 단수(te)	festesz [페쉬떼쓰]	네가 색칠하다
3인칭 단수(ő/ön)	fest [페쉬뜨]	그가/당신이 색칠하다
1인칭 복수(mi)	festünk [페쉬뜽크]	우리가 색칠하다
2인칭 복수(ti)	festetek [페쉬떼떽]	너희가 색칠하다
3인칭 복수(ők/önök)	festenek [페쉬떼넥]	그들이/당신들이 색칠하다

예 dönt [된뜨] 결정하다

	인칭변화	의미
1인칭 단수(én)	döntök [된뙥]	내가 결정하다
2인칭 단수(te)	döntesz [된떼쓰]	네가 결정하다
3인칭 단수(ő/ön)	dönt [된뜨]	그가/당신이 결정하다
1인칭 복수(mi)	döntünk [된뜽크]	우리가 결정하다
2인칭 복수(ti)	döntötök [된뙤뙥]	너희가 결정하다
3인칭 복수(ők/önök)	döntenek [된떼넥]	그들이/당신들이 결정하다

예 javít[여비-뜨] 고치다

	인칭변화	의미
1인칭 단수(én)	javítok[여비-똑]	내가 고치다
2인칭 단수(te)	javítasz[여비-떠쓰]	네가 고치다
3인칭 단수(ő/ön)	javít[여비-뜨]	그가/당신이 고치다
1인칭 복수(mi)	javítunk[여비-뚱크]	우리가 고치다
2인칭 복수(ti)	javítotok[여비-또똑]	너희가 고치다
3인칭 복수(ők/önök)	javítanak[여비-떠닉]	그들이/당신들이 고치다

예 készít[끼-씨-뜨] 만들다

	인칭변화	의미
1인칭 단수(én)	készítek[끼-씨-떽]	내가 만들다
2인칭 단수(te)	készítesz[끼-씨-떼쓰]	네가 만들다
3인칭 단수(ő/ön)	készít[끼-씨-뜨]	그가/당신이 만들다
1인칭 복수(mi)	készítünk[끼-씨-뛩크]	우리가 만들다
2인칭 복수(ti)	készítetek[끼-씨-떼떽]	너희가 만들다
3인칭 복수(ők/önök)	készítenek[끼-씨-떼넥]	그들이/당신들이 만들다

2. 기타 불규칙동사의 현재 1변화 인칭변화

van, jön, megy 동사는 불규칙하게 인칭변화를 한다. 자주 사용되는 동사이므로 반드시 알아두어야 한다. (van은 '있다' 와 '이다' 두 가지 의미로 사용되지만 문장 내에서 '이다' 의 의미로 사용될 때는 3인칭에는 생략한다.)

예 van[번] 있다, 이다

	인칭변화	의미
1인칭 단수(én)	vagyok[버족]	내가 있다
2인칭 단수(te)	vagy[버지]	네가 있다
3인칭 단수(ő/ön)	van[번]	그가/당신이 있다

	인칭변화	의미
1인칭 복수(mi)	vagyunk[버중크]	우리가 있다
2인칭 복수(ti)	vagytok[버지똑]	너희가 있다
3인칭 복수(ők/önök)	vannak[번넉]	그들이/당신들이 있다

💿 jön[이왼] 오다

	인칭변화	의미
1인칭 단수(én)	jövök[이외뷕]	내가 오다
2인칭 단수(te)	jössz[이외쓰]	네가 오다
3인칭 단수(ő/ön)	jön[이왼]	그가/당신이 오다
1인칭 복수(mi)	jövünk[이외뷩크]	우리가 오다
2인칭 복수(ti)	jöttök[이외뙥]	너희가 오다
3인칭 복수(ők/önök)	jönnek[이왼넥]	그들이/당신들이 오다

💿 megy[메지] 가다

	인칭변화	의미
1인칭 단수(én)	megyek[메젝]	내가 가다
2인칭 단수(te)	mész[미-쓰]	네가 가다
3인칭 단수(ő/ön)	megy[메지]	그가/당신이 가다
1인칭 복수(mi)	megyünk[메쥥크]	우리가 가다
2인칭 복수(ti)	mentek[멘떽]	너희가 가다
3인칭 복수(ők/önök)	mennek[멘넥]	그들이/당신들이 가다

3. 명사와 형용사의 복수형

형가리어에서 복수형은 명사, 대명사, 형용사에서 사용되며 복수를 나타내는 기호소는 -k이다. 형용사의 경우에는 수식하는 역할을 할 때에는 단수 형태로 쓰이지만 술어로 사용될 때에는 복수 형태로도 쓰인다.

A. 명사와 대명사의 복수형

　명사나 대명사가 모음으로 끝나면 –k만 붙인다. 단 a, e로 끝날 경우에는 장모음화(á, é) 시키고 –k를 붙인다. 자음으로 끝나는 경우에는 발음을 원활히 하기 위해 삽입모음 o, e, ö를 붙인다. 후설모음으로 구성된 단어에는 o를, 전설모음으로 구성된 단어에는 e를, 그리고 원순모음으로 구성된 단어에는 ö를 붙인다. 후설모음으로 이루어진 단어의 경우에는 예외적으로 o대신 a가 들어가는 경우도 있다.

　　⊙ autó(자동차) ˃ autók(지동치 들)
　　　ki(누구) → kik(누구들)
　　　fa(나무) → fák(나무들)
　　　lecke(과제) → leckék(과제들)
　　　asztal(책상) → asztalok(책상들)
　　　szék(의자) → székek(의자들)
　　　gyümölcs(과일) → gyümölcsök(과일들)
　　　könyvtár(도서관) → könyvtárak(도서관들)

　※ 일부 명사의 복수형은 규칙에서 벗어나거나 불규칙하게 변하는 경우도 있다. 이런 경우에는 사전에 표기되어 있으므로 사전을 참조한다.

　　⊙ 어근이 변하는 경우: tó(호수) → tavak(호수들)
　　　모음조화에서 벗어나는 경우: könyv(책) → könyvek(책들)
　　　단모음화되는 경우: madár(새) → madarak(새들)
　　　모음이 탈락하는 경우: étterem(식당) → éttermek(식당들)

B. 형용사의 복수형

　형용사의 경우에도 명사나 대명사처럼 모음으로 끝나면 –k만 붙인다. 형용사가 a, e로 끝날 경우에도 역시 장모음화(á, é) 시키고 –k를 붙인다. 자음으로 끝나는 경우에는 발음을 원활히 하기 위해 삽입모음 a, e를 붙인다. 후설모음으로 구성된 단어에는 a를, 전설모음으로 구성된 단어에는 e를 붙인다.

　　⊙ kicsi(작은) → kicsik
　　　barna(갈색의) → barnák
　　　fekete(검은) → feketék

$$\text{piros}(\text{빨간}) \rightarrow \text{pirosak}$$
$$\text{szép}(\text{예쁜}) \rightarrow \text{szépek}$$

※ 일부 형용사의 복수형은 규칙에서 벗어나거나 불규칙하게 변하는 경우도 있다. 이런 경우에는 사전에 표기되어 있으므로 사전을 참조한다.

  예 nagy(큰) → nagyok

      régi(오래된) → régiek

      lassú(느린) → lassúak

3. 목적격

헝가리어에서는 목적격을 만들 때 어미 t를 붙인다. 목적격 어미 t는 명사와 형용사에 붙인다.

A. 모음으로 끝나는 명사와 형용사

모음으로 끝나는 명사나 형용사를 목적격으로 만들 때는 t만 붙인다. 단 a, e로 끝날 때는 장모음화 하고 t를 붙인다.

  예 hajó(배) → hajót

      kicsi(작다) → kicsit

      lecke(과) → leckét

      durva[(거친) → durvát

B. 자음으로 끝나는 명사

명사가 자음으로 끝날 때는 발음을 쉽게 하기 위해 삽입모음 o, e, ö 중 하나를 넣고 t를 붙인다. 단 명사가 j, l, ly, n, ny, r, s, sz, z, zs로 끝나면 모음으로 끝날 때처럼 t만 붙인다. (단 예외도 있다)

  예 ablak(창문) → ablakot

      füzet(공책) → füzetet

      bőrönd(여행가방) → bőröndöt

      paraj(시금치) → parajt

      regény(소설) → regényt

      orvos(의사) → orvost

C. 자음으로 끝나는 형용사

형용사가 자음으로 끝날 때는 발음을 쉽게 하기 위해 삽입모음 a, e 중 하나를 넣고 t를 붙인다.

- 예 világos (밝은)　　　　→ világosat
  csendes (조용한)　　　→ csendeset

4. 수사

A. 기수

0	nulla[눌러]	5	öt[외뜨]
1	egy[에지]	6	hat[허뜨]
2	két[끼-뜨], kettő[껠뙤-]	7	hét[히-뜨]
3	három[하-롬]	8	nyolc[뇰쯔]
4	négy[니-지]	9	kilenc[낄엔쯔]

※ 2의 경우 두 가지 형태가 있는데 két는 뒤에 오는 명사를 수식할 때 쓰이며 kettő는 술어 역할
　 을 할 때 쓰인다. 나머지 숫자들은 수식어와 술어 형태가 동일하다.

Itt van két ember. (여기에 두 사람이 있다.)
이뜨 번　끼-뜨 엠베르

Ez összesen kettő. (이것은 모두 두 개다.)
에즈 외쎄쉔　　께뙤-

Itt van három ember. (여기에 세 사람이 있다.)
이뜨 번　하-롬　엠베르

Ez összesen három. (이것은 모두 세 개다.)
에즈 외쎄쉔　　하-롬

10	tíz[띠-즈]	11	tizenegy[띠젠에지]
20	húsz[후-쓰]	21	huszonegy[후쏜에지]
30	harminc[허르민쯔]	31	harmincegy [허르민쯔에지]
40	negyven[네지벤]	41	negyvenegy [네지벤에지]
50	ötven[외뜨벤]	51	ötvenegy[외뜨벤에지]
60	hatvan[허뜨번]	61	hatvanegy [허뜨번에지]
70	hetven[헤뜨벤]	71	hetvenegy [헤뜨벤에지]
80	nyolcvan[뇰쯔번]	81	nyolcvanegy [뇰쯔번에지]
90	kilencven[낄엔쯔벤]	91	kilencvenegy [낄엔쯔벤에지]
100	száz[싸-즈]	101	százegy[싸-즈에지]
1 000	ezer[에제르]	1 001	ezeregy[에제르 에지]
10 000	tízezer [띠-즈에제르]	10 001	tízezer-egy [띠-즈에제르 에지]
100 000	százezer [싸-즈에제르]	100 001	százezer-egy [싸-즈에제르 에지]
1 000 000	egymillió [에지밀리오-]	1 000 001	egymillió-egy [에지밀리오- 에지]
10 000 000	tízmillió [띠-즈밀리오-]	10 000 001	tízmillió-egy [띠-즈밀리오- 에지]
100 000 000	százmillió [싸-즈밀리오-]	100 000 001	százmillió-egy [싸-즈밀리오- 에지]
1 000 000 000	egymilliárd [에지밀리아-르드]	1 000 000 001	egymilliárd-egy [에지밀리아-르드 에지]

※ 큰 숫자들은 세 자리씩 끊어 읽고 하이픈을 넣는다. 따라서 ezer, egymillió, egymilliárd에
　서 끊어 읽고 하이픈을 넣는다.

※ 헝가리어에서 숫자로 표시할 경우 세 자리씩 끊어 쓰고 사이를 한 칸 띄우거나 ‘．’을 넣는다.

※ 한국어에서처럼 ‘，’는 사용하지 않는다.

※ 2 000 까지는 붙여 쓰지만 2 000 이상은 하이픈으로 연결한다.

　　예) 2.000(kétezer) 2.001(kétezer-egy)

※ 11과 21의 경우에는 10과 20에서 단모음화되기 때문에 주의해야 한다.

B. 서수

1.	első [엘쇠–]	6.	hatodik [허또딕]
2.	második [마–쇼딕]	7.	hetedik [헤떼딕]
3.	harmadik [허르머딕]	8.	nyolcadik [뇰쩌딕]
4.	negyedik [네제딕]	9.	kilencedik [낄엔쩨딕]
5.	ötödik [외뙤딕]	10.	tizedik [띠제딕]

※ 헝가리어에서는 서수의 경우 기수와 구별하기 위해 숫자 다음에 점을 찍는다.

※ 서수는 기수에 매개모음 o, a, e, ö 중 하나를 넣고 dik를 붙인다. 후설모음에는 o, a 중 하나를 넣고 전설모음에는 e를 넣고 원순모음에는 ö을 넣는다. 이 때 일부는 어근이 바뀌므로 주의한다.

※ 1.와 2.는 기수와 형태가 완전히 다르므로 주의한다.

10.	tizedik [띠제딕]	11.	tizenegyedik [띠젠에제딕]
20.	huszadik [후써딕]	21.	huszonegyedik [후쏜에제딕]
30.	harmincadik [허르민쩌딕]	31.	harmincegyedik [허르민쯔에제딕]
40.	negyvenedik [네지베네딕]	41.	negyvenegyedik [네지벤에제딕]
50.	ötvenedik [외뜨베네딕]	51.	ötvenegyedik [외뜨벤에제딕]
60.	hatvanadik [허뜨버너딕]	61.	hatvanegyedik [허뜨번에제딕]
70.	hetvenedik [헤뜨베네딕]	71.	hetvenegyedik [헤뜨벤에제딕]
80.	nyolcvanadik [뇰쯔버너딕]	81.	nyolcvanegyedik [뇰쯔번에제딕]
90.	kilencvenedik [낄렌쯔베네딕]	91.	kilencvenegyedik [낄렌쯔벤에제딕]
100.	századik [싸–저딕]	101.	százegyedik [싸–즈에제딕]
1 000.	ezredik [에즈레딕]	1 001.	ezeregyedik [에제르 에제딕]

10 000.	tízezredik [띠-즈에즈레딕]	10 001.	tízezer-egyedik [띠-즈에제르 에제딕]
100 000.	százezredik [싸-즈에즈레딕]	100 001.	százezer-egyedik [싸-즈에제르 에제딕]
1 000 000.	egymilliomodik [에지밀리오모딕]	1 000 001.	egymillió-egyedik [에지밀리오-에제딕]
10 000 000.	tízmilliomodik [띠-즈밀리오모딕]	10 000 001.	tízmillió-egyedik [띠-즈밀리오-에제딕]
100 000 000.	százmilliomodik [싸-즈밀리오모딕]	100 000 001.	százmillió-egyedik [싸-즈밀리오-에제딕]
1 000 000 000.	egymilliárdadik [에지밀리아-르더딕]	1 000 000 001.	egymilliárd-egyedik [에지밀리아-르드 에제딕]

※ 12.의 경우 tizenkettedik, 13.의 경우 tizenharmadik 14. 경우 tizennegyedik 등으로 서수
를 만든다.

5. '가능'을 의미하는 파생어미 hat/het

동사 어간에 '가능'을 의미하는 파생어미 hat/het를 붙여 행위의 가능을 나타낸
다. 후설모음 동사에는 hat를 붙이고 전설모음 동사에는 het를 붙인다. 인칭어미
는 hat/het 다음에 온다.

A. 규칙동사

동사 어간에 그대로 hat나 het를 붙인다.

táncol 춤추다 → táncolhat 춤출 수 있다 → táncolhatok 나는 춤출 수 있다
[딴-쫄]　　　　　　[딴-쫄허뜨]　　　　　　　[딴-쫄허똑]

szeret 사랑하다 → szerethet 사랑할 수 있다 → szerethetsz 너는 사랑할 수 있다
[쎄레뜨]　　　　　　[쎄레뜨헤뜨]　　　　　　　[쎄레뜨헤쯔]

B. 불규칙동사

불규칙동사는 동사의 종류마다 다르게 변하므로 따로 알아두어야 한다. 특히 이
불규칙 동사들은 과거형, 명령형 등 동사의 인칭 변화 시에도 항상 규칙과 다르게
변하므로 유의하여야 한다.

• sz로 끝나는 단음절 동사 : sz를 빼고 hat/het를 붙인다.

   hisz → hihet   믿을 수 있다
   lesz → lehet   있을 수 있다
   tesz → tehet   할 수 있다
   vesz → vehet   살 수 있다
   visz → vihet   가져갈 수 있다

• szik로 끝나는 2음절 동사 : 첫음절에 hat/het를 붙인다.

   eszik   → ehet   먹을 수 있다
   iszik   → ihat   마실 수 있다
   alszik   → alhat   잘 수 있다
   fekszik   → fekhet   누울 수 있다
   haragszik   → haragudhat(예외)   화낼 수 있다

• ő로 끝나는 단음절 동사 : 그대로 hat/het를 붙인다.

   lő   → lőhet   쏠 수 있다
   fő   → főhet   끓일 수 있다
   nő   → nőhet   자랄 수 있다

• megy, jön : 끝 자음을 빼고 hat/het를 붙인다.

   megy   → mehet   갈 수 있다
   jön   → jöhet   올 수 있다

6. '장소'를 나타내는 부사

itt[이뜨] 여기에
ott[오뜨] 저기에, 거기에
ide[이데] 여기로
oda[오더] 저기로, 거기로
innen[인넨] 여기로부터
onnan[온넌] 저기로부터, 거기로부터

표현 따라 하기

Itt van a posta. (여기에 그 우체국이 있습니다.)
이뜨 번   어 뽀쉬떠

Itt nincs kórház. (여기에 병원이 없습니다.)
이뜨 닌취   꼬-르하-즈

Ott van a megálló. (저기에 정류장이 있습니다.)
오뜨 번   어 메갈-로-

Ott nincs iskola. (거기에 학교가 없습니다.)
오뜨 닌취   이쉬꼴러

Autóbusszal megyünk. (우리는 버스를 타고 갑니다.)
어우또-부썰   메쥥크

Villamossal jövünk. (우리는 전차를 타고 옵니다.)
빌러모설-   이외뷩크

헝가리어로 말하기

▶ **회화 1**

Mivel megyünk az egyetemig? (우리는 대학교까지 뭘 타고 가나요?)
미벨   메쥥크   어즈 에제떼미그

Autóbusszal megyünk. (버스를 타고 갑니다.)
어우또-부썰   메쥥크

▶ **회화 2**

Akkor, indulhatunk? (그럼, 출발해도 될까요?)
억꼬르   인둘허뚱크

Egy pillanat! Veszek egy újságot. (잠깐만요! 신문을 하나 살게요.)
에지 삘러너뜨   베쎅   에지 우-이샤-고뜨

▶ 회화 3

Ott van a megálló. (저기에 정류장이 있어요.)
오뜨 번 어 메갈-로-

De ott nincs autóbusz. (하지만, 저기에 버스는 없는데요.)
데 오뜨 닌취 어우또-부쓰

5 단계

함께 연습하기

1. 다음 동사를 현재 1변화로 인칭변화 시키시오.
   vesz, mond, kérdez, tanít, iszik

2. 다음 어휘의 복수형을 쓰시오.
   tanuló, ember, polc, ruha, nagy, torony, madár, régi, lassú, föld

3. 다음 단어를 목적격으로 만드시오.
   baj, szoba, ital, autó, barna

4. 다음 기수를 헝가리어로 쓰시오.
   39, 83, 249, 305, 983

5. 다음 서수를 헝가리어로 쓰시오.
   19., 23., 55., 704., 890.

6. 다음 문장을 헝가리어로 옮기시오.
   1) 그럼, 출발해도 될까요?
   2) 잠깐만요! 신문을 하나 살게요.
   3) 저기에서 신문을 살 수 있어요.
   4) 꼬바치씨, 우리는 대학교까지 뭘 타고 가나요?
   5) 저기에 정류장이 있어요.

부다페스트의 대중교통

부다페스트의 대중교통은 서울에 비해 다양하다. 우선 부다페스트 시민들이 가장 많이 이용하는 교통수단으로는 지하철을 들 수 있다. 2013년 까지만 해도 부다페스트에서 운행되고 있는 지하철은 1호선, 2호선, 3호선이었으나 2014년부터 부다와 페스트를 오가는 새로운 지하철 4호선이 운행을 시작했다. 세계에서 지하철이 가장 먼저 운행된 도시는 영국의 런던이고 뒤이어 두 번째로 운행된 도시가 바로 이 부다페스트인데 1896년부터 1호선이 운행되기 시작하여 현재까지도 부다페스트 시민들로부터 사랑을 받고 있다. 1차 세계대전 이전까지만 해도 헝가리는 헝가리-오스트리아 제국의 한 축을 담당하였으며 헝가리를 대표하는 부다페스트가 비엔나 다음으로 제국의 도시 중 가장 많은 발전을 이루었을 정도로 부다페스트가 학문, 예술, 건축 등에서 제국의 중심도시 역할을 했던 탓에 자기 문화에 대한 헝가리인들의 자부심 역시 대단하였다. 따라서 그들은 세계에서 두 번째로 운행된 1호선 지하철을 '세계에서 두 번째 지하철'이라 하지 않고 '유럽 대륙 최초의 지하철'이라 부른다.

지하철과 함께 부다페스트의 운치를 더해주는 대중교통수단으로 전차를 들 수 있다. 1866년에 말이 끄는 경전차가 운행되다가 1877년부터 현대식의 노면전차가 운행되었다. 4번과 6번 전차의 경우 부다페스트 중심가를 빙 둘러 환형으로 운행되고 있고 2번 전차와 2A 전차는 다뉴브강 페스트 강변을 따라 운행되고 있어 부다 왕궁을 비롯한 아름다운 부다페스트 야경을 감상하는데 안성맞춤이다.

주로 큰 도로를 중심으로 운행되는 서울의 버스들과는 달리 부다페스트의 버스는 마치 마을버스와 같이 큰 도로 뿐만 아니라 조그마한 골목들에도 운행되고 있어 편리하다. 특이한 점은 부다페스트의 경우 일반 버스뿐만 아니라 버스 천장으로 전기를 끌어들여 전기로 운행되는 버스도 있는데 이를 트롤리버스(trolibusz)라고 한다. 이 트롤리버스는 1882년에 베를린에서 처음으로 운행되었는데 부다페스트에서는 1904년부터 운행되고 있다.

부다페스트 교통수단 이용 시 주의해야 할 점은 다른 유럽 국가들에서와 마찬가지로 지하철, 전차, 버스, 트롤리버스 등 모든 교통수단 안에 표를 받는 사람이 없다는 점이다. 따라서 교통수단을 이용하기 전에 미리 표를 구입한 후 지하철의 경우에는 각 역 입구에 설치된 펀칭기계에 표를 넣고 펀칭을 해야 하며 전차, 버스, 트롤리버스의 경우에는 승차한 후 차량 안에 설치된 펀칭기계에 미리 구입한 표를 넣어 펀칭해야한다. 평소에는 차량 안에 검표원이 없지만 간혹 사복을

입고 손님으로 가장한 검표원들이 불시에 검표하는 경우가 있는데 적발되면 많은 액수의 벌금을
내야한다. 부다페스트에서는 지하철, 전차, 버스, 트롤리버스의 표가 동일하며 갈아탈 때마다 새
로운 표에 펀칭을 해야 한다. 펀칭하는 것이 번거롭거나 장기간 머물 경우에는 3일 권, 한 달 권
등 정기권을 이용하는 것이 편리한데 정기권은 펀칭할 필요가 없고 검표 시 보여주면 된다.

Hol van a kollégium?

기숙사는 어디에 있어요?

Kovács Sándor :　Egy perc múlva megérkezünk az egyetemre.
에지 뻬르쯔 물-버　메그이-르께젱크　어즈 에제뗌레

Yú Zsinil :　Igen? Az egyetem nincs messze a repülőtértől.
이겐　어즈 에제뗌　닌취　메쎄　어 레뷜외-띠-르뙐-

(A busz megáll. Kovács Sándor és Yú Zsinil leszáll.)

Kovács Sándor :　Ott van a főépület.
오뜨 번　어 푀-이-뷀에드

Yú Zsinil :　Nagyon szép épület. Mi az az épület ott?
너존　씹-　이-뷀에드 미　어즈 어즈 이-뷀에드 오뜨

Kovács Sándor :　Az a könyvtár.
어즈 어 푀니브따-르

Yú Zsinil :　Ja, persze! Ezen a térképen is látom a könyvtárat.
여 뻬르쎄　에젠　어 띠-르끼-뻰 이쉬 라-똠 어 푀니브따-러뜨

És hol van a kollégium?
이-쉬 홀 번　어 꼴리-기움

Kovács Sándor :　A kollégium ott van a könyvtár mellett.
어 꼴리-기움　오뜨 번　어 푀니브따-르 멜레드

Yú Zsinil :　Nagyon szép. Akkor, indulhatunk?
너존　씹-　억꼬르　인둘허뚱크

Kovács Sándor :　Természetesen. Majd én viszem a nagy bőröndöt.
떼르미-쎄떼쉔　머이드 인- 비쎔　어 너지 뵈-륀되뜨

Yú Zsinil :　Köszönöm szépen!
꾀쇠놈　씨-뻰

꼬바치 샨도르 :   우리는 일 분 후에 대학교에 도착합니다.

유진일 :   그래요? 대학교가 공항에서 멀지 않네요.

(버스가 정차한다. 꼬바치 샨도르와 유 진일이 내린다.)

꼬바치 샨도르 :   저기에 본관건물이 있어요.

유진일 :   건물이 참 예쁘네요.

　　　　　　저기 저 건물은 무엇인가요?

꼬바치 샨도르 :   저것은 도서관입니다.

유 진일 :   아, 그렇군요! 이 지도에서도 저 도서관이 보이네요.

　　　　　　그러면 기숙사는 어디에 있어요?

꼬바치 샨도르 :   기숙사는 저기 도서관 옆에 있어요.

유진일 :   정말 예쁜데요. 그럼, 출발해도 될까요?

꼬바치 샨도르 :   물론입니다. 큰 가방은 제가 가지고 가겠습니다.

유진일 :   감사합니다.

1 단계

단어 익히기

• hol	어디에(의문사)
• lát	보다
• leszáll	내리다
• megáll	정차하다
• visz	가져가다
• bőrönd	가방(여행용)
• épület	건물
• főépület	본관건물
• kollégium	기숙사

• könyvtár	도서관
• perc	분(시간에서)
• repülőtér	공항
• térkép	지도
• is	도, 역시, 또한
• ja	아! (감탄사)
• mellett	옆에
• múlva	지나면(시간)
• messze	먼(형), 멀리(부)
• nagy	큰
• nagyon	아주, 상당히
• persze	물론, 당연히
• szép	예쁜(형)
• természetesen	물론, 당연히

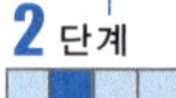

문법 배우기

1. 동사 인칭변화의 1변화와 2변화

형가리어 동사 인칭변화에는 1변화형과 2변화형 두 가지가 있다. 따라서 동사를 인칭변화 시킬 때에는 문장에서 1변화인지 2변화인지를 확인해야 한다. 이러한 구분은 동사의 현재 인칭변화뿐만 아니라 과거형, 미래형, 명령법, 조건법 등에 모두 해당된다.

A. 1변화

문장 내에서 동사가 목적어를 필요로 하지 않는 자동사인 경우에는 항상 1변화이다. 또 동사가 타동사라 할지라도 2변화에 속하지 않는 경우에는 모두 1변화로 인칭변화 한다. 따라서 2변화의 조건을 알아두고 그 조건에 속하지 않는 경우에는 1변화로 인칭변화 시킨다.

B. 2변화

　문장 내에서 동사가 타동사이면서 아래 조건에 해당되면 2변화로 인칭변화
한다.

a) 목적어에 정관사가 있는 경우(a, az)

　Olvas**om** az újságot. (나는 그 신문을 읽습니다.)
　올버솜　　어즈 우-이샤-고뜨

b) 목적어가 고유명사인 경우

　Szeret**ed** Andreát. (너는 언드레아를 좋아한다.)
　쎄레떼드　　언드레아뜨

c) 목적어가 3인칭 대명사인 경우(őt, önt, őket, önöket)

　Anna őt vár**ja**. (언너는 그를 기다린다.)
　언너　외-뜨 바-려

d) 목적어가 지시대명사인 경우(ezt, azt 등)

　Ezt veszi**tek**? (너희들 이것을 살거니?)
　에스뜨 베씨떽

e) 목적어에 소유격 어미가 포함되어 있는 경우

　Én visz**em** a táskáját. (당신 가방을 제가 가지고 가겠습니다.)
　인- 비쎔　　어 따-쉬까-야-뜨

f) 목적어가 종속문이나 인용문 전체인 경우

　Jól tud**om**, hogy mit szeretsz.
　욜- 뚜돔　　호지　미뜨 쎄레쯔

　(난 네가 무엇을 좋아하는지 잘 알고 있다.)

g) 목적어가 재귀대명사인 경우(magam, magad, maga, magunk, magatok, maguk)

　A diák lerajzol**ja** magát. (그 학생은 자기 자신을 그리고 있다.)
　어 디아-끄 레러이조이어 머가-뜨

h) 목적어가 다음의 단어들인 경우(egymást, mindet, melyiket, amelyiket, egyik ~t)

　Szeret**jük** egymást. (우리는 서로를 사랑한다.)
　쎄레퓍　　에지마-쉬뜨

2. 현재 2변화의 인칭변화

위에서 살펴본 2변화 조건에 해당되는 경우에는 동사의 인칭변화 시 1변화와는 달리 다음의 어미들을 붙여 인칭변화 시킨다.

	후설모음 동사	전설모음 동사	원순모음 동사
1인칭 단수(én)	om	em	öm
2인칭 단수(te)	od	ed	öd
3인칭 단수(ő/ön)	ja	i	
1인칭 복수(mi)	juk	jük	
2인칭 복수(ti)	játok	itek	
3인칭 복수(ők/önök)	ják	ik	

A. 후설모음 동사

후설모음으로 이루어진 동사들은 후설모음 인칭어미들을 붙인다.

◉ akar[어꺼르] 원하다

	인칭변화	의미
1인칭 단수(én)	akar**om**[어꺼롬]	내가 (그것을) 원하다
2인칭 단수(te)	akar**od**[어꺼로드]	네가 (그것을) 원하다
3인칭 단수(ő/ön)	akar**ja**[어꺼려]	그가/당신이 (그것을) 원하다
1인칭 복수(mi)	akar**juk**[어꺼륙]	우리가 (그것을) 원하다
2인칭 복수(ti)	akar**játok**[어꺼랴–똑]	너희가 (그것을) 원하다
3인칭 복수(ők/önök)	akar**ják**[어꺼략]	그들이/당신들이 (그것을) 원하다

◉ tanul[떠눌] 공부하다, 배우다

	인칭변화	의미
1인칭 단수(én)	tanul**om**[떠눌옴]	내가 (그것을) 공부하다
2인칭 단수(te)	tanul**od**[떠눌오드]	네가 (그것을) 공부하다
3인칭 단수(ő/ön)	tanul**ja**[떠누이–어]	그가/당신이 (그것을) 공부하다

	인칭변화	의미
1인칭 복수(mi)	tanul**juk**[떠누이−욱]	우리가 (그것을) 공부하다
2인칭 복수(ti)	tanul**játok**[떠누이야−똑]	너희가 (그것을) 공부하다
3인칭 복수(ők/önök)	tanul**ják**[떠누이약−]	그들이/당신들이 (그것을) 공부하다

B. 전설모음 동사

전설모음으로 이루어진 동사는 전설모음 인칭어미들을 붙인다.

🔵 예 enged[엔게드] 허락하다

	인칭변화	의미
1인칭 단수(én)	enged**em**[엔게뎀]	내가 (그것을) 허락하다
2인칭 단수(te)	enged**ed**[엔게데드]	네가 (그것을) 허락하다
3인칭 단수(ő/ön)	enged**i**[엔게디]	그가/당신이 (그것을) 허락하다
1인칭 복수(mi)	enged**jük**[엔게쥑]	우리가 (그것을) 허락하다
2인칭 복수(ti)	enged**itek**[엔게디떽]	너희가 (그것을) 허락하다
3인칭 복수(ők/önök)	enged**ik**[엔게딕]	그들이/당신들이 (그것을) 허락하다

🔵 예 emel[에멜] 올리다

	인칭변화	의미
1인칭 단수(én)	emel**em**[에멜엠]	내가 (그것을) 올리다
2인칭 단수(te)	emel**ed**[에멜에드]	네가 (그것을) 올리다
3인칭 단수(ő/ön)	emel**i**[에멜이]	그가/당신이 (그것을) 올리다
1인칭 복수(mi)	emel**jük**[에메이웍]	우리가 (그것을) 올리다
2인칭 복수(ti)	emel**itek**[에멜이떽]	너희가 (그것을) 올리다
3인칭 복수(ők/önök)	emel**ik**[에멜익]	그들이/당신들이 (그것을) 올리다

C. 원순모음 동사

원순모음으로 이루어진 동사는 원순모음 인칭어미들을 붙인다.

예 **tör**[뙤르] 깨다, 부수다

	인칭변화	의미
1인칭 단수(én)	**tör**ö**m**[뙤룀]	내가 (그것을) 깨다
2인칭 단수(te)	**tör**ö**d**[뙤뢰드]	네가 (그것을) 깨다
3인칭 단수(ő/ön)	**tör**i[뙤리]	그가/당신이 (그것을) 깨다
1인칭 복수(mi)	**tör**j**ük**[뙤뤽]	우리가 (그것을) 깨다
2인칭 복수(ti)	**tör**itek[뙤리떽]	너희가 (그것을) 깨다
3인칭 복수(ők/önök)	**tör**ik[뙤릭]	그들이/당신들이 (그것을) 깨다

예 **üt**[위뜨] 치다, 때리다

	인칭변화	의미
1인칭 단수(én)	**üt**ö**m**[위룀]	내가 (그것을) 치다
2인칭 단수(te)	**üt**ö**d**[위뙤드]	네가 (그것을) 치다
3인칭 단수(ő/ön)	**üt**i[위띠]	그가/당신이 (그것을) 치다
1인칭 복수(mi)	**üt**j**ük**[위퇵]	우리가 (그것을) 치다
2인칭 복수(ti)	**üt**itek[위띠떽]	너희가 (그것을) 치다
3인칭 복수(ők/önök)	**üt**ik[위띡]	그들이/당신들이 (그것을) 치다

D. 치음으로 끝나는 동사

치음으로 끝나는 동사들은 치음이 인칭어미의 j와 결합할 때 동화작용으로 철자가 바뀌게 된다.

-s + j → ss[쉬-]

-sz + j → ssz[쓰-]

-z + j → zz[즈-]

예 olvas[올버쉬] 읽다

	인칭변화	의미
1인칭 단수(én)	olvasom[올버쇰]	내가 (그것을) 읽다
2인칭 단수(te)	olvasod[올버쇼드]	네가 (그것을) 읽다
3인칭 단수(ő/ön)	olvassa[올버셔-]	그가/당신이 (그것을) 읽다
1인칭 복수(mi)	olvassuk[올버슈-크]	우리가 (그것을) 읽다
2인칭 복수(ti)	olvassátok[올버샤-똑]	너희가 (그것을) 읽다
3인칭 복수(ők/önök)	olvassák[올버삭-]	그들이/당신들이 (그것을) 읽다

예 tesz[떼쓰] 하다

	인칭변화	의미
1인칭 단수(én)	teszem[떼쎔]	내가 (그것을) 하다
2인칭 단수(te)	teszed[떼쎄드]	네가 (그것을) 하다
3인칭 단수(ő/ön)	teszi[떼씨]	그가/당신이 (그것을) 하다
1인칭 복수(mi)	tesszük[떼쒹]	우리가 (그것을) 하다
2인칭 복수(ti)	teszitek[떼씨떽]	너희가 (그것을) 하다
3인칭 복수(ők/önök)	teszik[떼씩]	그들이/당신들이 (그것을) 하다

예 előz[엘외-즈] 앞서다, 앞지르다

	인칭변화	의미
1인칭 단수(én)	előzöm[엘외-쵬]	내가 (그것을) 앞서다
2인칭 단수(te)	előzöd[엘외-죄드]	네가 (그것을) 앞서다
3인칭 단수(ő/ön)	előzi[엘외-지]	그가/당신이 (그것을) 앞서다
1인칭 복수(mi)	előzzük[엘외-쥑]	우리가 (그것을) 앞서다
2인칭 복수(ti)	előzitek[엘외-지떽]	너희가 (그것을) 앞서다
3인칭 복수(ők/önök)	előzik[엘외-직]	그들이/당신들이 (그것을) 앞서다

3. 처소격조사

처소격조사는 안 처소격조사, 위 처소격조사, 옆 처소격조사로 나누어지며 각 처소격조사는 다시 정지를 나타내는 처소격조사와 이동을 나타내는 처소격조사로 나눌 수 있다.

	정지	이동	
		접근	이탈
안 처소격조사	-ban/-ben (~안에)	-ba/-be (~안으로)	-ból/-ből (~안으로부터)
위 처소격조사	-n/-on/-en/-ön (~위에)	-ra/-re (~위로)	-ról/-ről (~위로부터)
옆 처소격조사	-nál/-nél (~옆에)	-hoz/-hez/-höz (~옆으로)	-tól/-től (~옆으로부터)

A. 안 처소격조사

안 처소격조사가 붙는 명사나 대명사의 모음종류에 따라 후설모음과 전설모음 격조사가 짝을 이룬다. 후설모음의 명사나 대명사에는 –ban, –ba, –ból을 붙이고 전설모음의 명사나 대명사에는 –ben, –be, –ből을 붙인다. 명사나 대명사가 자음으로 끝나면 바로 격조사를 붙이지만 a, e로 끝나면 장모음화 후에 격조사를 붙인다.

Sándor a bankban van. (샨도르는 그 은행 안에 있다.)
샨-도르　어 벙끄번　　번

Sándor az étteremben ül. (샨도르는 그 식당 안에 앉아 있다.)
샨-도르　어즈 이-떼렘벤　　윌

Sándor a bankba megy. (샨도르는 그 은행 안으로 간다.)
샨-도르　어 벙끄버　　메지

Sándor az étterembe siet. (샨도르는 그 식당 안에 서둘러간다.)
샨-도르　어즈 이-떼렘베　　쉬에뜨

Sándor a bankból jön. (샨도르는 그 은행 안으로부터 온다.)
샨–도르　어 벙꼬볼–　이원

Sándor az étteremből indul. (샨도르는 그 식당 안으로부터 출발한다.)
샨–도르　어즈 이–떼렘뵐–　인둘

B. 위 처소격조사

위 처소격조사가 붙는 명사나 대명사의 모음종류에 따라 후설모음과 전설모음 격조사가 짝을 이룬다. 후설모음의 명사나 대명사에는 –ra, –ról을 붙이고 선설모음의 명사나 대냉사에는 –re, –ről을 붙인다. 명사니 대명시가 자음으로 끝나면 바로 격조사를 붙이지만 a, e로 끝나면 장모음화 후에 격조사를 붙인다. 정지의 경우에는 –n/–on/–en/–ön 네 가지 이형이 있는데 모음으로 끝나면 –n을, 후설모음의 단어이면 –on을, 전설모음의 단어이면 –en을 그리고 원순모음의 단어이면 –ön을 붙인다. 모음으로 끝나는 명사나 대명사에 –n을 붙일 때에도 모음이 a, e로 끝나면 장모음화 후에 격조사를 붙이다.

A macska az autón van. (그 고양이는 자동차 위에 있다.)
어 머츠꺼　어즈 어우똔–　번

A szótár az asztalon van. (그 사전은 책상 위에 있다.)
어 쏘–따–르 어즈 어스떨온　번

A zászló az épületen van. (그 깃발은 건물 위에 있다.)
어 자–슬로– 어즈 이–쀌에뗀　번

A toll a könyvön van. (펜은 그 책 위에 있다.)
어 똘– 어 꾀니뵌　번

Andrea a dobozra áll. (언드레어가 상자 위로 선다.)
언드레어　어 도보즈러　알–

Andrea a székre ül. (언드레어가 의자 위로 앉는다.)
언드레어　어 씨–끄레 월

Egy alma leesik a fáról. (사과 하나가 그 나무 위로부터 떨어진다.)
에지 얼머　에쉭　어 파–롤–

Víz csepeg a tetőről. (물이 지붕 위로부터 떨어진다.)
비–즈 최뻬그　어 떼뙤–뢸–

C. 옆 처소격조사

옆 처소격조사가 붙는 명사나 대명사의 모음종류에 따라 후설모음과 전설모음 격조사가 짝을 이룬다. 후설모음의 명사나 대명사에는 -nál, -tól을 붙이고 전설 모음의 명사나 대명사에는 -nél, -től을 붙인다. 명사나 대명사가 자음으로 끝나 면 바로 격조사를 붙이지만 a, e로 끝나면 장모음화 후에 격조사를 붙인다. 접근의 경우에는 세 가지 이형이 있는데 후설모음의 단어에는 -hoz를, 전설모음의 단어 에는 -hez를, 그리고 원순모음의 단어에는 -höz를 붙인다.

Sándor a postánál áll. (샨도르는 그 우체국 옆에 서있다.)
산-도르   어 뽀쉬따-날- 알-

A gyerek az épületnél játszik. (아이는 그 건물 옆에서 놀고 있다.)
어 제렉   어즈 이-쀨에뜨닐- 야-찍

Andrea a tanárhoz siet. (언드레어는 선생님 옆으로 서둘러간다.)
언드레어   어 떠나-르호즈 쉬에뜨

Andrea a szekrényhez megy. (언드레어는 장롱 옆으로 간다.)
언드레어   어 쎄끄리-니헤즈   메지

Andrea a függönyhöz áll. (언드레어는 커튼 옆으로 선다.)
언드레어   어 퓌괴니회즈   알-

Sándor a faltól jön. (샨도르는 그 벽 옆으로부터 온다.)
산-도르   어 펄똘-   이왼

Sándor az épülettől jön. (샨도르는 그 건물 옆으로부터 온다.)
산-도르   어즈 이-쀨에뜨뙬- 이왼

4. közel, messze 구문

közel(가깝게) 부사 뒤에 -hoz/-hez/-höz를 붙여 '~에 가깝다'의 의미를 나 타내며 messze(멀리) 부사 뒤에는 -tól/-től을 붙여 '~에서 멀다'의 의미를 나타 낸다. 명사가 a, e로 끝나면 장모음화 한 후 붙인다.

A posta közel van az iskolához. (우체국이 학교에 가까이 있다.)
어 뽀쉬떠 꾀젤 번 어즈 이쉬꼴라-호즈

Az egyetem messze van a repülőtértől. (대학교가 공항으로부터 멀리 있다.)
어즈 에제템 메쎄 번 어 레뷜외-띠-르뙬-

5. 시간을 나타내는 후치사

시간을 나타내는 후치사에는 elött(~ 전에), után(~ 후에), alatt(~ 동안에, ~ 중에), óta(~ 이래로), múlva(~ 지난 후에) 등이 있다.

Éjfél előtt megyek haza. (나는 자정 전에 집에 간다.)
이-이필- 엘외-뜨 메젝 허저

Az előadás előtt sokat tanulok. (나는 강의 전에는 공부를 많이 한다.)
어즈 엘외-어다-쉬 엘외-뜨 쇼꺼뜨 떠눌옥

Éjfél után alszom. (나는 자정 후에 잔다.)
이-이필- 우딴- 얼쏨

Az előadás után ebédelek. (나는 강의 후에 점심을 먹는다.)
어즈 엘외-어다-쉬 우딴- 에비-델엑

Az előadás alatt nem alszom. (나는 강의 중에는 자지 않는다.)
어즈 엘외-어다-쉬 얼어뜨- 넴 얼쏨

Hétfő óta keveset alszom. (나는 월요일 이래로 조금 잔다.)
히-뜨푀- 오-떠 께베쉐뜨 얼쏨

2011 óta sokat eszem. (나는 2011년 이래로 많이 먹는다.)
끼-뜨에제르띠젠에지 오-떠 쇼꺼뜨 에쎔

Egy hónap múlva Magyarországra megyek.
에지 호-넵 물-버 머저르오르싸-그러 메젝

(나는 한달 후에 헝가리에 간다.)

6. 장소를 나타내는 후치사

장소를 나타내는 후치사로는 앞, 뒤, 옆, 위, 밑, 사이, 주변, 쪽 등이 있다. 위를 나타내는 후치사와 옆을 나타내는 후치사는 처소격조사에도 동일하게 존재하는데 장소후치사와 처소격조사의 차이점은 장소후치사는 사람이나 사물이 서로 떨어져 있는 상태를 나타내는 반면 처소격조사는 서로 붙어 있는 상태를 나타낸다. 또 장소후치사는 문장에서 독립적으로 쓰이는 반면 처소격조사는 독립적으로 쓰이지 못하고 명사나 대명사에 붙어서 쓰인다.

	정지	이동	
		접근	이탈
앞	előtt (~ 앞에)	elé (~ 앞으로)	elől (~ 앞으로부터)
뒤	mögött (~ 뒤에)	mögé (~ 뒤로)	mögül (~ 뒤로부터)
옆	mellett (~ 옆에)	mellé (~ 옆으로)	mellől (~ 옆으로부터)
위	felett/fölött (~ 위에)	fölé (~ 위로)	fölül (~ 위로부터)
밑	alatt (~ 밑에)	alá (~ 밑으로)	alól (~ 밑으로부터)
사이	között (~ 사이에)	közé (~ 사이로)	közül (~ 사이로부터)
주변	körül (~ 주변에)	köré (~ 주변으로)	
쪽(방향)		felé (~ 쪽으로)	felől (~ 쪽으로부터)

Sándor a ház előtt áll. (샨도르는 집 앞에 서있다.)
샨-도르　어 하-즈 엘외-뜨- 알-

A macska a fa mögé szalad. (고양이가 나무 뒤로 달려간다.)
어 머츠꺼　어 퍼 뫼기- 썰어드

Sándor elhozza a táskát az asztal mellől.
샨-도르　엘호저　　어 따-쉬까-뜨 어즈 어스떨 멜뢸-

(샨도르가 가방을 책상 옆으로부터 가져온다.)

A repülőgép a hegy felett repül. (비행기가 산 위에 날아가고 있다.)
어 레뿔외-깁-　　어 헤지　펠에뜨- 레뿔

A macska az asztal alá bújik. (고양이가 책상 밑으로 숨는다.)
어 머츠꺼　　어즈 어스떨　얼아- 부-이익

Andrea két épület közül jön. (언드레어가 두 건물 사이로부터 온다.)
언드레어　끼-뜨 이-뿰에뜨 꾀쥘 이왼

A gyerekek játszanak a fa körül. (아이들이 나무 주변에서 논다.)
어 제레꼑　　야-쩌넉　　어 퍼 꾀뤌

Sándor az iskola felé siet. (샨도르가 학교 쪽으로 서둘러간다.)
샨-도르　　어즈 이쉬꼴러 펠이- 쉬에뜨

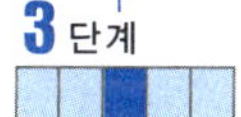

3 단계

표현 따라하기

Egy perc múlva érkezünk az egyetemre.
에지 뻬르쯔 물-버　이-르께징크　어즈 에제뗌레

(우리는 일 분 후에 대학교에 도착합니다.)

Az egyetem messze van a repülőtértől. (대학교가 공항에서 멉니다.)
어즈 에제땜　　메쎄　　번　어 레뿔외-띠-르뙬-

Az iskola közel van a bankhoz. (학교는 그 은행 가까이에 있습니다.)
어즈 이쉬꼴러 꾀젤　번　어 벙끄호즈

Én viszem a nagy bőröndöt. (큰 가방은 제가 가지고 가겠습니다.)
인- 비쎔　　어 너지　뵈-뢴되뜨

Hol van a kollégium? (기숙사는 어디에 있어요?)
홀　번　어 꼴리-기움

Mi az az épület ott? (저기 저 건물은 무엇인가요?)
미　어즈 어즈 이-뿰에뜨 오뜨

헝가리어로 말하기

▶ **회화 1**

Mi az az épület ott? (저기 저 건물은 무엇인가요?)
미　어즈 어즈 이–쀨에뜨 오뜨

Az a könyvtár. (저것은 도서관입니다.)
어즈 어 쾨니브따–르

▶ **회화 2**

Hol van a kollégium? (기숙사는 어디에 있어요?)
홀　번　어 꼴리–기움

A kollégium ott van a könyvtár mellett.
어 꼴리기움　　오뜨 번　어 쾨니브따–르 멜레드

(기숙사는 저기 도서관 옆에 있어요.)

▶ **회화 3**

Akkor, indulhatunk? (그럼, 출발해도 될까요?)
억꼬르　인둘허뚱크

Természetesen. (물론입니다.)
떼르미–쎄떼쉔

함께 연습하기

1. 다음 동사를 현재 2변화로 인칭변화 시키시오.
   vesz, mond, kérdez, tanít, iszik,

2. 다음 단어에 안(내부) 처소격조사를 붙이시오.
   bank, szoba, autó, ház, tanterem

3. 다음 단어에 위 처소격조사를 붙이시오.
   hegy, autó, ház, asztal, könyv

4. 다음 단어에 옆 처소격조사를 붙이시오.
   szék, fa, asztal, ajtó, szobor

5. 다음 문장을 헝가리어로 옮기시오.
   1) 우리는 일 분 후에 대학교에 도착합니다.
   2) 대학교가 공항에서 멀지 않네요.
   3) 저기 저 건물은 무엇인가요?
   4) 기숙사는 저기 도서관 옆에 있어요.
   5) 큰 가방은 제가 가지고 가겠습니다.

자유를 향한 투쟁 — 1956년 반소 운동

1차 세계대전과 2차 세계대전은 유럽, 그 중에서도 동유럽에서 발발하였다. 그만큼 동유럽 지역은 역사적으로 많은 민족적, 종교적 갈등을 겪어왔다. 헝가리의 경우에도 예외가 아니어서 역사적으로 평온한 시기가 거의 없었을 정도로 많은 전쟁과 시련을 겪어왔다. 유럽정착 후 13세기에 몽고군의 침략을 받기도 했고 16세기에는 오스만 터키에 의해 약 150년간 지배를 받았다. 오스만 터키가 물러간 후에는 합스부르크 제국에 의해 역시 오랫동안 지배와 간섭을 받았다. 현대사에 있어서는 2차 세계대전 후 동유럽이 소련에 의해 사회주의의 길을 걷다가 고르바초프의 페레스트로이카정책에 따라 동유럽에서 체제전환이 일어난 1989년까지 소련에 의해 간섭과 영향을 받았다.

소련에 의해 지배 받던 동유럽 국가들에서 소련의 지배에 반대하는 반소운동이 일어나게 되는데, 1956년 6월에 폴란드에서 가장 먼저 일어났다. 식량폭동을 계기로 폴란드에서 5번째로 큰, 서부에 위치한 도시 포즈난에서 반소운동이 폭발하였다. 이후 폴란드인들의 반소운동에 자극을 받은 헝가리인들이 대학생들을 중심으로 1956년 10월에 국회의사당 앞에 모여 평화롭게 시위를 벌이던 중 군중에게 발포함으로써 무장봉기로 발전하였다. 이들은 언론, 집회, 결사의 자유와 소련군의 철수를 주장하였지만 헝가리에서의 대규모 무장봉기를 진압하기 위해 2000여대의 소련 탱크와 약 15만 여명의 소련병력이 투입됨으로써 많은 희생자가 발생하였다. 이 소식은 한국에도 전해져 커다란 반향을 일으켰으며 특히 김춘수 시인은 1959년에 〈부다페스트에서의 소녀의 죽음〉이라는 시를 발표하였다.

김춘수 : 부다페스트에서의 少女의 죽음

다뉴江(강)에 살얼음이 지는 東歐(동구)의 첫겨울

街路樹(가로수) 잎이 하나 둘 떨어져 딩구는 黃昏(황혼) 무렵

느닷없이 날아온 數發(수발)의 쏘련製(제) 彈丸(탄환)은

땅바닥에

쥐새끼보다도 초라한 모양으로 너를 쓰러뜨렸다.

瞬間(순간),

바숴진 네 頭部(두부)는 소스라쳐 30步(보) 上空(상공)으로 튀었다.

頭部(두부)를 잃은 목통에서는 피가

네 낯익은 거리의 鋪道(포도)를 적시며 흘렀다.

- 너는 열 세살이라고 그랬다.

네 죽음에서는 한 송이 꽃도

흰 깃의 한 마리 비둘기도 날지 않았다.

네 죽음을 보듬고 부다페스트의 밤은 목놓아 울 수도 없었다.

죽어서 한결 가비여운 네 靈魂(영혼)은

監視(감시)의 一萬(일만)의 눈초리도 미칠 수 없는

다뉴江(강) 푸른 물결 위에 와서

오히려 죽지 못 한 사람들을 위하여 소리 높이 울었다.

다뉴江(강)은 맑고 잔잔한 흐름일까,

요한·슈트라우스의 그대로의 旋律(선율)일까,

音樂(음악)에도 없고 世界地圖(세계지도)에도 이름이 없는

漢江(한강)의 모래沙場(사장)의 말없는 모래알을 움켜쥐고

왜 열 세살 난 韓國(한국)의 少女(소녀)는 영문도 모르고 죽어 갔을까,

죽어 갔을까, 惡魔(악마)는 등 뒤에서 웃고 있었는데

열 세살 난 韓國(한국)의 少女(소녀)는

잡히는 것 아무 것도 없는

두 손을 虛空(허공)에 저으며 죽어 갔을까,

부다페스트의 小女(소녀)여, 네가 한 行動(행동)은

네 혼자 한 것 같지가 않다.

漢江(한강)에서의 少女(소녀)의 죽음도

同胞(동포)의 가슴에는 짙은 빛깔의 아픔으로 젖어 든다.

記憶(기억)의 憤(분)한 江(강)물은 오늘도 내일도

同胞(동포)의 눈시울에 흐를 것인가,

흐를 것인가, 英雄(영웅)들은 쓰러지고 두 달의 抗爭(항쟁) 끝에

너를 겨눈 같은 銃(총)뿌리 앞에

네 아저씨와 네 오빠가 무릎을 꾼 지금

人類(인류)의 良心(양심)에서 흐를 것인가,

마음 弱(약)한 베드로가 닭 울기 前(전) 세 번이나 좀認(부인)한 지금,

다뉴江(강)에 살얼음이 지는 東歐(동구)의 첫겨울

街路樹(가로수) 잎이 하나 둘 떨어져 딩구는 黃昏(황혼) 무렵

느닷없이 날아온 數發(수발)의 쏘련製(제) 彈丸(탄환)은

땅바닥에

쥐새끼보다도 초라한 모양으로 너를 쓰러뜨렸다.

부다페스트의 少女(소녀)여,

내던진 네 죽음은

죽음에 떠는 同胞(동포)의 恥辱(치욕)에서 逆(역)으로 싹튼 것일까,

싹은 非情(비정)의 樹木(수목)들에서보다

恥辱(치욕)의 푸른 멍으로부터

自由(자유)를 찾는 네 뜨거운 핏 속에서 움튼다.

싹은 또한 人間(인간)의 卑屈(비굴) 속에 생생한 이마아쥬로 움트며 威脅(위협)하고

한밤에 不眠(불면)의 炎炎(염염)한 꽃을 피운다,

부다페스트의 少女(소녀)여.

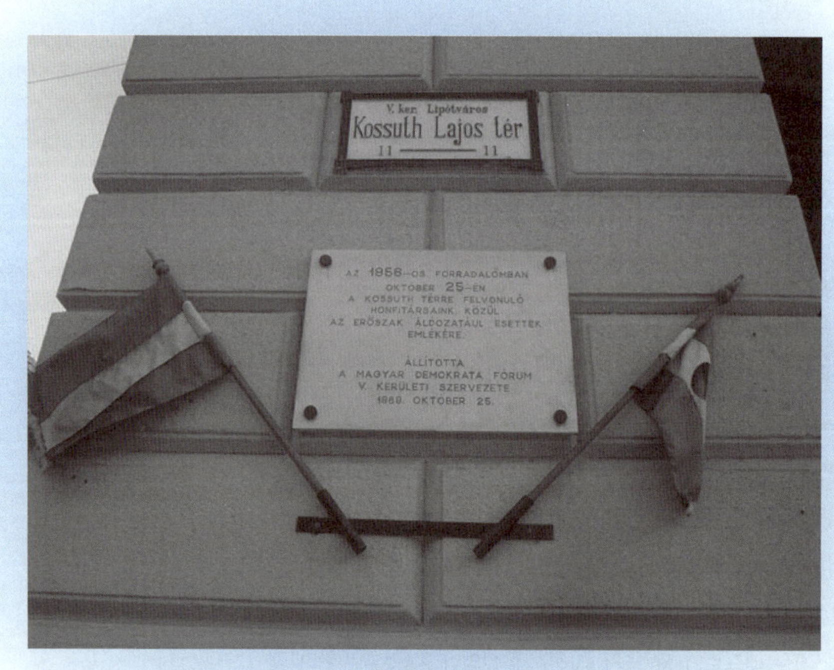

Mikor jöttél Magyarországra?

언제 헝가리에 왔어?

Takács István : Halló!
헐로−

Yú Zsinil : Jó napot kívánok! Yú Zsinil vagyok. Orosz Andreával
요− 너뽀뜨 끼−바−녹   유− 진일   버죽   오로쓰 언드레아−벌

szeretnék beszélni.
쎄레뜨닉−   베씰−니

Takács István : Szia, Jinil! István vagyok. Andrea sajnos nincs itthon.
씨어   진일 이쉬뜨반− 버죽   언드레어 셔이노쉬 닌취 이뜨혼

Mikor érkeztél Magyarországra?
미꼬르   이−르께스띨− 머저르오르싸−그러

Yú Zsinil : Szia, István! Tegnap este érkeztem.
씨어   이쉬뜨반− 떼그넙   에쉬떼 이−르께스뗌

Takács István : Igen? Hol laksz Budapesten?
이겐   홀   럭쓰   부더뻬쉬뗀

Yú Zsinil : A Mathias Hostelben lakom.
어 마탸쉬   호스텔벤   러꼼

Takács István : Hol van a hostel?
홀 번 어 호스텔

Yú Zsinil : A hostel a Gellérthegyen van.
어 호스텔 어 겔리–르뜨헤젠 번

A cím pedig Budapest I. kerület Somlói út 51.
어 찜– 뻬디그 부더뻬쉬뜨 엘쇠 께륄에뜨 쇼믈오–이 우–뜨 외뜨벤에지

Takács István : Jaj, tudom már, hol van. Odamegyünk holnap délután
여이 뚜돔 마–르 홀 번 오더메쥉크 홀넙 딜–우딴–

Andreával.
언드레아–벌

3 órakor jó neked?
하–롬 오–러꼬르 요– 넥께드

Yú Zsinil : Nagyon jó. Akkor várlak titeket!
너존 요– 억꼬르 바–르럭 띠떼께드

떠까취 이쉬뜨반 :	여보세요!
유진일 :	안녕하세요! 저는 유 진일입니다. 오로쓰 언드레어와 통화하고 싶습니다.
떠까취 이쉬뜨반 :	안녕, 진일! 나 이쉬뜨반이야. 유감스럽게도 언드레어는 집에 없어.
	언제 헝가리에 도착했어?
유진일 :	안녕, 이쉬뜨반! 어제 저녁에 도착했어.
떠까취 이쉬뜨반 :	그래? 부다페스트에서는 어디에서 묵니?
유진일 :	마탸시 코르비누스 호스텔에서 묵고 있어.
떠까취 이쉬뜨반 :	그 호스텔 어디에 있어?
유진일 :	겔리르뜨 산에 있어.
	주소는 부다페스트 1구역 쇼믈로이 거리 51번지야.
꼬바치 샨도르 :	아, 어디에 있는지 알겠다. 언드레어와 함께 내일 오후에 거기로 갈게.
	3시는 너한테 어때?
유진일 :	아주 좋아. 그럼 너희들을 기다릴게.

단어 익히기

• mikor	언제?(의문대명사)
• milyen	어떤?(의문대명사)
• beszél	말하다, 이야기하다
• érkezik	도착하다
• jön	오다
• lakik	묵다, 거주하다, 살다.
• szeret	좋아하다, 사랑하다
• vár	기다리다(동사), 성, 왕궁(명)
• Budapest	부다페스트
• Gellérthegy	겔리르트 산
• Magyarország	헝가리
• este	저녁
• cím	주소, 제목
• holnap	내일
• délután	오후
• kerület	구역, 구
• óra	시, 시간, 시계
• út	거리, 길
• nagyon	아주, 매우
• neked	너에게
• már	이미, 벌써
• pedig	반면에, 하지만, 그러나
• Halló!	여보세요!
• Jaj!	아! 앗!
• Szia!	안녕!(만날 때, 헤어질 때)

문법 배우기

1. 과거형 기호소(jel)

헝가리어에서 동사의 인칭변화는 항상 동사어간+기호소+인칭어미로 구성된다. 따라서 과거형, 명령법, 조건법 등으로 동사를 인칭변화 시킬 때는 항상 이러한 순서로 인칭변화 시켜야 한다. 그러나 앞에서 배운 동사의 현재 인칭변화에서는 기호소를 붙이지 않았는데 그 이유는 현재에서만 유일하게 기호소를 생략하기 때문이다. 과거형 기호소에는 T형, TT형, T/TT형 세 가지로 나누어진다. 따라서 동사의 과거형을 인칭변화 시킬 때에는 항상 동사어간에 세 가지 기호소 중 어느 것을 붙여야 할지를 확정하고 그 후에 인칭어미를 붙인다.

A. T형 기호소

인칭이나 단수, 복수에 상관없이 기호소로 항상 t를 붙인다. T형 기호소를 넣는 경우는 두 가지 경우인데 첫째, 동사가(ik동사는 ik제외) j, l, n, r 등으로 끝나는 경우. 둘째, ad나 ed로 끝나는 대부분의 2음절 동사의 경우이다.

예 fúj(불다) + t + 인칭어미

mesél(이야기하다) + t + 인칭어미

köszön(인사하다, 감사하다) + t + 인칭어미

vár(기다리다) + t + 인칭어미

szalad(달리다) + t + 인칭어미

ébred(깨어나다) + t + 인칭어미

B. TT형 기호소

인칭이나 단수, 복수에 상관없이 기호소로 항상 ott, ett, ött를 붙인다. ott는 후설모음 동사에, ett는 전설모음 동사에, 그리고 ött는 원순모음 동사에 붙인다. 이때 o, e, ö는 삽입모음으로 발음을 원활하게 하기 위한 역할을 한다. TT형 기호소를 넣는 경우 역시 두 가지로 첫째, 동사가(ik동사는 ik제외) 두 개의 자음, 또는 it/ít로 끝나는 경우. 둘째, t로 끝나는 1음절 동사의 경우이다.

예 választ(선택하다) + ott + 인칭어미

    fest(색칠하다) + ett + 인칭어미

    dönt(결정하다) + ött + 인칭어미

    nyit(열다) + ott + 인칭어미

    takarít(청소하다) + ott + 인칭어미

    készít(만들다) + ett + 인칭어미

    fut(뛰다) + ott +인칭어미

    köt(묶다) + ött + 인칭어미

C. T/TT형 기호소

형가리어 동사의 대부분이 이 T/TT형 동사에 속하는데, T형과 TT형에 속하지 않는 동사들이다. T/TT형 동사는 1변화 3인칭단수에만 ott, ett, ött를 붙이고 나머지 인칭들은 모두 t를 붙인다. 이때도 ott는 후설모음 동사에, ett는 전설모음 동사에, 그리고 ött는 원순모음 동사에 붙인다.

예 hoz[호즈] 가져오다

	과거 1변화	과거 2변화
1인칭 단수(én)	hoz + t + 1변화1인칭단수어미	hoz + t + 2변화1인칭단수어미
2인칭 단수(te)	hoz + t + 1변화2인칭단수어미	hoz + t + 2변화2인칭단수어미
3인칭 단수(ő/ön)	hoz + ott + 1변화3인칭단수어미	hoz + t + 2변화3인칭단수어미
1인칭 복수(mi)	hoz + t + 1변화1인칭복수어미	hoz + t + 2변화1인칭복수어미
2인칭 복수(ti)	hoz + t + 1변화2인칭복수어미	hoz + t + 2변화2인칭복수어미
3인칭 복수(ők/önök)	hoz + t + 1변화3인칭복수어미	hoz + t + 2변화3인칭복수어미

예 néz[니즈] 보다

	과거 1변화	과거 2변화
1인칭 단수(én)	néz + t + 1변화1인칭단수어미	néz + t + 2변화1인칭단수어미
2인칭 단수(te)	néz + t + 1변화2인칭단수어미	néz + t + 2변화2인칭단수어미
3인칭 단수(ő/ön)	néz + ett + 1변화3인칭단수어미	néz + t + 2변화3인칭단수어미
1인칭 복수(mi)	néz + t + 1변화1인칭복수어미	néz + t + 2변화1인칭복수어미

	과거 1변화	과거 2변화
2인칭 복수(ti)	néz + t + 1변화2인칭복수어미	néz + t + 2변화2인칭복수어미
3인칭 복수(ők/önök)	néz + t + 1변화3인칭복수어미	néz + t + 2변화3인칭복수어미

예 főz[푀-즈] 요리하다, 삶다, 데치다

	과거 1변화	과거 2변화
1인칭 단수(én)	főz + t + 1변화1인칭단수어미	főz + t + 2변화1인칭단수어미
2인칭 단수(te)	főz + t + 1변화2인칭단수어미	főz + t + 2변화2인칭단수어미
3인칭 단수(ő/ön)	főz + ött + 1변화3인칭단수어미	főz + t + 2변화3인칭단수어미
1인칭 복수(mi)	főz + t + 1변화1인칭복수어미	főz + t + 2변화1인칭복수어미
2인칭 복수(ti)	főz + t + 1변화2인칭복수어미	főz + t + 2변화2인칭복수어미
3인칭 복수(ők/önök)	főz + t + 1변화3인칭복수어미	főz + t + 2변화3인칭복수어미

2. 과거 1변화의 인칭변화

　헝가리어에서는 현재 1변화, 현재 2변화, 과거 1변화, 과거 2변화, 명령 1변화, 명령 2변화, 가정 1변화, 가정 2변화의 어미가 모두 다르다. 따라서 헝가리어를 정확히 구사하기 위해서는 이들 인칭어미들을 명확히 구분할 수 있어야 한다.

	후설모음 동사	전설모음 동사(원순모음 동사 포함)
1인칭 단수	am	em
2인칭 단수	ál	él
3인칭 단수		
1인칭 복수	unk	ünk
2인칭 복수	atok	etek
3인칭 복수	ak	ek

A. 후설모음 동사

　후설모음으로 이루어진 동사들은 후설모음 인칭어미들을 붙인다.

예 tanul[떠눌] 공부하다, 배우다 (T형)

	인칭변화	의미
1인칭 단수(én)	tanul**t**am[떠눌뗌]	내가 공부했다
2인칭 단수(te)	tanul**t**ál[떠눌딸ㅡ]	네가 공부했다
3인칭 단수(ő/ön)	tanult[떠눌뜨]	그가/당신이 공부했다
1인칭 복수(mi)	tanult**unk**[떠눌뚱크]	우리가 공부했다
2인칭 복수(ti)	tanult**atok**[떠눌떠똑]	너희가 공부했다
3인칭 복수(ők/önök)	tanult**ak**[떠눌떡]	그들이/당신들이 공부했디

예 fut[푸뜨] 뛰다, 달리다 (TT형)

	인칭변화	의미
1인칭 단수(én)	futott**am**[푸뜯떰]	내가 뛰었다
2인칭 단수(te)	futott**ál**[푸뜯딸ㅡ]	네가 뛰었다
3인칭 단수(ő/ön)	futott[푸뜯뜨]	그가/당신이 뛰었다
1인칭 복수(mi)	futott**unk**[푸뜯뚱크]	우리가 뛰었다
2인칭 복수(ti)	futott**atok**[푸뜯떠똑]	너희가 뛰었다
3인칭 복수(ők/önök)	futott**ak**[푸뜯떡]	그들이/당신들이 뛰었다

예 hoz[호즈] 가져오다 (T/TT형)

	인칭변화	의미
1인칭 단수(én)	hoz**t**am[호스뗌]	내가 가져왔다
2인칭 단수(te)	hoz**t**ál[호스딸ㅡ]	네가 가져왔다
3인칭 단수(ő/ön)	hoz**ott**[호조뜨]	그가/당신이 가져왔다
1인칭 복수(mi)	hoz**t**unk[호스뚱크]	우리가 가져왔다
2인칭 복수(ti)	hoz**t**atok[호스떠똑]	너희가 가져왔다
3인칭 복수(ők/önök)	hoz**t**ak[호스떡]	그들이/당신들이 가져왔다

B. 전설모음 동사

전설모음으로 이루어진 동사는 전설모음 인칭어미들을 붙인다.

🔵예 emel[에멜] 올리다, 들어올리다 (T형)

	인칭변화	의미
1인칭 단수(én)	emel**tem**[에멜뗌]	내가 올렸다
2인칭 단수(te)	emel**tél**[에멜띨-]	네가 올렸다
3인칭 단수(ő/ön)	emel**t**[에멜뜨]	그가/당신이 올렸다
1인칭 복수(mi)	emel**tünk**[에멜뜽크]	우리가 올렸다
2인칭 복수(ti)	emel**tetek**[에멜떼떽]	너희가 올렸다
3인칭 복수(ők/önök)	emel**tek**[에멜떽]	그들이/당신들이 올렸다

🔵예 fest[페쉬뜨] 칠하다 (TT형)

	인칭변화	의미
1인칭 단수(én)	fest**ettem**[페쉬뗀뗌]	내가 칠했다
2인칭 단수(te)	fest**ettél**[페쉬뗀띨-]	네가 칠했다
3인칭 단수(ő/ön)	fest**ett**[페쉬뗀뜨]	그가/당신이 칠했다
1인칭 복수(mi)	fest**ettünk**[페쉬뗀뜽크]	우리가 칠했다
2인칭 복수(ti)	fest**ettetek**[페쉬뗀떼떽]	너희가 칠했다
3인칭 복수(ők/önök)	fest**ettek**[페쉬뗀떽]	그들이/당신들이 칠했다

🔵예 néz[니즈] 보다 (T/TT형)

	인칭변화	의미
1인칭 단수(én)	néz**tem**[니-스뗌]	내가 보았다
2인칭 단수(te)	néz**tél**[니-스띨-]	네가 보았다
3인칭 단수(ő/ön)	néz**ett**[니-제뜨]	그가/당신이 보았다
1인칭 복수(mi)	néz**tünk**[니-스뜽크]	우리가 보았다
2인칭 복수(ti)	néz**tetek**[니-스떼떽]	너희가 보았다
3인칭 복수(ők/önök)	néz**tek**[니스떽]	그들이/당신들이 보았다

C. 원순모음 동사

　과거 인칭변화에서는 현재 인칭변화에서와는 달리 원순모음으로 이루어진 동사라 할지라도 원순모음 인칭어미들을 따로 붙이지 않고 전설모음과 동일한 인칭어미들을 붙인다.

　● köszön[꾀쐰] 인사하다, 감사하다 (T형)

	인칭변화	의미
1인칭 단수(én)	köszöntem[꾀쐰뗌]	내가 인사했다
2인칭 단수(te)	köszöntél[꾀쐰띨-]	네가 인사했다
3인칭 단수(ő/ön)	köszönt[꾀쐰뜨]	그가/당신이 인사했다
1인칭 복수(mi)	köszöntünk[꾀쐰뜅크]	우리가 인사했다
2인칭 복수(ti)	köszöntetek[꾀쐰떼떽]	너희가 인사했다
3인칭 복수(ők/önök)	köszöntek[꾀쐰떽]	그들이/당신들이 인사했다

　● dönt[된뜨] 결정하다(TT형)

	인칭변화	의미
1인칭 단수(én)	döntöttem[된뙽뗌]	내가 결정했다
2인칭 단수(te)	döntöttél[된뙽띨-]	네가 결정했다
3인칭 단수(ő/ön)	döntött[된뙽뜨]	그가/당신이 결정했다
1인칭 복수(mi)	döntöttünk[된뙽뜅크]	우리가 결정했다
2인칭 복수(ti)	döntöttetek[된뙽떼떽]	너희가 결정했다
3인칭 복수(ők/önök)	döntöttek[된뙽떽]	그들이/당신들이 결정했다

　● főz[푀-즈] 요리하다, 삶다, 데치다(T/TT형)

	인칭변화	의미
1인칭 단수(én)	főztem[푀-스뗌]	내가 요리했다
2인칭 단수(te)	főztél[푀-스띨-]	네가 요리했다
3인칭 단수(ő/ön)	főzött[푀-죝뜨]	그가/당신이 요리했다
1인칭 복수(mi)	főztünk[푀-스뜅크]	우리가 요리했다

	인칭변화	의미
2인칭 복수(ti)	főz**tetek**[푀-스떼떽]	너희가 요리했다
3인칭 복수(ők/önök)	főz**tek**[푀-스떽]	그들이/당신들이 요리했다

3. 국명과 지명에 연결되는 처소격조사

국명과 지명에 처소격조사가 연결될 때는 안 처소격조사(-ban/-ben, -ba/-be, -ból/-ből)와 위 처소격조사(-n/-on/-en/-ön, ra/re, ról/ről)가 연결된다.

A. 외국의 국명과 지명

헝가리를 제외한 외국의 국명과 지명에는 안 처소격조사(-ban/-ben, -ba/-be, -ból/-ből)를 붙인다. 이때 국명이나 지명이 a, e 모음으로 끝나면 장모음화 한 후에 붙인다.

Sándor Koreában tanul. (샨-도르는 한국에서 공부한다.)
샨-도르　꼬레아-번　　떠눌

Andrea Helsinkiben tanul. (언드레아는 헬싱키에서 공부한다.)
언드레어　헬싱키벤　　　떠눌

Sándor Japánba megy. (샨-도르는 일본으로 간다.)
샨-도르　여빤-버　　메지

Andrea Bécsbe megy. (언드레아는 비엔나에 간다.)
언드레어　비-취베　　메지

Sándor Spanyolországból jön. (샨-도르는 스페인에서 온다.)
샨-도르　쉬뻐뇰오르싸-그볼-　　이윈

Andrea Brüsszelből jön. (언드레어는 브뤼셀에서 온다.)
언드레어　브륏쎌뵐-　　　이윈

B. i, j, m, n, ny로 끝나는 헝가리 지명

헝가리 지명 중 i, j, m, n, ny로 끝나는 지명은 안 처소격조사(-ban/-ben, -ba/-be, -ból/-ből)를 붙인다. Eger와 Győr도 예외적으로 안 처소격조사를 붙인다.

Sándor Tiszavásáriban lakik. (샨도르는 띠써바샤리에 산다.)
샨—도르　띠써바—샤—리번　　　러끽

Tokajba megyek. (나는 또꺼이로 간다.)
또꺼이버　메젝

Andrea Esztergomból jön. (언드레어는 에스떼르곰에서 온다.)
언드레어　에스떼르곰볼—　　이왼

Sándor Debrecenbe utazik. (샨—도르는 데브레쩬으로 여행 간다.)
샨—도르　데브레쩬베　　　우떠직

Gárdonyba mész? (너 가르도니로 가니?)
가—르도니버　　미—쓰

Egerből jövök. (나는 에게르에서 온다.)
에게르뵐—　이외뵉

Sándor Győrbe megy. (샨도르는 죄르로 간다.)
샨—도르　죄—르베　메지

C. 헝가리 국명과 B에 속하지 않는 헝가리 지명

헝가리 국명과 B에 속하지 않는 헝가리 지명에는 위 처소격조사(-n/-on/-en/-ön, ra/re, ról/ről)를 붙인다.

Andrea Tatán golfozik. (언드레어는 떠떠에서 골프를 친다.)
언드레어　떠딴—　골포직

Sándor Magyarországon van. (샨도르는 헝가리에 있다.)
샨—도르　머저르오르싸—곤　　　번

Budapesten tanultam. (나는 부다페스트에서 공부했다.)
부더뻬쉬뗀　　떠눌떰

Zoltán Szegedre megy. (졸딴은 쩨게드에 간다.)
졸딴　쩨게드레　메지

Kecskemétről jövök. (나는 께치께미에서 온다.)
께치께미—뜨뢸—　이외뵉

4. 동사의 인칭어미 −lak/−lek

동사의 인칭변화 시 주어가 1인칭 단수이고 목적어가 2인칭 단수나 복수인 경우
특별한 인칭어미 −lak/−lek를 붙인다. 이때 동사가 두 개의 자음이나 ít로 끝나는
경우에는 삽입모음 a 또는 e가 삽입된다.

Várlak téged. (나는 너를 기다린다.)
바−르럭   띠−게드

Várlak titeket. (나는 너희들을 기다린다.)
바−르럭   띠떼께뜨

Ébresztelek téged. (나는 너를 깨운다.)
이−브레스뗄엑   띠−게드

Ébresztelek titeket. (나는 너희들을 깨운다.)
이−브레스뗄렉   띠떼께뜨

3 단계

표현 따라하기

▶ szeretnék 동사+ni : ~하고 싶습니다

Orosz Andreával szeretnék beszélni.
오로쓰   언드레아−벌   쎄레뜨닉−   베씰−니

(오로쓰 언드레어와 통화하고 싶습니다.)

Magyarul szeretnék tanulni. (헝가리어를 배우고 싶습니다.)
머저룰   쎄레뜨닉−   떠눌니

Magyarországra szeretnék menni. (헝가리에 가고 싶습니다.)
머저르오르싸−그러   쎄레뜨닉−   멘니

▶ Milyen ~ ? : ~이 어떻습니까?

Milyen ez a ruha? (이 옷은 어떻습니까?)
미이엔   에즈 어 루허

Milyen színű a telefon? (그 전화기 어떤 색깔이야?)
미이엔   씬−위− 어 뗄레폰

▶ 날(日) 표현

tegnapelőtt : 그제

tegnap : 어제

ma : 오늘

holnap : 내일

holnapután : 모레

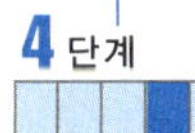

헝가리어로 말하기

▶ **회화 1**

Mikor érkeztél Magyarországra? (언제 헝가리에 도착했어?)
미꼬르　이-르께스띨- 머저르오르싸-그러

Tegnap este érkeztem. (어제 저녁에 도착했어.)
떼그넙　에쉬떼 이-르께스뗌

▶ **회화 2**

Hol laksz Budapesten? (부다페스트에서는 어디에서 묵니?)
홀　럭스　부더뻬쉬뗀

A Mathias Hostelben lakom. (마탸시 호스텔에서 묵고 있어.)
어 마탸쉬　호스텔벤　러꼼

▶ **회화 3**

Hol van a kollégium? (그 기숙사 어디에 있어?)
홀　번　어 꼴리-기움

A kollégium a Gellérthegyen van. (그 기숙사는 겔리르뜨 산에 있어.)
어 꼴리-기움　어 겔리-르뜨헤젠　번

함께 연습하기

1. 다음 동사를 과거 1변화로 인칭변화 시키시오.
   sír, mond, kérdez, tanít, marad

2. 다음 동사를 과거 1변화로 인칭변화 시키시오.
   szeret, nevet, győz, mozog, találkozik

3. 다음 빈칸에 들어갈 알맞은 처소격조사를 쓰시오.
   1) Andrea Helsinki _____ tanul.
   2) Sándor Debrecen _____ utazik.
   3) Eger _____ jövök.
   4) Budapest _____ tanultam.
   5) Sándor Magyarország _____ van.

4. 다음 동사에 –lak/–lek를 붙이시오.
   lát, szeret, segít, hoz, tanít

5. 다음 문장을 헝가리어로 옮기시오.
   1) 오로쓰 언드레어와 통화하고 싶습니다.
   2) 언제 헝가리에 도착했어?
   3) 부다페스트에서는 어디에서 묵니?
   4) 그 기숙사 어디에 있어?
   5) 언드레어와 함께 내일 오후에 거기로 갈게.

다뉴브의 진주, 부다페스트(1) - 부다

헝가리의 수도 부다페스트는 '다뉴브의 진주', '동유럽의 파리'로 불릴 만큼 아름다움을 간직한 도시이다. 부다페스트는 원래 부다, 페스트, 오부다(옛 부다) 이렇게 3개의 도시였으나 1873년에 하나의 도시로 통합되면서 대도시 부다페스트가 탄생하였다. 부다는 구릉지로 이루어져 있는 반면 페스트는 평지로 이루어져 있다. 따라서 전망이 좋고 공기가 맑은 부다 지역에는 고급주택들이 많이 들어서 있는 반면 페스트에는 상가들이 많이 들어서 있다. 기원전 부다페스트 지역에는 원래 켈트족이 거주하고 있었으나 2세기부터 로마인들이 거주했으며 4세기에는 훈족들이 거주했던 것으로 알려지고 있다. 5세기 훈족 멸망 후에는 게르만족과 아바르족이 거주하다가 896년에 헝가리 민족이 정착하면서 중세도시가 탄생하였다. 원래부터 이곳이 수도였던 것은 아니다. 원래 수도는 에스테르곰(Esztergom)이었으나 1241년 몽고침입 이후 빌러 4세가 부다에 요새를 건축하면서 실질적인 수도로 발전하게 되었다. 15세기에는 르네상스 문화를 꽃피운 헝가리 문화와 예술의 중심지로 발전하였으나 16세기에 오스만-터키가 지배하면서 중세도시의 모습을 상실하였다. 그러나 합스부르크의 마리아 테레지아에 의해 제 2의 비엔나로 발전하였다가 1838년에 대홍수 피해를 입어 중세모습이 사라지게 되었다. 그 후 시체니 이쉬트반(Széchenyi István)에 의해 근대도시로 탈바꿈하여 현재의 부다페스트 모습을 갖추게 되었다.

지명 '부다(Buda)'의 유래에 관해서는 다양한 주장이 있으나 물을 의미하는 슬라브어 '보더(Voda)'에서 유래했다는 설이 가장 설득력 있게 받아들여지고 있다. 실제로 헝가리 영토의 3/2 지역이 온천 가용지역일 정도로 온천물이 많이 나오고 있는데 실제로 부다 지역에도 많은 온천들이 운영되고 있다. 부다 지역에는 아름다운 문화 유적지들이 즐비한데 대표적인 유적지로는 부다 왕궁, 마차시 성당, 삼위일체 광장, 어부의 요새, 겔리르트 언덕, 동상공원 등이 있다.

부다 왕궁(Budavári palota)은 13세기 몽고군의 침략 후에 빌러 4세에 의해 부다 언덕에 요새로 건설되었고 이후 수고를 이곳으로 옮겼다. 15세기에는 언주가문에 의해 고딕양식으로 증축되었다가 15세기 마챠시 왕 시기에 르네상스 양식으로 증축되었지만 16세기 오스만터키의 점령으로 파괴되었다. 이후 합스부르크 시대에 다시 바로크 양식으로 증축되었고 2차 대전 당시에 다시 폭격을 받아 파괴되었다가 1963년에 복원되었다. 현재 부다페스트역사박물관, 국립도서관, 국립미술관으로 사용되고 있다. 부다 왕궁 지역에 위치한 마챠시 성당(Mátyás templom) 역시 13세기에 빌러 4세가 만든 고딕양식의 건축물이었지만 14세기에 마챠시 왕 시기에 증축되면서 그의 이름을 따서 부르게 되었다. 오스만 터키의 점령기에는 이슬람 사원으로 이용되다가 오스만 터키가 물러간 후 비엔나의 스테판 성당과 유사한 모습으로 개축 되었다. 1867년에는 오스트리아–헝가리 제국의 황제 페렌츠 요제프의 대관식이 거행된 성당으로 유명하다. 어부의 요새는 1901년에서 1905년 사이에 다뉴브 강 언덕에 만들어진 네오로마네스크 양식의 건축물로 총 7개의 봉우리가 있는데 이는 헝가리의 7개의 부족을 상징한다. 겔리르트 언덕은 11세기에 헝가리에서 가톨릭을 전파하다가 순교한 겔리르트의 순교 장소인데 언덕 가장 높은 곳에는 2차 대전 후 소련에 의해 만들어진 전승기념비가 있다. 부다페스트의 전경을 한 눈에 내려다 볼 수 있어 항상 많은 사람이 붐비는 장소이기도 하다. 이밖에도 18세기에 바로크 양식으로 지어진 삼위일체상이 있는 광장과 과거 사회주의시기에 도시 곳곳에 있던 동상들을 한데 모아놓은 동상공원 역시 소중한 유적지이다.

Mit csináltál tegnap?

어제 뭐했어?

Yú Zsinil :	Szia, Andrea!
	씨어 언드레어

Orosz Andrea : Szia, Zsinil! Nagyon örülök, hogy itt Magyarországon
씨어 진일   너존   외륄읔   호쥐 잇뜨 머저르오르싸-곤

találkozunk!
떨알-꼬중크

Tegnapelőtt érkeztél?
떼그넵엘외-뜨 이-르께스띨-

Yú Zsinil : Igen. Tegnapelőtt este érkeztem.
이겐   떼그넵엘외-뜨 에쉬떼 이-르께스뗌

Orosz Andrea : Mit csináltál tegnap?
미뜨 취날-딸- 떼그넵

Yú Zsinil : Délelőtt könyvesboltba mentem.
딜-엘외-뜨 꾀니베쉬볼뜨버   멘뗌

Könyveket vettem. Délután pedig a MOM Parkba mentem.
꾀니베께뜨 베뗌   딜-우딴- 뻬디그 어 몸 뿌르끄버 멘뗌

Ott élelmiszereket vásároltam.
오뜨 일-엘미쎄레께뜨   바-샤-롤떰

Ah! Ezt a pólót is ott vettem.
어하 에스뜨 어 뽈-오-뜨 이쉬 오뜨 베뗌

Orosz Andrea : Nagyon szép! Mennyiért vetted?
너존   씹   멘니이-르뜨 벧떼드

Yú Zsinil : 5.000 forintért.
외뜨에제르 포린뜨이-르뜨

Orosz Andrea : Szerintem kicsit drága volt!
쎄린뗌   끼취뜨 드라-거 볼뜨

Yú Zsinil : Szerintem is.
쎄린뗌   이쉬

De mindenképpen meg kellett vennem, mert
데 민덴낍-뻰   메그 껠렏드 벤넴   메르뜨

elveszítettem a bőröndömet.
엘베씨-뗄뗌   어 뵈-뢴되메뜨

Azt mondják, hogy nem érkezett meg Párizsból.
어스뜨 몬작   호쥐 넴 이-르께제드 메그 빠-리지볼-

유진일 : 안녕, 언드레어!
오로쓰 언드레어 : 안녕, 진일! 헝가리에서 만나니 정말 기쁘다.

그제 도착했어?
유진일 : 응. 그제 저녁에 도착했어.
오로쓰 언드레어 : 그럼, 어제는 뭐했어?
유진일 : 오전에 서점에 갔어. 책들을 샀어. 반면에 오후에는 몸파크에 갔어. 거기에서 식료
품을 샀어. 아! 이 티셔츠도 거기에서 샀어.
오로쓰 언드레어 : 그 티셔츠 정말 예쁘다! 그 티셔츠 얼마주고 샀어?
유진일 : 오천 포린트 주고 샀어.
오로쓰 언드레어 : 내 생각에는 좀 비싼 거 같다.
유진일 : 내 생각도 그래. 하지만 가방을 잃어버려서 무조건 사야했어. 파리에서 도착하지 않
았데.

단어 익히기

• mennyi	얼마나 많은?(의문대명사)
• csinál	하다
• elveszít	잃다
• kell	해야 한다
• mond	말하다
• örül	기뻐하다
• vesz	사다, 집다
• vásárol	사다, 구입하다
• MOM Park	몸파크(쇼핑센터이름)
• Párizs	파리(프랑스 수도)
• bőrönd	가방(여행용)
• élelmiszer	식료품
• forint	포린트(헝가리 화폐)
• könyv	책
• könyvesbolt	책방
• póló	티셔츠
• tegnapelőtt	그제, 그저께
• út	거리, 길
• drága	비싼
• pedig	반면에
• mindenképpen	어떤 경우라도
• Ah!	아!

문법 배우기

1. 과거 2변화의 인칭변화

과거도 현재와 마찬가지로 2변화요건에 해당하는 경우에는 반드시 2변화형으로 인칭변화 시켜야 한다. 과거 2변화의 인칭어미는 다음과 같다. 과거 1변화의 인칭어미와 인칭에 따라 같은 어미도 있고 비슷하지만 약간 다른 어미들도 있으므로 정확히 구분하여 인칭변화 시켜야 한다.

	후설모음 동사	전설모음 동사(원순모음 동사 포함)
1인칭 단수	am	em
2인칭 단수	ad	ed
3인칭 단수	a	e
1인칭 복수	uk	ük
2인칭 복수	átok	étek
3인칭 복수	ák	ék

A. 후설모음 동사

후설모음으로 이루어진 동사들은 후설모음 인칭어미들을 붙인다.

🔵예 tanul[떠눌] 공부하다, 배우다 (T형)

	인칭변화	의미
1인칭 단수(én)	tanul**tam**[떠눌떰]	내가 (그것을) 공부했다
2인칭 단수(te)	tanul**tad**[떠눌떠드]	네가 (그것을) 공부했다
3인칭 단수(ő/ön)	tanul**ta**[떠눌떠]	그가/당신이 (그것을) 공부했다
1인칭 복수(mi)	tanul**tuk**[떠눌뚝]	우리가 (그것을) 공부했다
2인칭 복수(ti)	tanul**tátok**[떠눌따–똑]	너희가 (그것을) 공부했다
3인칭 복수(ők/önök)	tanul**ták**[떠눌딱–]	그들이/당신들이 (그것을) 공부했다

⊙ választ[발-어쓰뜨] 선택하다, 고르다 (TT형)

	인칭변화	의미
1인칭 단수(én)	választott**am**[발-어쓰뚣떰]	내가 (그것을) 선택했다
2인칭 단수(te)	választott**ad** [발-어쓰뚣떠드]	네가 (그것을) 선택했다
3인칭 단수(ő/ön)	választott**a**[발-어쓰뚣떠]	그가/당신이 (그것을) 선택했다
1인칭 복수(mi)	választott**uk**[발-어쓰뚣뚝]	우리가 (그것을) 선택했다
2인칭 복수(ti)	választott**átok** [발-어쓰뚣띠-똑]	너희가 (그것을) 선택했다
3인칭 복수(ők/önök)	választott**ák** [발-어쓰뚣딱-]	그들이/당신들이 (그것을) 선택했다

⊙ hoz[호즈] 가져오다 (T/TT형)

	인칭변화	의미
1인칭 단수(én)	hoz<u>t</u>**am**[호스떰]	내가 (그것을) 가져왔다
2인칭 단수(te)	hoz<u>t</u>**ad**[호스떠드]	네가 (그것을) 가져왔다
3인칭 단수(ő/ön)	hoz<u>t</u>**a**[호스떠]	그가/당신이 (그것을) 가져왔다
1인칭 복수(mi)	hoz<u>t</u>**uk**[호스뚝]	우리가 (그것을) 가져왔다
2인칭 복수(ti)	hoz<u>t</u>**átok**[호스따-똑]	너희가 (그것을) 가져왔다
3인칭 복수(ők/önök)	hoz<u>t</u>**ák**[호스딱-]	그들이/당신들이 (그것을) 가져왔다

B. 전설모음 동사

전설모음으로 이루어진 동사는 전설모음 인칭어미들을 붙인다.

⊙ emel[에멜] 올리다, 들어올리다 (T형)

	인칭변화	의미
1인칭 단수(én)	emel<u>t</u>**em**[에멜뗌]	내가 (그것을) 올렸다
2인칭 단수(te)	emel<u>t</u>**ed**[에멜떼드]	네가 (그것을) 올렸다
3인칭 단수(ő/ön)	emel<u>t</u>**e**[에멜떼]	그가/당신이 (그것을) 올렸다
1인칭 복수(mi)	emel<u>t</u>**ük**[에멜뜍]	우리가 (그것을) 올렸다

	인칭변화	의미
2인칭 복수(ti)	emelt**étek**[에멜띠-떽]	너희가 (그것을) 올렸다
3인칭 복수(ők/önök)	emelt**ék**[에멜떡-]	그들이/당신들이 (그것을) 올렸다

🔵 **예** fest[페쉬뜨] 칠하다 (TT형)

	인칭변화	의미
1인칭 단수(én)	fest**ettem**[페쉬뗄뗌]	내가 (그것을) 칠했다
2인칭 단수(te)	fest**etted**[페쉬뗄떼드]	네가 (그것을) 칠했다
3인칭 단수(ő/ön)	fest**ette**[페쉬뗄떼]	그가/당신이 (그것을) 칠했다
1인칭 복수(mi)	fest**ettük**[페쉬뗄뛱]	우리가 (그것을) 칠했다
2인칭 복수(ti)	fest**ettétek**[페쉬뗄띠-떽]	너희가 (그것을) 칠했다
3인칭 복수(ők/önök)	fest**ették**[페쉬뗄떡-]	그들이/당신들이 (그것을) 칠했다

🔵 **예** néz[니-즈] 보다 (T/TT형)

	인칭변화	의미
1인칭 단수(én)	néz**tem**[니-스뗌]	내가 (그것을) 보았다
2인칭 단수(te)	néz**ted**[니-스떼드]	네가 (그것을) 보았다
3인칭 단수(ő/ön)	néz**te**[니-스떼]	그가/당신이 (그것을) 보았다
1인칭 복수(mi)	néz**tük**[니-스뛱]	우리가 (그것을) 보았다
2인칭 복수(ti)	néz**tétek**[니-스띠-떽]	너희가 (그것을) 보았다
3인칭 복수(ők/önök)	néz**ték**[니-스떡-]	그들이/당신들이 (그것을) 보았다

C. 원순모음 동사

과거 인칭변화에서는 현재 인칭변화에서와는 달리 원순모음으로 이루어진 동사라 할지라도 원순모음 인칭어미들을 따로 붙이지 않고 전설모음과 동일한 인칭어미들을 붙인다.

예 megköszön[메그꾀쐰] 감사하다 (T형)

	인칭변화	의미
1인칭 단수(én)	megköszön**tem** [메그꾀쐰뗌]	내가 (그것을) 감사했다
2인칭 단수(te)	megköszön**ed** [메그꾀쐰떼드]	네가 (그것을) 감사했다
3인칭 단수(ő/ön)	megköszön**te**[메그꾀쐰떼]	그가/당신이 (그것을) 감사했다
1인칭 복수(mi)	megköszön**tük** [메그꾀쐰뛱]	우리가 (그것을) 감사했다
2인칭 복수(ti)	megköszön**étek** [메그꾀쐰띠-떽]	너희가 (그것을) 감사했다
3인칭 복수(ők/önök)	megköszön**ék** [메그꾀쐰떽-]	그들이/당신들이 (그것을) 감사했다

예 eldönt[엘된뜨] 결정하다 (TT형)

	인칭변화	의미
1인칭 단수(én)	eldöntött**em**[엘된뙽뗌]	내가 (그것을) 결정했다
2인칭 단수(te)	eldöntött**ed**[엘된뙽떼드]	네가 (그것을) 결정했다
3인칭 단수(ő/ön)	eldöntött**e**[엘된뙽떼]	그가/당신이 (그것을) 결정했다
1인칭 복수(mi)	eldöntött**ük**[엘된뙽뛱]	우리가 (그것을) 결정했다
2인칭 복수(ti)	eldöntött**étek** [엘된뙽띠-떽]	너희가 (그것을) 결정했다
3인칭 복수(ők/önök)	eldöntött**ék**[엘된뙽떽-]	그들이/당신들이 (그것을) 결정했다

예 főz[푀-즈] 요리하다, 삶다, 데치다 (T/TT형)

	인칭변화	의미
1인칭 단수(én)	főz**tem**[푀-스뗌]	내가 (그것을) 요리했다
2인칭 단수(te)	főz**ted**[푀-스떼드]	네가 (그것을) 요리했다
3인칭 단수(ő/ön)	főz**te**[푀-스떼]	그가/당신이 (그것을) 요리했다
1인칭 복수(mi)	főz**tük**[푀-스뛱]	우리가 (그것을) 요리했다
2인칭 복수(ti)	főz**tétek**[푀-스띠-떽]	너희가 (그것을) 요리했다
3인칭 복수(ők/önök)	főz**ték**[푀-스떽-]	그들이/당신들이 (그것을) 요리했다

2. 비인칭 동사 kell

‘누구는 무엇을 해야 한다’ 표현을 헝가리어에서는 ‘누구에게는 무엇을 하는 것이 필요하다’ 라는 구조로 표현한다. 이때 사용되는 비인칭 동사가 **kell**(필요하다)이다. 한국어와는 표현 방식이 다르므로 숙지하여야 한다.

예문

Nekem tanul**nom** kell. (나는 공부해야 한다.)
네껨　　떠눌놈　　　껠
（나에게는 나의공부하는것이 필요하다)

Neked beszél**ned** kell. (너는 말해야 한다.)
네께드　　베씰-네드　　껠
（너에게는 너의말하는것이 필요하다)

Neki főz**nie** kell. (그는 요리해야 한다.)
네끼　　뾔-즈니에 껠
（그에게는 그의요리하는것이 필요하다)

Nekünk tanul**nunk** kell. (우리는 공부해야 한다.)
네뀡크　　떠눌눙크　　　껠
（우리에게는 우리의공부하는것이 필요하다)

Nektek beszél**netek** kell. (너희는 말해야 한다.)
넥떽　　베씰-네떽　　　껠
（너에게는 너희의말하는것이 필요하다)

Nekik főz**niük** kell. (그들은 요리해야 한다.)
네끽　　뾔-즈니윅　　껠
（그에게는 그들의요리하는것이 필요하다)

• **nekem**은 격조사 **nek**(~에게)에 1인칭 소유인칭어미를 붙인 형태로 ‘나에게는’의 의미를 갖는다. 다른 인칭의 형태는 다음과 같다.

인칭	형태	의미
1인칭 단수(én)	nekem[네껨]	나에게는
2인칭 단수(te)	neked[네께드]	너에게는
3인칭 단수(ő)	neki[네끼]	그에게는
1인칭 복수(mi)	nekünk[네뀡크]	우리에게는
2인칭 복수(ti)	nektek[넥떽]	너희에게는
3인칭 복수(ők)	nekik[네끽]	그들에게는

• '당신에게는' 의 경우 önnek의 형태를 가지며 '당신들에게는' 의 경우 önöknek 의 형태를 가진다.

• 일반명사나 고유명사의 경우에는 후설모음의 명사에는 nak을 붙이고 전설모음(원순모음포함)의 경우에는 nek을 붙인다.

예 tanárnak 선생에게는
Péternek 뻬떼르에게는
rendőrnek 경찰에게는

• tanulnom은 tanul(공부하다)의 동사원형에 인칭어미를 붙인 형태이다. kell 구문에 붙는 인칭어미들은 다음과 같다.

	후설모음동사	전설모음동사	원순모음동사
1인칭 단수	-nom	-nem	-nöm
2인칭 단수	-nod	-ned	-nöd
3인칭 단수	-nia	-nie	
1인칭 복수	-nunk	-nünk	
2인칭 복수	-notok	-netek	-nötök
3인칭 복수	-niuk	-niük	

• 과거의 경우 kell의 과거형인 kellett를 쓴다.

예문

Nekem tanulnom kellett. (나는 공부해야 했다.)
네껨 떠눌놈 껠레뜨 (나에게는 나의공부하는것이 필요했다)

Neked beszélned kellett. (너는 말해야 했다.)
네께드 베씰-네드 껠레뜨 (너에게는 너의말하는것이 필요했다)

Neki főznie kellett. (그는 요리해야 했다.)
네끼 푀-즈니에 껠레뜨 (그에게는 그의요리하는것이 필요했다)

Nekünk tanulnunk kellett. (우리는 공부해야 했다.)
네뀡크 떠눌눙크 껠레뜨 (우리에게는 우리의공부하는것이 필요했다)

Nektek beszélnetek kellett. (너희는 말해야 했다.)
넥떽 베씰-네떽 껠레뜨 (너에게는 너희의말하는것이 필요했다)

Nekik főzniük kellett. (그들은 요리해야 했다.)
네끽　　뾔-즈니윅 껠레뜨
(그에게는 그들의요리하는것이 필요했다.)

3. 불규칙 동사의 과거 인칭변화

불규칙동사들의 경우 과거형을 만들 때 어간의 형태가 달라지므로 유의해야 한다. 다음 불규칙 동사들의 과거형 어간 형태는 반드시 알아두어야 한다.

현재 1변화 3인칭 단수 형태	의미	원형	과거형 어간	
			1변화3인칭단수	기타 인칭
van[번]	있다	lenni	volt(-)	
megy[메지]	가다	menni	ment(-)	
jön[이왼]	오다	jönni	jött(-)	
nő[뇌-]	자라다	nőni	nőtt(-)	
lő[뢰-]	쏘다	lőni	lőtt(-)	
fő[푀-]	삶다, 끓이다	főni	főtt(-)	
tesz[떼쓰]	하다, 두다	tenni	tett(-)	
vesz[베쓰]	사다, 잡다	venni	vett(-)	
visz[비쓰]	가져가다	vinni	vitt(-)	
hisz[히쓰]	믿다	hinni	hitt(-)	
lesz[레쓰]	되다	lenni	lett(-)	
alszik[얼씩]	자다	aludni	aludt(-)	
fekszik[펙씩]	눕다	feküdni	feküdt(-)	
haragszik[허럭씩]	화내다	haragudni	haragudott	haragudt-
iszik[이씩]	마시다	inni	ivott	itt-
eszik[에씩]	먹다	enni	evett	ett-

※ haragszik, iszik, eszik의 경우 T/TT형의 경우처럼 1변화 3인칭 단수의 경우에만 형태가 다르다.

예 iszik[이씩] 마시다

	과거형 인칭변화(1변화)	의미
1인칭 단수(én)	**itt**am[읻떰]	내가 마셨다
2인칭 단수(te)	**itt**ál[읻딸−]	네가 마셨다
3인칭 단수(ő/ön)	ivott[이보뜨]	그가/당신이 마셨다
1인칭 복수(mi)	**itt**unk[읻뚱크]	우리가 마셨다
2인칭 복수(ti)	**itt**atok[읻떠똑]	너희가 마셨다
3인칭 복수(ők/önök)	**itt**ak[읻떡]	그들이/당신들이 마셨다

	과거형 인칭변화(2변화)	의미
1인칭 단수(én)	**itt**am[읻떰]	내가 (그것을) 마셨다
2인칭 단수(te)	**itt**ad[읻떠드]	네가 (그것을) 마셨다
3인칭 단수(ő/ön)	**itt**a[읻떠]	그가/당신이 (그것을) 마셨다
1인칭 복수(mi)	**itt**uk[읻뚝]	우리가 (그것을) 마셨다
2인칭 복수(ti)	**itt**átok[읻따−똑]	너희가 (그것을) 마셨다
3인칭 복수(ők/önök)	**itt**ák[읻딱−]	그들이/당신들이 (그것을) 마셨다

예 eszik[에씩] 먹다

	과거형 인칭변화(1변화)	의미
1인칭 단수(én)	**ett**em[엗뗌]	내가 먹었다
2인칭 단수(te)	**ett**él[엗띨−]	네가 먹었다
3인칭 단수(ő/ön)	evett[에베뜨]	그가/당신이 먹었다
1인칭 복수(mi)	**ett**ünk[엗뜽크]	우리가 먹었다
2인칭 복수(ti)	**ett**etek[엗떼떽]	너희가 먹었다
3인칭 복수(ők/önök)	**ett**ek[엗떽]	그들이/당신들이 먹었다

	과거형 인칭변화(2변화)	의미
1인칭 단수(én)	**ett**em[엗뗌]	내가 (그것을) 먹었다
2인칭 단수(te)	**ett**ed[엗떼드]	네가 (그것을) 먹었다
3인칭 단수(ő/ön)	**ett**e[엗떼]	그가/당신이 (그것을) 먹었다
1인칭 복수(mi)	**ett**ük[엗뜩]	우리가 (그것을) 먹었다

	과거형 인칭변화(2변화)	의미
2인칭 복수(ti)	ettétek[엗띠–떽]	너희가 (그것을) 먹었다
3인칭 복수(ők/önök)	ették[엗떽–]	그들이/당신들이 (그것을) 먹었다

4. 종속 접속사 hogy

헝가리어에서 가장 일반적으로 사용되는 종속접속사는 hogy이다. 이 hogy로
연결되는 종속절은 주어, 목적어, 부사 역할을 한다.

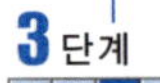

표현 따라하기

▶ Nagyon örülök, hogy ~ : ~해서 정말 기쁘다.

 Nagyon örülök, hogy itt vagy! (네가 여기 있어서 정말 기쁘다.)
 너존　　외륄윅　　호쥐　이뜨 버지

 Nagyon örülök, hogy itt Magyarországon találkozunk!
 너존　　외륄윅　　호쥐　이뜨 머저르오르싸–곤　　　떨알–꼬중크

 (여기 헝가리에서 우리가 만나니 정말 기쁘다!)

▶ Mennyiért vetted ~ ? : ~을 얼마주고 샀니?

 Mennyiért vetted a pólót? (그 티셔츠 얼마주고 샀니?)
 멘니이–르뜨　　벧떼드　　어 뽈–오–뜨

 Mennyiért vette a pólót? (그 티셔츠 얼마주고 사셨어요?)
 멘니이–르뜨　　벧떼　어 뽈–오–뜨

▶ Azt mondják, hogy ~ : (사람들이) ~라고 말한다.

 Azt mondják, hogy nem érkezett meg Párizsból.
 어스뜨 몬작–　　　호쥐　　넴　이–르께젵뜨 메그　빠–리지볼–

 (그것이 프랑스에서 도착하지 않았다고 말한다.)

Azt mondják, hogy a táska nagyon drága.
어스뜨 몬작-　　호쥐　어 따-쉬꺼 너존　　드라-거

(그 가방은 아주 비싸다고 말한다.)

헝가리어로 말하기

▶ 회화 1

Tegnapelőtt érkeztél? (그제 도착했어?)
떼그넙엘외-뜨　　이-르께스틸-

Igen. Tegnapelőtt este érkeztem. (응. 그제 저녁에 도착했어.)
이겐　　떼그넙엘외-뜨　에쉬떼 이-르께스뗌

▶ 회화 2

Mit csináltál tegnap? (어제 뭐했어?)
미뜨 취날-딸-　　떼그넙

Délelőtt könyvesboltba mentem. (오전에 서점에 갔어.)
딜-엘욀-뜨 꾀니베쉬볼뜨버　　멘뗌

▶ 회화 3

Mennyiért vetted a pólót? (그 티셔츠 얼마주고 샀어?)
멘니이이-르뜨 벧떼드　어 뽈-로-뜨

5.000 forintért vettem. (오천 포린트 주고 샀어.)
외뜨에제르 포린뜨이-르뜨 벧뗌

함께 연습하기

1. 다음 동사를 과거 2변화로 인칭변화 시키시오.
   olvas, fizet, főz, köt, ismer

2. 다음 동사를 과거 2변화로 인칭변화 시키시오.
   iszik, visz, lő, eszik, hisz

3. 다음 빈칸에 들어갈 알맞은 어미를 쓰시오.
   1) Nekem tanul _________ kell.
   2) Neked beszél _________ kell.
   3) Neki főz _______ kell.
   4) Nekünk tanul _________ kell.
   5) Nektek beszél _______ kell.
   6) Nekik főz _______ kell.

4. 다음 단어를 이용하여 과거형 문장을 만드시오.
   1) könyv, tegnap, vesz, Kati, a

      → _______________________________________

   2) Én, hamburger, eszik

      → _______________________________________

   3) a, úr, tanár, ceruza, ad, a, nekem

      → _______________________________________

   4) a, regény, olvas, diák, a

      → _______________________________________

   5) te visz a táska tegnap

      → _______________________________________

5. 다음 문장을 헝가리어로 옮기시오.
   1) 헝가리에서 만나니 정말 기쁘다.
   2) 나는 그제 저녁에 도착했다.
   3) 나는 오전에 서점에 갔다.
   4) 그 티셔츠 얼마주고 샀어?
   5) 내 생각에는 좀 비싼 거 같다.

다뉴브의 진주, 부다페스트(2) – 페스트

　다뉴브 강을 경계로 오른쪽에 위치한 페스트(Pest)는 중세 이래 헝가리의 상업과 예술의 중심지로서의 역할을 해왔다. '페스트'의 의미와 관련하여 여러 가지 가설이 있지만 '화로' 혹은 '가마'를 의미하는 고대 불가리어에서 유래했다는 가설이 가장 유력하게 받아들여지고 있다. 아르파드 시대에 흙을 굽는 큰 가마가 있었다는 것이 증명되었기 때문이다. 부다 쪽이 산으로 이루어져 있다면 페스트 쪽은 평야로 이루어져 있다. 그 사이로 나뉴브 강이 흐르고 있으니 부다와 페스트를 다뉴브강이 가르고 있는 지형이다. 평지로 이루어진 페스트에는 많은 유적지와 볼거리가 산재해 있어 날씨가 따뜻한 여름에는 항상 방문객들로 붐빈다.

　대표적인 문화유적지로는 헝가리 사람들이 가장 자랑스럽게 여기는 국회의사당을 들 수 있다. 네오고딕 양식으로 1904년에 완공된 헝가리 국회의사당은 대칭구조로 이루어져 있다. 691개의 방과 27개의 입구, 그리고 41kg의 금으로 장식되어 있어 어느 나라 국회 의사당 보다도 웅장하고 화려하다. 특히 1956년 반소운동 당시에 이곳이 주요 집회 장소였다는 점에서 헝가리인들에게 역사적으로도 소중한 장소로 기억되고 있다.

　국회의사당과 함께 페스트 지역에서 쌍벽을 이루는 건물로 이슈트반 성당이 있다. 네오 클래식 양식으로 1905년에 완성된 이슈트반 성당은 부다페스트에서 가장 큰 성당인데 높이가 96미터이다. 이는 헝가리인들이 유럽에 도착한 연도인 896년의 뒤 숫자인 96을 기념하기 위해서이다. 특

히 이슈트반 성당 안에는 헝가리 초대왕인 이슈트반 왕의 오른쪽 손이 미라의 형태로 공개
되고 있어 많은 참배객들이 찾는 성당이다. 영웅광장 역시 페스트의 대표적인 유적지로 헝
가리 건국 1000년을 기념하여 1896년에 건설되었다. 광장 중앙에는 헝가리 왕관을 든 가
브리엘 천사상이 위치해있고 그 천사 상 주위로 7명의 헝가리 부족장들의 기마상이 둘러싸
있다. 천사 상 뒤로는 양측에 7명씩 총 14명의 헝가리 영웅들의 동상이 있다. 특히 영웅광
장 양측에는 웅장한 미술관이 위치하고 있어 많은 미술 애호가들이 찾는 장소이기도 하다.
영웅광장 뒤로는 시민공원이 펼쳐지는데 이 시민공원 안에는 규모가 거대하고 아름다워 마
치 왕궁으로 착각할 만큼 웅장한 바로크 양식의 건축물이 보이는데 부다페스트의 대표적인
온천 중 하나인 시체니 온천이다.

　이밖에도 1977년에 프랑스 에펠사가 지은 유럽에서 가장 아름다운 기차역인 서부역,
1884년에 바로크와 네오르네상스 양식으로 건축된 비엔나 오페라하우스와 닮은 장엄하고
화려한 오페라하우스, 헝가리 왕립음악원 이었다가 후에 리스트 음대 음악원으로 이름이
바뀐 분리파양식의 리스트 음악원, 부다페스트의 샹젤리제로 불리며 지하에 유럽대륙 최초
의 지하철이 운행되고 있는 언드라쉬 거리, 과거 시체니 이쉬트반의 사저였으나 후에 박물
관이 된 국립박물관, 세계에서 3번째로 크고 유럽에서는 가장 큰 무어양식의 웅장한 유대
인예배당 등이 있다.

Hol van az autód?

너의 자동차는 어디에 있어?

Yú Zsinil :	Andrea! Nekem a belvárosba kell mennem.
	언드레어 넥껨 어 벨바-로쉬버 껠 멘넴
Orosz Andrea :	Akarsz ott valamit vásárolni?
	어꺼르쓰 오뜨 벌어미뜨 바-샤-롤니
Yú Zsinil :	Nem. Nem akarok vásárolni, hanem találkozni szeretnék
	넴 넴 어꺼록 바-샤-롤니 허넴 떨알-꼬즈니 쎄레뜨닉-
	valakivel.
	벌어끼벨
Orosz Andrea :	Kivel szeretnél találkozni?
	끼벨 쎄레뜨닐- 떨알-꼬즈니
Yú Zsinil :	Egy magyar tanárral találkozom, aki régen Koreában tanított.
	에지 머저르 떠나-럴 떨알-꼬좀 어끼 리-겐 꼬레아-번 떠니-똗뜨
Orosz Andrea :	Tényleg? Akkor elviszlek téged az autómmal.
	띠-닐에그 억꼬르 엘비쓸엑 띠-게드 어즈 어우똠-멀
Yú Zsinil :	Köszönöm szépen! Hol van az autód?
	꾀쇠뇜 씨-뻰 홀 번 어즈 어우또-드

Orosz Andrea : Az autóm ott van, ahol István áll.
　　　　　　　어즈 어우똠- 오뜨 번　어홀　이쉬뜨반- 알-

Yú Zsinil : István mellett két autó áll. Melyik a tied?
　　　　　　이쉬뜨반- 멜레뜨　끼-뜨 어우또- 알- 메이익　어 띠에드

Orosz Andrea : Az enyém a piros.
　　　　　　　어즈 에니-임　어 삐로쉬

유진일 :	언드레어! 나 시내에 가봐야 해.
오로쓰 언드레어 :	거기에서 뭘 사려고 하니?
유진일 :	아니. 사려는 건 아니고 누구와 만나려고 해.
오로쓰 언드레어 :	누구와 만나려고 하니?
유진일 :	옛날에 한국에서 가르쳤던 한 헝가리인 선생님과 만나려고 해.
오로쓰 언드레어 :	그래? 그럼 내 자동차로 너를 데려다 줄께.
유진일 :	정말 고마워. 그러면 너 차 어디에 있어?
오로쓰 언드레어 :	내차는 이쉬뜨반 이 서있는 저기에 있어.
유진일 :	이쉬뜨반 옆에는 차가 두 대 있어. 어느 것이 네 것이야?
오로쓰 언드레어 :	빨간 것이 내 것이야.

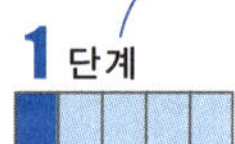

1 단계

단어 익히기

- melyik　　　　어느 것?(의문사)

- akar　　　　　원하다

- áll　　　　　　서있다

- találkozik　　만나다

- tanít　　　　　가르치다

- enyém　　　　나의것(소유대명사)

• tied	너의것(소유대명사)
• autó	자동차
• belváros	도심, 시내
• Korea	한국
• magyar	헝가리인
• tanár	선생
• valaki	누군가
• valami	무언가
• ahol	거기에(관계부사)
• drága	비싼
• piros	빨간
• ott	거기, 저기
• régen	옛날에
• téged	너를
• tényleg	정말로, 참으로

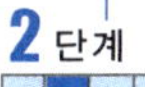

2 단계

문법 배우기

1. 소유관계 표현(소유물이 단수인 경우)

헝가리어에서 소유관계의 표현은 크게 소유물이 단수일 때와 복수일 때로 나뉘며 그 각각의 경우는 소유자가 인칭대명사인 경우와 일반명사인 경우로 나누어진다. 이 때 소유관계를 나타내는 방식이 서로 다르므로 정확하게 구분하여 학습하여야 한다.

A. 소유자가 인칭대명사인 경우

소유자가 인칭대명사인 경우의 소유관계 표현은 정관사, 소유자(인칭대명사), 소유물의 순서로 오며 소유물에 소유 인칭어미를 붙여 소유자와 소유물의 관계를 구분한다. 이 때 소유물에 붙은 소유 인칭어미를 통해 소유자를 알 수 있기 때문에 강조되는 경우를 제외하고는 소유자(인칭대명사)를 생략한다. 단 존칭의 경우에는 의미의 혼돈을 방지하기 위해 소유자(인칭대명사)를 생략하지 않는다.

◉ az (én) hallgató<u>m</u> (나의 수강생)

a) 소유물이 모음으로 끝나는 경우의 소유 인칭어미

소유자	소유 인칭 어미		
	후설모음 명사	전설모음 명사	원순모음 명사
1인칭 단수(én)	-m		
2인칭 단수(te)	-d		
3인칭 단수(ő/ön)	-ja	-je	
1인칭 복수(mi)	-nk		
2인칭 복수(ti)	-tok	-tek	-tök
3인칭 복수(ők)	-juk	-jük	

◉ hallgató[헐-거또-] 수강생

소유자		소유관계	의미
1인칭 단수(én)		az (én) hallgató**m**	나의 수강생
2인칭 단수(te)		a (te) hallgató**d**	너의 수강생
3인칭 단수	(ő)	az (ő) hallgató**ja**	그의 수강생
	ön	az ön hallgató**ja**	당신의 수강생
1인칭 복수(mi)		a (mi) hallgató**nk**	우리의 수강생
2인칭 복수(ti)		a (ti) hallgató**tok**	너희의 수강생
3인칭 복수	(ők)	az (ő) hallgató**juk***	그들의 수강생
	önök	az önök hallgató**ja***	당신들의 수강생

* 3인칭 복수 소유자 ők를 강조하여 표기할 경우에는 소유물에 붙어있는 소유 인칭어미에 이미 3인칭 복수임이 나타나 있으므로 ők 대신에 ő을 쓴다.

* 3인칭 복수 önök가 소유자인 경우에는 소유자에 이미 3인칭 복수임이 나타나 있으므로 소유물에 붙는 소유 인칭어미는 3인칭 복수 소유 인칭어미 대신 3인칭 단수 소유 인칭어미를 사용한다.

예 tévé[띠–비–] 텔레비전

소유자		소유관계	의미
1인칭 단수(én)		az (én) tévé**m**	나의 텔레비전
2인칭 단수(te)		a (te) tévé**d**	너의 텔레비전
3인칭 단수	(ő)	az (ő) tévé**je**	그의 텔레비전
	ön	az ön tévé**je**	당신의 텔레비전
1인칭 복수(mi)		a (mi) tévé**nk**	우리의 텔레비전
2인칭 복수(ti)		a (ti) tévé**tek**	너희의 텔레비전
3인칭 복수	(ők)	az (ő) tévé**jük**	그들의 텔레비전
	önök	az önök tévé**je**	당신들의 텔레비전

예 fürdő[퓌르되–] (대중) 목욕탕, 온천

소유자		소유관계	의미
1인칭 단수(én)		az (én) fürdő**m**	나의 목욕탕
2인칭 단수(te)		a (te) fürdő**d**	너의 목욕탕
3인칭 단수	(ő)	az (ő) fürdő**je**	그의 목욕탕
	ön	az ön fürdő**je**	당신의 목욕탕
1인칭 복수(mi)		a (mi) fürdő**nk**	우리의 목욕탕
2인칭 복수(ti)		a (ti) fürdő**tök**	너희의 목욕탕
3인칭 복수	(ők)	az (ő) fürdő**jük**	그들의 목욕탕
	önök	az önök fürdő**je**	당신들의 목욕탕

b) 소유물이 자음으로 끝나는 경우의 소유 인칭어미

소유자	소유 인칭 어미		
	후설모음 명사	전설모음 명사	원순모음 명사
1인칭 단수(én)	-om	-em	-öm
2인칭 단수(te)	-od	-ed	-öd
3인칭 단수(ő/ön)	-a	-e	

소유자	소유 인칭 어미		
	후설모음 명사	전설모음 명사	원순모음 명사
1인칭 복수(mi)	-unk	-ünk	
2인칭 복수(ti)	-otok	-etek	-ötök
3인칭 복수(ők)	-uk	-ük	

※ 소유물이 자음으로 끝나는 경우의 소유 인칭어미들은 발음의 원활함을 위해 모음으로 시작된다.

예 tanár[떠나-르] 선생

소유자		소유관계	의미
1인칭 단수(én)		az (én) tanár**om**	나의 선생
2인칭 단수(te)		a (te) tanár**od**	너의 선생
3인칭 단수	(ő)	az (ő) tanár**a**	그의 선생
	ön	az ön tanár**a**	당신의 선생
1인칭 복수(mi)		a (mi) tanár**unk**	우리의 선생
2인칭 복수(ti)		a (ti) tanár**otok**	너희의 선생
3인칭 복수	(ők)	az (ő) tanár**uk**	그들의 선생
	önök	az önök tanár**a**	당신들의 선생

예 pénz[삔-즈] 돈

소유자		소유관계	의미
1인칭 단수(én)		az (én) pénz**em**	나의 돈
2인칭 단수(te)		a (te) pénz**ed**	너의 돈
3인칭 단수	(ő)	az (ő) pénz**e**	그의 돈
	ön	az ön pénz**e**	당신의 돈
1인칭 복수(mi)		a (mi) pénz**ünk**	우리의 돈
2인칭 복수(ti)		a (ti) pénz**etek**	너희의 돈
3인칭 복수	(ők)	az (ő) pénz**ük**	그들의 돈
	önök	az önök pénz**e**	당신들의 돈

예 sör[쇠르] 맥주

소유자		소유관계	의미
1인칭 단수(én)		az (én) sör**öm**	나의 맥주
2인칭 단수(te)		a (te) sör**öd**	너의 맥주
3인칭 단수	(ő)	az (ő) sör**e**	그의 맥주
	ön	az ön sör**e**	당신의 맥주
1인칭 복수(mi)		a (mi) sör**ünk**	우리의 맥주
2인칭 복수(ti)		a (ti) sör**ötök**	너희의 맥주
3인칭 복수	(ők)	az (ő) sör**ük**	그들의 맥주
	önök	az önök sör**e**	당신들의 맥주

※ 소유물이 **tár**나 **ház** 등으로 끝나는 합성어의 경우 1인칭단수, 2인칭단수, 2인칭복수에서 소유 인칭어미에 있는 모음 o 대신에 a를 사용한다.

예 szótár[쏘–따–르] 사전

소유자		소유관계	의미
1인칭 단수(én)		az (én) szótár**am**	나의 사전
2인칭 단수(te)		a (te) szótár**ad**	너의 사전
3인칭 단수	(ő)	az (ő) szótár**a**	그의 사전
	ön	az ön szótár**a**	당신의 사전
1인칭 복수(mi)		a (mi) szótár**unk**	우리의 사전
2인칭 복수(ti)		a (ti) szótár**atok**	너희의 사전
3인칭 복수	(ők)	az (ő) szótár**uk**	그들의 사전
	önök	az önök szótár**a**	당신들의 사전

※ 자음으로 끝나는 명사 중에서 p, t, k로 끝나는 상당수의 명사와 기타 예외의 경우(사전에 표시됨)에는 3인칭 단수, 복수 소유 인칭어미를 모음으로 끝나는 경우와 동일하게 –ja/–je와 –juk/–jük를 붙인다.

⑩ **nap**[넙] 날, 해, 태양

소유자		소유관계	의미
1인칭 단수(én)		az (én) napom	나의 날
2인칭 단수(te)		a (te) napod	너의 날
3인칭 단수	(ő)	az (ő) nap**ja**	그의 날
	ön	az ön nap**ja**	당신의 날
1인칭 복수(mi)		a (mi) napunk	우리의 날
2인칭 복수(ti)		a (ti) napotok	너희의 날
3인칭 복수	(ők)	az (ő) nap**juk**	그들의 날
	önök	az önök nap**ja**	당신들의 날

⑩ **kert**[께르뜨] 정원

소유자		소유관계	의미
1인칭 단수(én)		az (én) kertem	나의 정원
2인칭 단수(te)		a (te) kerted	너의 정원
3인칭 단수	(ő)	az (ő) kert**je**	그의 정원
	ön	az ön kert**je**	당신의 정원
1인칭 복수(mi)		a (mi) kertünk	우리의 정원
2인칭 복수(ti)		a (ti) kertetek	너희의 정원
3인칭 복수	(ők)	az (ő) kert**jük**	그들의 정원
	önök	az önök kert**je**	당신들의 정원

⑩ **diák**[디아-끄] 학생

소유자		소유관계	의미
1인칭 단수(én)		az (én) diákom	나의 학생
2인칭 단수(te)		a (te) diákod	너의 학생
3인칭 단수	(ő)	az (ő) diák**ja**	그의 학생
	ön	az ön diák**ja**	당신의 학생
1인칭 복수(mi)		a (mi) diákunk	우리의 학생
2인칭 복수(ti)		a (ti) diákotok	너희의 학생

소유자		소유관계	의미
3인칭 복수	(ők)	az (ő) diák**juk**	그들의 학생
	önök	az önök diák**ja**	당신들의 학생

예 film[필름] 영화

소유자		소유관계	의미
1인칭 단수(én)		az (én) filmem	나의 영화
2인칭 단수(te)		a (te) filmed	너의 영화
3인칭 단수	(ő)	az (ő) film**je**	그의 영화
	ön	az ön film**je**	당신의 영화
1인칭 복수(mi)		a (mi) filmünk	우리의 영화
2인칭 복수(ti)		a (ti) filmetek	너희의 영화
3인칭 복수	(ők)	az (ő) film**jük**	그들의 영화
	önök	az önök film**je**	당신들의 영화

B. 소유자가 일반명사인 경우

소유자가 일반명사인 경우의 소유관계 표현은 정관사, 소유자(일반명사), 정관사, 소유물의 순서로 온다. 이 때 소유자에 **nak**/**nek**을 붙이고 소유물에 3인칭단수 소유 인칭어미를 붙여 소유 관계를 나타낸다. 그러나 **nak**/**nek**과 그 다음에 오는 정관사는 둘 다 생략할 수 있다. 소유물에 붙이는 3인칭단수 소유 인칭어미는 소유자가 인칭대명사일 때의 3인칭단수 소유 인칭어미와 동일하다.

예 a fiúnak az autója → a fiú autója(단축형) 소년의 자동차

a) 소유물이 모음으로 끝나는 경우

소유물이 모음으로 끝나는 경우에는 소유자가 인칭대명사일 때 소유물이 모음으로 끝나는 경우의 3인칭단수 소유 인칭어미 **ja**/**je**를 소유물에 붙인다.

소유관계표현	단축형	의미
a tanárnak a hallgatója	a tanár hallgatója	선생의 수강생
a tanároknak a hallgatója	a tanárok hallgatója	선생들의 수강생
a lánynak a leckéje	a lány leckéje	소녀의 과제
a lányoknak a leckéje	a lányok leckéje	소녀들의 과제
a gyereknek a kesztyűje	a gyerek kesztyűje	아이의 장갑
a gyerekeknek a kesztyűje	a gyerekek kesztyűje	아이들의 장갑

b) 소유물이 자음으로 끝나는 경우

소유물이 자음으로 끝나는 경우에는 소유자가 인칭대명사일 때 소유물이 자음으로 끝나는 경우의 3인칭단수 소유 인칭어미 a/e를 소유물에 붙인다.

예

소유관계표현	단축형	의미
a tanárnak a háza	a tanár háza	선생의 집
a tanároknak a háza	a tanárok háza	선생들의 집
a diáknak a széke	a diák széke	학생의 의자
a diákoknak a széke	a diákok széke	학생들의 의자
az eladónak a gyümölcse	az eladó gyümölcse	상인의 과일
az eladóknak a gyümölcse	az eladók gyümölcse	상인들의 과일

※ 자음으로 끝나는 명사 중에서 p, t, k로 끝나는 상당수의 명사와 기타 예외의 경우(사전에 표시됨)에는 3인칭단수 소유 인칭어미를 모음으로 끝나는 경우와 동일하게 –ja/–je를 붙인다. (nap, kert, diák, csomag, film, föld, újság, nadrág, telefon, bőrönd 등)

예

소유관계표현	단축형	의미
az iskolának a kertje	az iskola kertje	학교의 정원
az iskoláknak a kertje	az iskolák kertje	학교들의 정원

소유관계표현	단축형	의미
a diáknak a telefonja	a diák telefonja	학생의 전화기
a diákoknak a telefonja	a diákok telefonja	학생들의 전화기
a cégnek az újságja	a cég újságja	회사의 신문
a cégeknek az újságja	a cégek újságja	회사들의 신문
a turistának a bőröndje	a turista bőröndje	여행자의 가방
a turistáknak a bőröndje	a turisták bőröndje	여행자들의 가방

2. 관계대명사

관계대명사는 두 개의 문장을 하나의 문장으로 만들 때 반복되는 단어를 대치하는 과정에서 생겨난다. 헝가리어에서 관계대명사는 aki, amely, ami, amelyik 등이 사용되는데 aki는 선행사가 사람일 때 사용하며 amely와 ami는 선행사가 사물일 때 사용한다. amelyik는 선행사가 사람일 때와 사물일 때 모두 사용가능하지만 특정한 것을 지칭할 때 사용한다.

A. 선행사가 사람인 경우

선행사가 사람인 경우에 관계대명사는 aki를 사용한다. 이 때 aki는 주어, 목적어, 부사어 등의 역할을 한다.

A diák olvas.　　　　　　　　A diák a padban ül.
(학생이 독서를 하고 있다.)　　(학생이 벤치에 앉아 있다.)
→ A diák olvas, **aki** a padban ül. (주어 역할)
　(벤치에 앉아 있는 학생이 독서를 하고 있다.)

Ő olvas.　　　　　　　　　　Ő a padon ül.
(그는 독서를 하고 있다.)　　(그는 벤치에 앉아있다.)
→ Az olvas, **aki** a padon ül. (주어 역할)
　(벤치에 앉아있는 그는 독서를 하고 있다.)

A diák olvas.   Ismerem a diákot.

(학생이 독서를 하고 있다.)   (나는 그 학생을 안다.)

→ A diák olvas, **akit** ismerek. (목적어 역할)

(내가 아는 학생이 독서를 하고 있다.)

A diák olvas.   Tegnap teniszeztem a diákkal.

(학생이 독서를 하고 있다.)   (나는 어제 그 학생과 테니스를 쳤다.)

→ A diák olvas, **akivel** teniszeztem tegnap. (부사어 역할)

(내가 어제 테니스를 쳤던 학생이 독서를 하고 있다.)

B. 선행사가 사물인 경우

선행사가 사물인 경우에는 관계대명사로 amely와 ami를 사용한다. 이 때 amely와 ami는 주어, 목적어, 부사어 등의 역할을 한다. amely는 선행사가 사물이면서 동시에 일반명사일 때 사용하며 ami는 선행사가 지시대명사일 때 사용한다.

Az autó nagyon szép.   Az autó az utcán megy.

(자동차가 참 예쁘다.)   (자동차가 길 위에 가고 있다.)

→ Az autó nagyon szép, **amely** az utcán megy. (주어 역할)

(길 위에 가고 있는 자동차는 참 예쁘다.)

Az autó nagyon szép.   Tegnap vettem az autót.

(자동차가 참 예쁘다.)   (내가 어제 자동차를 샀다.)

→ Az autó nagyon szép, **amelyet** tegnap vettem. (목적어 역할)

(어제 내가 산 자동차는 참 예쁘다.)

Az autó nagyon szép.   Tegnap Debrecenbe mentem az autóval.

(자동차가 참 예쁘다.)   (내가 어제 자동차를 타고 데브레쩬에 갔다.)

→ Az autó nagyon szép, **amellyel** tegnap Debrecenbe mentem.

(부사어 역할)

(내가 어제 데브레쩬에 타고간 자동차는 참 예쁘다.)

Az nagyon szép.   Az az utcán megy.

(그것은 참 예쁘다.)   (그것은 길 위에 가고 있다.)

→ Az nagyon szép, **ami** az utcán megy. (주어 역할)

　(길 위에 가고 있는 것이 참 예쁘다.)

Az nagyon szép.   Azt tegnap vettem.

(자동차가 참 예쁘다.)   (나는 그것을 어제 샀다.)

→ Az nagyon szép, **amit** tegnap vettem. (목적어 역할)

　(내가 어제 산 그것은 참 예쁘다.)

Az nagyon szép.   Tegnap azzal mentem Debrecenbe.

(자동차가 참 예쁘다.)   (내가 어제 그것을 타고 데브레쩬에 갔다.)

→ Az nagyon szép, **amivel** tegnap Debrecenbe mentem. (부사어 역할)

　(내가 어제 데브레쩬에 타고 간 그것은 참 예쁘다.)

※ 지시대명사에 val/vel을 붙이면 동화작용이 일어난다.

　　예 az+val → azzal

　　　 ez+vel → ezzel

C. 선행사가 몇 개 중 특정한 것을 지칭하는 경우

　선행사가 몇 개 중 특정한 것을 지칭할 때는 사람과 사물, 그리고 일반명사와 지시대명사에 관계없이 amelyik를 사용한다. amelyik 역시 주어, 목적어, 부사어 등의 역할을 한다.

예문

A diák azt az újságot olvassa.   Az újság az asztalon van.

(학생이 그 신문을 읽고 있다.)   (그 신문은 책상위에 있다.)

→ A diák azt az újságot olvassa, **amelyik** az asztalon van. (주어 역할)

　(학생은 책상위에 있는 신문을 읽는다.)

　(몇 개의 신문 중 책상 위의 신문을 읽는다는 의미를 내포한다.)

Az az autó nagyon szép.   Az autót tegnap vettem.

(그 자동차는 참 예쁘다.)   (나는 그 자동차를 어제 샀다.)

→ Az az autó nagyon szép, **amelyiket** tegnap vettem.

(어제 내가 산 그 자동차는 참 예쁘다.)

(어제 산 자동차 외에 다른 자동차도 소유하고 있음을 내포한다.)

Abból az üvegből iszom.   Az üvegben vörösbor van.

(나는 그 병의 것을 마신다.)   (병 안에 적포도주가 있다.)

→ Abból az üvegből iszom, **amelyikben** vörösbor van.

(나는 적포도주가 들어있는 병의 것을 마신다.)

(다른 포도주병도 옆에 있음을 내포한다.)

3. 인칭대명사의 목적격

형가리어에서 인칭대명사의 목적격은 다음과 같다.

	주격	목적격	의미
1인칭 단수	én	engem	나를
2인칭 단수	te	téged	너를
3인칭 단수	ő	őt	그를
	ön	önt	당신을
1인칭 복수	mi	minket	우리를
2인칭 복수	ti	titeket	너희를
3인칭 복수	ők	őket	그들을
	önök	önöket	당신들을

* 과거에는 1인칭복수 인칭대명사 minket 대신에 bennünket를, 2인칭복수 인칭대명사 titeket 대신에 benneteket를 사용하기도 했는데 현대에는 잘 사용하지 않는다.

4. 소유인칭대명사

헝가리어에서 소유인칭대명사는 다음과 같다.

인칭	소유인칭대명사(단수)		소유인칭대명사(복수)	
		의미		의미
1인칭 단수(én)	enyém	나의 것	enyéim	나의 것들
2인칭 단수(te)	tied	너의 것	tieid	너의 것들
3인칭 단수(ö/ön)	övé	그의 것	övéi	그의 것들
	öné	당신의 것	önéi	당신의 것들
1인칭 복수(mi)	mienk	우리의 것	mieink	우리의 것들
2인칭 복수(ti)	tietek	너희의 것	tieitek	너희의 것들
3인칭 복수(ők/önök)	övék	그들의 것	övéik	그들의 것들
	önöké	당신들의 것	önökéi	당신들의 것들

5. 장소 관계부사

장소를 나타내는 관계부사 중 가장 자주 사용되는 것이 ahol, ahová, ahonnan
이다. ahol은 정지를 나타내며 ahová는 접근, ahonnan은 이탈을 나타낸다.

Ott vagyok, **ahol** te vagy. (네가 있는 거기에 내가 있다.)
Ott vagyok, **ahová** te mész. (네가 가는 거기에 내가 있다.)
Ott vagyok, **ahonnan** te elmész. (네가 떠난 거기에 내가 있다.)
Oda megyek, **ahol** te vagy. (네가 있는 거기로 내가 간다.)
Oda megyek, **ahová** te mész. (네가 가는 거기로 내가 간다.)
Oda megyek, **ahonnan** te elmész. (네가 떠난 거기로 내가 간다.)
Onnan jövök, **ahol** te vagy. (네가 있는 거기에서 내가 온다.)
Onnan jövök, **ahová** te mész. (네가 가는 거기에서 내가 온다.)
Onnan jövök, **ahonnan** te elmész. (네가 떠난 거기에서 내가 온다.)

표현 따라하기

▶ akar + 동사원형 : ~ 하려고하다

Akarsz ott valamit vásárolni? (거기에서 뭘 사려고 하니?)
어꺼르쓰　오뜨 벌어미뜨　바-샤-롤니

Kivel akarsz találkozni? (누구와 만나려고 하니?)
끼벨　어꺼르쓰　떨알-꼬즈니

Mit akar enni? (뭘 드시고 싶으세요?)
미뜨　어꺼르 엔니

▶ nem A, hanem B : A가 아니고 B다

Nem akarok vásárolni, hanem találkozni szeretnék valakivel.
넴　어꺼록　바-샤-롤니　허넴　떨알-꼬즈니　쎄레뜨닉-　벌러끼벨
(사려는 건 아니고 누구와 만나려고 해.)

Nem iskolába megyek, hanem a postára.
넴　이쉬꼴라-버 메젝　허넴　어 뽀쉬따-러
(난 학교에 가는 게 아니고 우체국에 가.)

Nem almát veszek, hanem banánt.
넴　얼마뜨 베쎅　허넴　버난-뜨
(나는 사과를 사는 게 아니고 바나나를 사는 거야.)

▶ **Nekem a belvárosba kell mennem.** (나 시내에 가봐야 해.)
넥껨　어 벨바-로쉬버　껠　멘넴

Nekem az egyetemre kell mennem. (나 대학교에 가봐야 해.)
넥껨　어즈 에제뗌레　껠　멘넴

Nekem a könyvet kell olvasnom. (나 그 책 읽어야해.)
넥껨　어 꾀니베뜨 껠　올버쉬놈

▶ **Melyik a tied?** (어느 것이 네 것이니?)
메이익　어 띠에드

Melyik az enyém? (어느 것이 내거야?)
메이익　어즈 에니-임

Melyik autó az övé? (어느 차가 그 사람 거야?)
메이익　어우또- 어즈 외비-

헝가리어로 말하기

▶ 회화 1

Akarsz ott valamit vásárolni? (거기에서 뭘 사려고 하니?)
어꺼르쓰 오뜨 벌러미뜨 바-샤-롤니

Nem. Nem akarok vásárolni, hanem találkozni szeretnék valakivel.
넴 넴 어꺼록 바-샤-롤니 허넴 떨알-꼬즈니 쎼레뜨닉- 벌러끼벨

(아니. 사려는 건 아니고 누구와 만나려고 해.)

▶ 회화 2

Kivel akarsz találkozni? (누구와 만나려고 하니?)
끼벨 어꺼르쓰 떨알-꼬즈니

Egy magyar tanárral találkozom, aki régen Koreában tanított.
에지 머저르 떠나-럴 떨알-꼬좀 어끼 리-겐 꼬레아-번 떠니-뚣뜨

(옛날에 한국에서 가르쳤던 한 헝가리인 선생님과 만나려고 해.)

▶ 회화 3

Hol van az autód? (너 차 어디에 있어?)
홀 번 어즈 어우또-드

Az autóm ott van, ahol István áll. (내차는 이쉬뜨반 이 서있는 저기에 있어.)
어즈 어우똠- 오뜨 번 어홀 이쉬뜨반- 알-

함께 연습하기

1. 다음 빈곳에 들어갈 알맞은 관계대명사를 쓰시오.

  1) Hol van a diák, _________ tegnap érkezett.

  2) Hol van a könyv, _________ tegnap vettem.

3) Mi az, ________ most mondasz?

4) Azt az üveget kérem, ________ vörösbor van.

5) Az a jó diák, ________ szorgalmasan tanul.

2. 다음 소유관계를 헝가리어로 쓰시오.

    1) 나의 학생

    2) 너의 가방

    3) 그의 신문

    4) 우리의 집

    5) 너희의 나라

3. 다음 소유관계를 헝가리어로 쓰시오.

    1) 선생의 책상

    2) 학생의 가방

    3) 샨도르의 책

    4) 부다페스트의 도심

    5) 대학교의 학생

4. 다음 두개의 문장을 관계대명사를 사용하여 하나의 문장으로 만드시오.

    1) A diák szorgalmasan tanul.   A diák Magyarországon tanult.

        → ________________________________

    2) A fiúval találkozom.   A fiúnak jó autója van.

        → ________________________________

    3) Az nagyon vicces.   Most mondasz.

        → ________________________________

    4) Azt a barátomat szeretem.   A barátom Budapesten lakik.

        → ________________________________

    5) Ez jó kérdés.   A kérdésre könnyen válaszolhatsz.

        → ________________________________

5. 다음 문장을 헝가리어로 옮기시오.

  1) 여기에서 뭔가 살려고 하니?

  2) 나 학교에 가는 게 아니라 우체국에 가고 있어.

  3) 너 누구하고 점심 먹어?

  4) 너 가방 어디에 있어?

  5) 나는 네가 가는 그곳으로 가고 있어.

노벨상의 나라-헝가리

　헝가리는 남한과 비슷한 면적(93,000 제곱킬로미터)에 약 1,000만 명의 인구를 가지고 있는 조그마한 국가이지만 14명(2013년 기준)의 헝가리 출신 노벨상 수상자를 배출한 것으로 알려지고 있다. 물론 유대인 출신의 헝가리인들이 포함되기는 했으나 그럼에도 불구하고 1,000만 명이란 인구에 대비해 볼 때 상당히 많은 숫자임에는 틀림없다. 그렇다면 인구도 많지 않은 헝가리에서 이렇게 많은 노벨상 수상자가 나올 수 있었던 것은 무엇 때문일까? 그것은 무엇보다도 교육에 대한 과감한 투자라고 사람들은 말한다. 1차 세계대전 후에 트리아농조약에 따라 약소국으로 바뀐 헝가리는 사회 전반에 있어서 쇠퇴의 길을 걷기 시작했는데 이를 극복하고자 당시 교육부 장관이었던 클레벨스베르그 쿠노(**Klebelsberg Kuno**)는 교육의 중요성을 인식하고 예산의 10%를 교육비로 투자하였다는 것이다. 물론 이 외에도 다른 요인들이 있겠지만 교육에 대한 헝가리의 과감한 투자가 연구의 밑받침이 되었음은 부인할 수 없는 사실이다. 특히 이러한 투자의 결과물로 제일 먼저 노벨상을 받은 사람은 퍼프리카(고추)에서 비타민C를 추출해 낸 업적으로 1937년에 노벨의학상을 받은 센트–죄르지 얼베르트이다.

　헝가리 출신 노벨상 수상자들을 보면 대부분이 의학상, 화학상, 물리학상 중심의 자연과학 분야에서 배출되었다는 것을 알 수 있다.

연도	분야	이름	업적
1905	물리학상	Lénárd Fülöp	음극선 연구
1914	의학상	Bárány Róbert	귀에 관한 연구
1925	화학상	Zsigmondy Richárd	콜로이드 용해의 이물질 특성 증명
1937	의학상	Szent-Györgyi Albert	고추에서 비타민C 발견
1943	화학상	Hevesi György	원자번호 72번 hafnium 발견
1961	의학상	Békésy György	내이 외우각의 작용에 관한 메카니즘 발견
1963	물리학상	Wigner Jenő	원자의 구조적인 대칭원칙 발견
1971	물리학상	Gábor Dénes	레이저 사진술 발명
1986	평화상	Wiesel, Elie	인종차별 철폐 인권신장 노력
1986	화학상	Polanyi, John Charles	기초 화학반응 분석 방법 개발
1994	화학상	Oláh György	탄화수소 제조에 관한 새로운 이론

연도	분야	이름	업적
1994	경제학상	Harsányi János	경제학의 새로운 게임 이론
2002	문학상	Kertész Imre	소설 『운명 없음』
2004	화학상	Herskó Ferenc (Avram Hershko)	유비 퀴틴 중개 단백질 분해 연구

　이들 노벨상 수상자들 외에도 많은 헝가리 출신의 과학자와 발명가들이 인류 문화에 기여한 많은 발명품들을 만들어냈는데 대표적인 발명품으로는 우리 일상생활에서 널리 쓰이는 볼펜, 성냥, 냉장고, 컬러텔레비전, 소프트 콘택트렌즈 등을 비롯하여 전화교환기, 자동기어박스, 교류전기 기관차, 굴절버스, 자동노출 스틸카메라, 헬리콥터 프로펠러, 변압기, 컴퓨터 기본원리, 그리고 최근 컴퓨터가 발달하면서 사용하기 시작한 엑셀프로그램과 프레지(prezi) 프로그램, 그리고 3D 기술 등 무수히 많은 발명품이 헝가리인들에 의해 만들어졌다.

Hol laknak a testvéreid?

너의 형제자매들은 어디에 살아?

Yú Zsinil :	Andrea! Hány testvéred van? 언드레어 하-니 떼쉬뜨비-레이드 번
Orosz Andrea :	Nekem egy bátyám és két húgom van. 넥껨 에지 바-땀- 이-쉬 끼-뜨 후-곰 번
Yú Zsinil :	Elég sok. Hol laknak a testvéreid? 엘이-그 속 홀 럭크넉 어 떼쉬뜨비-레이드
Orosz Andrea :	A bátyám és az egyik húgom Budapesten lakik, a másik 어 바-땀- 이-쉬 어즈 에직 후-곰 부더뻬쉬뗀 러끽 어 마-쉭 húgom pedig Bécsben él. 후-곰 뻬디그 비-취벤 일-
Yú Zsinil :	Mit csinál a húgod Bécsben? 미뜨 취날- 어 후-고드 비-취벤
Orosz Andrea :	Ott tanul. Hegedűs akar lenni. Már három éve tanul 오뜨 떠눌 헤게뒤-쉬 어꺼르 렌니 마-르 하-롬 이-베 떠눌 az egyetemen. 어즈 에제뗌엔
Yú Zsinil :	Hány éves most? 하-니 이-베쉬 모쉬뜨
Orosz Andrea :	Huszonkét éves, de már van férje. 후쏜끼-뜨 이-베쉬 데 마-르 번 피-리에
Yú Zsinil :	Szerintem elég korán ment férjhez. 쎄린뗌 엘이-그 꼬란- 멘뜨 피-리헤즈 Andrea! Nem iszunk egy kávét? 언드레어 넴 이숭크 에지 까-비-드
Orosz Andrea :	Már kértem étlapot a pincértől. 마-르 끼-르뗌 이-뜨러뽀뜨 어 삔찌-르뙬-

유진일 :	언드레어! 너에게 몇 명의 형제자매가 있니?
오로쓰 언드레어 :	나에게는 오빠 한 명과 두 명의 동생이 있어.
유진일 :	아주 많구나. 너의 형제자매들은 어디에서 살아?
오로쓰 언드레어 :	오빠와 한 동생은 부다페스트에 살고 있지만, 다른 동생은 비엔나에 살아.

유진일 :   그 동생은 비엔나에서 뭘 해?

오로쓰 언드레어 :   공부해. 바이올린이스트가 되려고 해. 벌써 대학교에서 3년 동안 공부하고 있어.

유진일 :   지금 몇 살이야?

오로쓰 언드레어 :   스물두 살이야. 그런데 벌써 남편이 있어.

유진일 :   내 생각엔 아주 빨리 시집을 간 것 같다.

                    언드레어! 커피 안 마실래?

오로쓰 언드레어 :   내가 벌써 웨이터한테 메뉴 가져오라고 시켰어.

1 단계

단어 익히기

• hány	몇의?, 얼마나 많은?(의문사)
• mit	무엇을?(의문대명사)
• csinál	하다
• hoz	가져오다
• iszik	마시다
• lakik	살다, 주거하다, 머무르다
• tanul	배우다
• Bécs	비엔나
• báty	형, 오빠
• egyetem	대학교
• étlap	메뉴판
• év	년, 해
• férj	남편
• hegedűs	바이올리니스트
• húg	여동생

- kávé   커피
- pincér   웨이터
- testvér   형제자매

- de   그러나(접속사)
- elég   충분한
- éves   나이의, 나이를 먹은
- korán   일찍
- már   벌써, 이미
- másik   다른 것의(지시형용사), 다른 것(대명사)
- meg   그리고, 와, 과
- most   지금
- nekem   나에게(격조사)
- neked   너에게(격조사)
- pedig   반면에, 그러나(접속사)
- sok   많은

2 단계

문법 배우기

1. 소유관계 표현(소유물이 복수인 경우)

소유관계를 표현할 때 소유물이 복수인 경우에는 소유 인칭어미 앞에 복수기호소 i를 붙인다.

A. 소유자가 인칭대명사인 경우

소유자가 인칭대명사인 경우의 소유관계 표현은 정관사, 소유자(인칭대명사), 소유물의 순서로 오며 소유물에 복수기호소(i)와 소유 인칭어미를 붙여 소유자와 소유물의 관계를 구분한다. 이 때 소유물에 붙은 소유 인칭어미를 통해 소유자를 알 수 있기 때문에 강조되는 경우를 제외하고는 소유자(인칭대명사)를 생략한다. 단

존칭의 경우에는 의미의 혼돈을 방지하기 위해 소유자(인칭대명사)를 생략하지 않는다.

◉ az (én) autó<u>im</u> 나의 자동차들

a) 소유물이 모음으로 끝나는 경우의 소유 인칭어미

소유자	복수기호(i)+소유 인칭어미	
	후설모음 명사	전설모음(원순모음) 명사
1인칭 단수(én)	-im	
2인칭 단수(te)	-id	
3인칭 단수(ő/ön)	-i	
1인칭 복수(mi)	-ink	
2인칭 복수(ti)	-itok	-itek
3인칭 복수(ők)	-ik	

※ 3인칭 단수의 경우는 복수기호(i)만 붙고 소유 인칭어미는 없다.

◉ hallgató[헐–거또–] 수강생

소유자		소유관계	의미
1인칭 단수(én)		az (én) hallgató**im**	나의 수강생들
2인칭 단수(te)		a (te) hallgató**id**	너의 수강생들
3인칭 단수	(ő)	az (ő) hallgató**i**	그의 수강생들
	ön	az ön hallgató**i**	당신의 수강생들
1인칭 복수(mi)		a (mi) hallgató**ink**	우리의 수강생들
2인칭 복수(ti)		a (ti) hallgató**itok**	너희의 수강생들
3인칭 복수	(ők)	az (ő) hallgató**ik***	그들의 수강생들
	önök	az önök hallgató**i***	당신들의 수강생들

* 3인칭 복수 소유자 ők를 강조하여 표기할 경우에는 소유물에 붙어있는 소유 인칭어미에 이미 3인칭 복수임이 나타나 있으므로 ők 대신에 ő를 쓴다.

* 3인칭 복수 önök가 소유자인 경우에는 소유자에 이미 3인칭 복수임이 나타나 있으므로 소유물에 붙는 소유 인칭어미는 3인칭 복수 소유 인칭어미 대신 3인칭 단수 소유 인칭어미를 사용한다.

예 tévé[띠-비-] 텔레비전

소유자		소유관계	의미
1인칭 단수(én)		az (én) tévé**im**	나의 텔레비전들
2인칭 단수(te)		a (te) tévé**id**	너의 텔레비전들
3인칭 단수	(ő)	az (ő) tévé**i**	그의 텔레비전들
	ön	az ön tévé**i**	당신의 텔레비전들
1인칭 복수(mi)		a (mi) tévé**ink**	우리의 텔레비전들
2인칭 복수(ti)		a (ti) tévé**itek**	너희의 텔레비전들
3인칭 복수	(ők)	az (ő) tévé**ik**	그들의 텔레비전들
	önök	az önök tévé**i**	당신들의 텔레비전들

예 fürdő[퓌르되-] (대중)목욕탕, 온천장

소유자		소유관계	의미
1인칭 단수(én)		az (én) fürdő**im**	나의 목욕탕들
2인칭 단수(te)		a (te) fürdő**id**	너의 목욕탕들
3인칭 단수	(ő)	az (ő) fürdő**i**	그의 목욕탕들
	ön	az ön fürdő**i**	당신의 목욕탕들
1인칭 복수(mi)		a (mi) fürdő**ink**	우리의 목욕탕들
2인칭 복수(ti)		a (ti) fürdő**itek**	너희의 목욕탕들
3인칭 복수	(ők)	az (ő) fürdő**ik**	그들의 목욕탕들
	önök	az önök fürdő**i**	당신들의 목욕탕들

b) 소유물이 자음으로 끝나는 경우의 소유 인칭어미

소유자	매개모음(a, e) +복수기호(i) +소유 인칭어미	
	후설모음 명사	전설모음(원순모음) 명사
1인칭 단수(én)	-aim	-eim
2인칭 단수(te)	-aid	-eid
3인칭 단수(ő/ön)	-ai	-ei

소유자	매개모음(a, e) +복수기호(i) +소유 인칭어미	
	후설모음 명사	전설모음(원순모음) 명사
1인칭 복수(mi)	-aink	-eink
2인칭 복수(ti)	-aitok	-eitek
3인칭 복수(ők)	-aik	-eik

* 소유물이 자음으로 끝나는 경우에는 모음으로 끝나는 경우와 달리 복수기호(i) 앞에 삽입모음
 (a, e)이 들어가며 모든 인칭에 있어서 후설모음 명사의 소유 인칭어미와 전설모음(원순모음)
 명사의 소유 인칭어미 형태가 모두 다르다.

예 tanár[떠나-르] 선생

소유자		소유관계	의미
1인칭 단수(én)		az (én) tanár**aim**	나의 선생들
2인칭 단수(te)		a (te) tanár**aid**	너의 선생들
3인칭 단수	(ő)	az (ő) tanár**ai**	그의 선생들
	ön	az ön tanár**ai**	당신의 선생들
1인칭 복수(mi)		a (mi) tanár**aink**	우리의 선생들
2인칭 복수(ti)		a (ti) tanár**aitok**	너희의 선생들
3인칭 복수	(ők)	az (ő) tanár**aik**	그들의 선생들
	önök	az önök tanár**ai**	당신들의 선생들

예 szék[씨-크] 의자

소유자		소유관계	의미
1인칭 단수(én)		az (én) szék**eim**	나의 의자들
2인칭 단수(te)		a (te) szék**eid**	너의 의자들
3인칭 단수	(ő)	az (ő) szék**ei**	그의 의자들
	ön	az ön szék**ei**	당신의 의자들
1인칭 복수(mi)		a (mi) szék**eink**	우리의 의자들
2인칭 복수(ti)		a (ti) szék**eitek**	너희의 의자들
3인칭 복수	(ők)	az (ő) szék**eik**	그들의 의자들
	önök	az önök szék**ei**	당신들의 의자들

⊙ **sör**[쇠르] 맥주

소유자		소유관계	의미
1인칭 단수(én)		az (én) sör**eim**	나의 맥주들
2인칭 단수(te)		a (te) sör**eid**	너의 맥주들
3인칭 단수	(ő)	az (ő) sör**ei**	그의 맥주들
	ön	az ön sör**ei**	당신의 맥주들
1인칭 복수(mi)		a (mi) sör**eink**	우리의 맥주들
2인칭 복수(ti)		a (ti) sör**eitek**	너희의 맥주들
3인칭 복수	(ők)	az (ő) sör**eik**	그들의 맥주들
	önök	az önök sör**ei**	당신들의 맥주들

※ 자음으로 끝나는 명사 중에서 p, t, k로 끝나는 상당수의 명사와 기타 예외의 경우 삽입모음 a/e 대신에 ja/je를 붙인다. 여기에 속하는 명사에 대한 특별한 규칙은 없으며 사전에 표기되어 있으므로 사전을 참조한다.

⊙ **nap**[넙] 날, 해, 태양

소유자		소유관계	의미
1인칭 단수(én)		az (én) nap**jaim**	나의 날들
2인칭 단수(te)		a (te) nap**jaid**	너의 날들
3인칭 단수	(ő)	az (ő) nap**jai**	그의 날들
	ön	az ön nap**jai**	당신의 날들
1인칭 복수(mi)		a (mi) nap**jaink**	우리의 날들
2인칭 복수(ti)		a (ti) nap**jaitok**	너희의 날들
3인칭 복수	(ők)	az (ő) nap**jaik**	그들의 날들
	önök	az önök nap**jai**	당신들의 날들

⊙ **kert**[께르뜨] 정원

소유자	소유관계	의미
1인칭 단수(én)	az (én) kert**jeim**	나의 정원들
2인칭 단수(te)	a (te) kert**jeid**	너의 정원들

소유자		소유관계	의미
3인칭 단수	(ő)	az (ő) kert**jei**	그의 정원들
	ön	az ön kert**jei**	당신의 정원들
1인칭 복수(mi)		a (mi) kert**jeink**	우리의 정원들
2인칭 복수(ti)		a (ti) kert**jeitek**	너희의 정원들
3인칭 복수	(ők)	az (ő) kert**jeik**	그들의 정원들
	önök	az önök kert**jei**	당신들의 정원들

예 diák[디아~끄] 학생

소유자		소유관계	의미
1인칭 단수(én)		az (én) diák**jaim**	나의 학생들
2인칭 단수(te)		a (te) diák**jaid**	너의 학생들
3인칭 단수	(ő)	az (ő) diák**jai**	그의 학생들
	ön	az ön diák**jai**	당신의 학생들
1인칭 복수(mi)		a (mi) diák**jaink**	우리의 학생들
2인칭 복수(ti)		a (ti) diák**jaitok**	너희의 학생들
3인칭 복수	(ők)	az (ő) diák**jaik**	그들의 학생들
	önök	az önök diák**jai**	당신들의 학생들

예 film[필름] 영화

소유자		소유관계	의미
1인칭 단수(én)		az (én) film**jeim**	나의 영화들
2인칭 단수(te)		a (te) film**jeid**	너의 영화들
3인칭 단수	(ő)	az (ő) film**jei**	그의 영화들
	ön	az ön film**jei**	당신의 영화들
1인칭 복수(mi)		a (mi) film**jeink**	우리의 영화들
2인칭 복수(ti)		a (ti) film**jeitek**	너희의 영화들
3인칭 복수	(ők)	az (ő) film**jeik**	그들의 영화들
	önök	az önök film**jei**	당신들의 영화들

B. 소유자가 일반명사인 경우

　소유자가 일반명사인 경우의 소유관계 표현은 정관사, 소유자(일반명사), 정관사, 소유물의 순서로 온다. 이 때 소유자에 **nak/nek**을 붙이고 소유물에 3인칭단수 소유 인칭어미를 붙여 소유 관계를 나타낸다. 그러나 **nak/nek**과 그 다음에 오는 정관사는 둘 다 생략할 수 있다. 소유자가 인칭대명사일 때처럼 복수기호소(i)만 붙고 3인칭단수 소유 인칭어미는 없다.

　■ a fiúnak az autói → a fiú autói(단축형) 소년의 자동차들

a) 소유물이 모음으로 끝나는 경우

　소유물이 모음으로 끝나는 경우에는 소유자가 인칭대명사일 때 소유물이 모음으로 끝나는 경우의 3인칭단수 형태처럼 복수기호소 **i**만 붙인다.

　■

소유관계표현	단축형	의미
a tanárnak a hallgatói	a tanár hallgatói	선생의 수강생들
a tanároknak a hallgatói	a tanárok hallgatói	선생들의 수강생들
a lánynak a leckéi	a lány leckéi	소녀의 과제들
a lányoknak a leckéi	a lányok leckéi	소녀들의 과제들
a gyereknek a kesztyűi	a gyerek kesztyűi	아이의 장갑들
a gyerekeknek a kesztyűi	a gyerekek kesztyűi	아이들의 장갑들

b) 소유물이 자음으로 끝나는 경우

　소유물이 자음으로 끝나는 경우에는 모음으로 끝나는 경우와 달리 복수기호소 **i** 앞에 삽입모음(a, e)이 붙는다.

　■

소유관계표현	단축형	의미
a tanárnak a házai	a tanár házai	선생의 집들
a tanároknak a házai	a tanárok házai	선생들의 집들
a diáknak a székei	a diák székei	학생의 의자들
a diákoknak a székei	a diákok székei	학생들의 의자들

소유관계표현	단축형	의미
az eladónak a gyümölcsei	az eladó gyümölcsei	상인의 과일들
az eladóknak a gyümölcsei	az eladók gyümölcsei	상인들의 과일들

※ 자음으로 끝나는 명사 중에서 p, t, k로 끝나는 상당수의 명사와 기타 예외의 경우 복수 기호소 앞에 매개모음 a, e 대신에 ja/je를 붙인다.

예

소유관계표현	단축형	의미
az iskolának a kertjei	az iskola kertjei	학교의 정원들
az iskoláknak a kertjei	az iskolák kertjei	학교들의 정원들
a diáknak a telefonjai	a diák telefonjai	학생의 전화기들
a diákoknak a telefonjai	a diákok telefonjai	학생들의 전화기들
a cégnek az újságjai	a cég újságjai	회사의 신문들
a cégeknek az újságjai	a cégek újságjai	회사들의 신문들
a turistának a bőröndjei	a turista bőröndjei	여행자의 가방들
a turistáknak a bőröndjei	a turisták bőröndjei	여행자들의 가방들

2. 사역형 파생소 at/et, tat/tet

동사를 사역형으로 만들어 '누구로 하여금 ~하게 하다' 라는 의미를 표현할 때에는 동사어간에 at/et, 혹은 tat/tet를 붙이고 사람에 val/vel을 붙인다.

A. 동사에 at/et를 붙이는 경우

at/et를 붙이는 경우는 동사가 하나의 모음으로 이루어진 1음절 동사일 때와 동사가 자음+t로 끝날 때이다. 이때 at는 후설모음동사에 붙이며 et는 전설모음동사에 붙인다.

예문

A vendég étlapot hozat a pincérrel.
(손님은 웨이터에게 메뉴판을 가져오게 한다.)

Az anya rajzfilmet néz<u>et</u> a gyerekkel.

(엄마는 아이에게 만화영화를 보게 한다.)

Az apa jó gyümölcsöt válasz<u>tat</u> a fiával.

(아빠는 아들에게 좋은 과일을 고르게 한다.)

A tanár virágot termesz<u>tet</u> a diákokkal.

(선생은 학생들에게 꽃을 기르게 한다.)

B. 동사에 tat/tet를 붙이는 경우

tat/tet를 붙이는 경우는 동사가 복수의 모음으로 이루어진 다음절 동사일 때와 동사가 모음+t로 끝날 때이다. 이때 tat는 후설모음동사에 붙이며 tet는 전설모음 동사에 붙인다.

A tanár megválaszol<u>tat</u> egy kérdést a diákokkal.

(선생은 학생들에게 한 질문에 답을 하게 한다.)

Az igazgató takarít<u>tat</u> a dolgozókkal.

(사장은 직원들에게 청소를 하게 한다.)

Az anya a dobozokat szállít<u>tat</u>ja a gyerekkel.

(엄마는 아이에게 상자들을 옮기게 한다.)

Az apa az autóját vezet<u>tet</u>i a fiával.

(아빠는 아들에게 자기 차를 운전하게 한다.)

※ ül(앉다)과 lép(걷다)는 예외적인 경우로 1음절 동사임에도 불구하고 et를 붙이지 않고 tet를 붙인다.

C. 불규칙동사의 사역형

불규칙 동사	사역형	의미
lő [뢰-]	lövet	쏘게 하다
tesz [떼쓰]	tetet	하게하다, 놓게 하다
vesz [베쓰]	vetet	사게 하다, 집게 하다
visz [비쓰]	vitet	가져가게 하다

불규칙 동사	사역형	의미
hisz[히쓰]	hitet	믿게 하다
alszik[얼씩]	altat	재우다
fekszik[펙씩]	fektet	눕히다
iszik[이씩]	itat	마시게 하다
eszik[에씩]	etet	먹이다

* van, jön, megy 등 일부 불규칙동사는 사역형을 사용하지 않는다.

3. 격조사 −nak/−nek

헝가리어에서는 격조사나 후치사 등에 인칭어미를 붙여서 사용하는 경우가 많이 있다. '~에게'의 의미를 지닌 −nak/−nek의 경우에도 원래는 독립적으로 쓰이지 않지만 인칭어미가 결합하면 독립적으로 쓰인다. 이 때 두 형태 중 대표형은 nek 이며 인칭어미도 nek에만 붙여 사용한다.

인칭	−nak/−nek +인칭어미	의미
1인칭 단수(én)	nekem	나에게
2인칭 단수(te)	neked	너에게
3인칭 단수(ő)	neki	그에게
1인칭 복수(mi)	nekünk	우리에게
2인칭 복수(ti)	nektek	너희에게
3인칭 복수(ők)	nekik	그들에게

* 존칭인 ön과 önök의 경우에는 격조사에 인칭어미를 붙여 사용하지 않고 önnek, önöknek 의 형태를 사용한다.

예문

A lány ajándékot adott nekem.
(그 소녀는 나에게 선물을 주었다.)

표현 따라하기

Nekem egy bátyám és két húgom van.
네껨　　에지 바탐－　이－쉬 끼－뜨 후－곰 번
(나에게는 오빠 한 명과 두 명의 자매가 있다.)

Szerintem elég korán ment férjhez.
쎄린뗌　　엘이－그 꼬란－ 멘뜨　피－리헤즈
(내 생각엔 아주 빨리 시집을 간 것 같다.)

A bátyám és az egyik húgom Budapesten lakik, a másik húgom pedig
어 바탐　　이－쉬 어즈 에직 후－곰　부더뻬쉬뗀　　러끽　어 마－쉭 후－곰　　뻬디그
Bécsben él.
비－취벤　　일－
(오빠와 한 자매는 부다페스트에 살고 있지만, 다른 자매 한 명은 비엔나에 산다.)

▸ **házasságot köt valakivel** (~와 결혼하다)
A bátyám tavaly házasságot kötött az ismerősömmel.
어 바탐－　떠버이　하－저샤－고뜨　꾀뙤뜨　어즈 이쉬메뢰－쇰멜
(나의 형은 내가 아는 사람과 작년에 결혼했다.)

▸ **férjhez megy** : 시집가다
nem megy férjhez : 시집가지 않다
feleségül vesz valakit : ~에게 장가가다
elválik a férjétől : 남편과 이혼하다

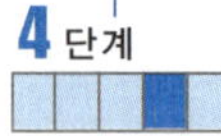

헝가리어로 말하기

▸ **회화 1**

Hány testvéred van? (넌 몇 명의 형제자매가 있니?)
하－니　떼쉬뜨비－레드 번

Nekem egy bátyám és két húgom van.
네켐　　에지 바-턈-　　이-쉬 끼-뜨 후-곰 번

(나에게는 오빠 한 명과 두 명의 여동생이 있어.)

▶ 회화 2

Hol laknak a testvéreid? (너의 형제자매들은 어디에서 살아?)
홀　　러크넉　　어 떼쉬뜨비-레이드

A bátyám és az egyik húgom Budapesten lakik, a másik húgom pedig
어 바-턈-　　이-쉬 어즈 에직 후-곰　　부더뻬쉬뗀　　러끽　　어 마-쉭　　후-곰　　뻬디그

Bécsben él.
비-치벤　　일-

(오빠와 한 여동생은 부다페스트에 살고 있지만, 다른 여동생은 비엔나에 살아.)

▶ 회화 3

Mit csinál a húgod Bécsben? (그 여동생은 비엔나에서 뭘 해?)
미뜨 취날-　　어 후-고드 비-취벤

Ott tanul. Hegedűművész akar lenni. Már három éve tanul az
오뜨- 떠눌　헤게뒤-뮈-비-쓰　　어꺼르 렌니　　마-르 하-롬　　이-베 떠눌　어즈

egyetemen.
에제뗌엔

(공부해. 바이올린이스트가 되려고 해. 벌써 대학교에서 3년 동안 공부하고 있어.)

5 단계

함께 연습하기

1. 다음 동사의 사역형을 쓰시오.

   1) olvas

   2) utazik

   3) tölt

   4) ül

   5) néz

2. 다음 소유관계를 헝가리어로 쓰시오.
   1) 나의 학생들
   2) 너의 가방들
   3) 그의 신문들
   4) 우리의 집들
   5) 너희의 나라들

3. 다음 소유관계를 헝가리어로 쓰시오.
   1) 선생의 책상들
   2) 학생의 가방들
   3) 샨도르의 책들
   4) 헝가리의 도시들
   5) 대학교의 학생들

4. 다음 문장을 헝가리어로 옮기시오.
   1) 선생님은 나에게 책을 주었다.
   2) 그 학교의 건물들은 현대식이다.
   3) 엄마는 나에게 그물을 사오게 했다.
   4) 나에게는 차가 두 대 있다.
   5) 내 옷들은 다 오래됐다.

2002년 노벨문학상 수상작 —『운명없음』

　케르티스 임레는 2002년도에 『운명없음(Sorstalanság)』이란 소설로 노벨문학상을 수상하였다. 그의 수상작 『운명없음』은 현대 문명사회 속에서 살고 있다고 말하는 인류가 그 문명과는 동떨어진 채 얼마가 악하게 살아갈 수 있는지를 보여주는 작품이다. 홀로코스트를 소재로 하여 아우슈비츠에서 보낸 1년간의 삶을 15세의 주인공 쾨베시 죄르지의 눈으로 되돌아보고 우리가 살아가고 있는 현실 역시 아우슈비츠와 크게 다르지 않다는 사실을 깨닫게 하는 소설이다. 노벨상 수상작인 『운명없음』 뿐만 아니라 후속작인 『좌절(Kudarc)』, 『태어나지 않은 아이를 위한 송가(Kaddis a meg nem született gyermekért)』, 『청산(Felszámolás)』 등은 모두 케르티스 임레 자신의 아우슈비츠에서의 경험과 그 후 자신의 삶이 어떻게 전개되었는지를 보여주는 자서전적 소설이다.

　『운명없음』은 주인공 쾨베시 죄르지가 유대인이라는 이유로 아버지와 마찬가지로 경찰에 붙잡혀 기차에 태워진 채 아우슈비츠로 이송된다. 아우슈비츠 수용소에서 번지 치트롬을 만나 그로부터 어떻게 수용소에서 살아남는지를 배우게 된다. 이후 그는 부헨발트 수용소와 짜이츠 수용소로 보내져 죽을 고비를 여러 차례 거친 후 약 1년이 지나 전쟁이 끝나면서 다시 부다페스트로 돌아오게 된다. 이처럼 기존의 수용소 문학 작품들과 비교해 특별할 것 없는 스토리를 갖고 있음에도 노벨문학상을 수상하게 된 것은 아우슈비츠를 바라보는 주인공의 관점에 있다. 쾨베시 죄르지는 아우슈비츠 수용소에서 벌어지는 참혹한 사건들을 특별한 사건으로 보지 않고 우리 일상생활과 별반 다르지 않다고 생각한다. 그리고 부다페스트로 돌아온 쾨베시 죄르지는 자신이 만약 많은 세월이 흘러도 잊어버리지만 않는다면 후손들에게 '아우슈비츠에서의 행복에 대해 말해주겠노라'고 고백한다. 죽음의 사선에 선 아우슈비츠 수용소에서마저도 삶에 대한 희망을 잃지 않는다면 행복한 순간은 있다는 것이다. 케르티스 임레에 의하면 운명은 주어지는 것이 아니라 만들어가는 것이라고 주장한다.

　『운명없음』의 후속작인 『좌절』은 1년간의 아우슈비츠 수용소 생활 후에 부다페스트로 돌아온 케르티스 임레가 어떠한 삶을 살았는지를 보여주는 작품이다. 작품 속에 등장하는 주인공은 작가인데 케르티스 임레의 분신이기도 하다. 그는 자신이 겪은 아우슈비츠의 아픔에 대해 소설을 써서 고발하려고 하지만 사람들은 그의 소설에 관심이 없다. 심지어 출판사조차도 출판을 해주려하지 않는다. 하지만 주인공은 아우슈비츠에 관한 글쓰기 작업은 평생 그에게 주어진 사명이라 생각한다. 다음 작품 『태어나지 않은 아이를 위한 송가』에 등장하는 주인공은 B.라는 이름의 노인으로 과거 자신의 젊었던 시절을 회상하는 구조로 소설이 이루어져 있다. 주인공은 유대인으로서 자신이 겪은 아우슈비츠의 아픔을 자손들에게 겪지 않게 하기 위해 결국은 자식을 낳는 것을 포기하게 된다. 그러나 그의 이러한 결정으로 결국은 아내와 이혼하게 되고 아내는 다른 남자와 결혼하여 아이를 낳게 된다. 제목 속에 등장하는 '송가(kaddis)'는 유대인들 사회에서 사람이 죽으면 장례식에서 부르는 노래로, 태어나지도 않은 아이를 장례지내겠다고 하는 아이러니가 나타나 있다.

8

Hol van a Rudas fürdő?

루더쉬 온천이 어디에 있습니까?

Yú Zsinil :	Kezét csókolom!
	께지-뜨 초-콜옴
Egy járókelő :	Jó napot kívánok!
	요- 너뽀뜨 끼-바-녹
Yú Zsinil :	Elnézést kérek! Hol van a Rudas fürdő?
	엘니-지-쉬뜨 끼-렉 홀 번 어 루더쉬 뛰르되-
Egy járókelő :	A Rudas fürdő a Duna-parton van.
	어 루더쉬 뛰르되- 어 두너 뻐르똔 번
Yú Zsinil :	Merre kell menni a fürdőhöz?
	메레 껠 멘니 어 뛰르되-회즈
Egy járókelő :	Szálljon fel a 7-es buszra ebben a buszmegállóban!
	싸이-온 펠 어 헤떼쉬 부쓰러 엡벤 어 부쓰메갈-로-번
	A 7-es busz a Duna felé megy.
	어 헤떼쉬 부쓰 어 두너 펠이- 메지
	Miután a busz átmegy a Dunán, szálljon le a következő megállónál!
	미우딴- 어 부쓰 아-뜨메지 어 두난- 싸이-온 레 어 꾀베뜨께죄- 메갈-로-날-

Ott van a fürdő.
오뜨 번   어 퓌르되-

Yú Zsinil :　　Metróval is tudok menni?
메뜨로-벌   이쉬 뚜독   멘니

Egy járókelő :　Természetesen. Ott van a metróállomás. Szálljon fel a metróra
떼르미-쎄떼쉔   오뜨 번   어 메뜨로-알-로마쉬   싸이-온   펠 어 메뜨로-러

és szálljon le az Astoriánál. Onnan gyalog át kell menni a
이-쉬 싸이-온 레 어즈 어스또리아-날- 온넌   절오그   아-뜨 껠 멘니   어

Dunán.
두난-

Yú Zsinil :　　Melyik a gyorsabb?
메이익   어 됴르셥

Egy járókelő :　A busz gyorsabb a metrónál, mert nem kell gyalogolni.
어 부쓰   됴르셥   어 메뜨로-날-   메르뜨 넴 껠   절로골니

Yú Zsinil :　　Köszönöm szépen!
꾀쐬뇜   씨-뻰

Egy járókelő :　Szívesen!
씨-벤쉔

유진일 :　안녕하세요!

보행자 :　안녕하세요!

유진일 :　실례합니다! 루더쉬 온천이 어디에 있나요?

보행자 :　루더쉬 온천은 다뉴브 강변에 있어요.

유진일 :　그 온천까지 어떻게 갈 수 있나요?

보행자 :　이 버스정류장에서 7번 버스를 타세요! 7번 버스는 다뉴브 강 쪽으로 갑니다.
　　　　버스가 다뉴브 강을 건너면 다음 역에서 내리세요! 거기에 그 온천이 있어요.

유진일 :　지하철을 타고도 갈 수 있나요?

보행자 :　물론입니다. 저기에 지하철역이 있어요. 지하철을 타서 아스토리아에서 내리세요!
　　　　거기에서는 다뉴브 쪽으로 걸어가야 합니다.

유진일 :　어느 것이 빠른가요?

보행자 :　제 생각에는 지하철보다 버스가 빠를 것 같아요. 걷지 않아도 되니까요.

유진일 :　감사합니다.

보행자 :　천만에요.

단어 익히기

• melyik	어느 것?(의문대명사)
• átmegy	건너가다
• felszáll	승차하다
• gyalogol	걷다
• leszáll	하차하다
• asszony	아주머니
• Astoria	어스토리어(지하철 역 이름)
• busz	버스
• buszmegálló	버스정류장
• Duna	다뉴브
• a Duna-part	다뉴브 강변
• metró	지하철
• Rudas fürdő	루더쉬 온천(온천 이름)
• gyalog	걸어서
• gyors	빠른
• következő	바로 다음의
• miután	~한 후에(접속사)
• onnan	거기로부터
• természetesen	물론, 당연히
• Elnézést kérek!	실례합니다.

문법 배우기

1. 명령형 1변화의 인칭변화

한국어에서는 1인칭이 2인칭에게 명령하는 직접명령이 명령형의 주된 기능이기 때문에 명령형이 제한적으로 사용된다. 그러나 헝가리어에서는 이러한 직접적인 명령 외에도 1인칭단수의 경우 '~해야 합니까? 혹은 ~할까요?' 의 의미로 사용되며 1인칭 복수의 경우 '~할까요? 혹은 ~합시다' 의 의미로 사용된다. 또 3인칭(ő, ők)으로 사용될 경우에는 '희망' 을 나타내고 존칭(ön/önök)에 사용될 경우 공손한 표현(공대법)이 된다. 이외에도 의미상으로는 명령의 의미가 없지만 문법적으로 반드시 동사의 형태를 명령형으로 사용해야 하는 경우들도 있다. 따라서 헝가리어에서는 한국어에서보다 명령형이 다양하게 사용된다.

A. 명령형 기호소

헝가리어 동사의 명령형은 과거형의 경우와 마찬가지로 동사어간에 명령형 기호소를 붙이고 인칭에 따라 인칭어미를 붙인다. 명령형 기호소는 j 한 가지 형태가 사용되지만 치음과 만날 때는 동화작용으로 형태가 바뀌기도 한다.

ⓔ olvas + j → olvass

B. 명령형 1변화의 인칭어미

인칭	인칭어미		
	후설모음 동사	전설모음 동사	원순모음 동사
1인칭 단수(én)	-ak	-ek	
2인칭 단수(te)	(-ál)	(-él)	
3인칭 단수(ő/ön)	-on	-en	-ön
1인칭 복수(mi)	-unk	-ünk	
2인칭 복수(ti)	-atok	-etek	
3인칭 복수(ők/önök)	-anak	-enek	

* 2인칭 단수의 경우에는 인칭어미를 생략할 수도 있다.

예 tanul[떠눌] 공부하다

	인칭변화	의미	
1인칭 단수(én)	tanul**jak**[떠누이-엑]	나는 공부해야 합니까?	
2인칭 단수(te)	tanul**j(ál)**[떠누이-(알)]	너는 공부해라!	
3인칭 단수(ő/ön)	tanul**jon**[떠누이-온]	ő	그가 공부하면 좋겠다!
		ön	당신은 공부하십시오!
1인칭 복수(mi)	tanul**junk**[떠누이융크]	우리는 공부해야 합니까? 우리 공부합시다!/공부하자!	
2인칭 복수(ti)	tanul**jatok**[떠누이-어똑]	너희는 공부해라!	
3인칭 복수(ők/önök)	tanul**janak** [떠누이-어넉]	ők	그들이 공부하면 좋겠다!
		önök	당신들은 공부하십시오!

* l+j의 발음은 [jj]로 발음된다.
* 1인칭 명령형의 경우 일반적으로 의문문 형태로 사용되며 '~해야 합니까?'로 해석된다.

예 kér[끼-르] 부탁하다, 요청하다

	인칭변화	의미	
1인칭 단수(én)	kér**jek**[끼-리엑]	내가 부탁해야 합니까?	
2인칭 단수(te)	kér**j(él)**[끼-리(일-)]	네가 부탁해라!	
3인칭 단수(ő/ön)	kér**jen**[끼-리엔]	ő	그가 부탁하면 좋겠다!
		ön	당신이 부탁하십시오!
1인칭 복수(mi)	kér**jünk**[끼-링크]	우리가 부탁해야 합니까? 우리가 부탁합시다!/부탁하자!	
2인칭 복수(ti)	kér**jetek**[끼-리에떽]	너희가 부탁해라!	
3인칭 복수(ők/önök)	kér**jenek**[끼-리에넥]	ők	그들이 부탁하면 좋겠다!
		önök	당신들이 부탁하십시오!

예 örül[외륄] 기뻐하다

	인칭변화	의미
1인칭 단수(én)	örül**jek**[외뤼이-엑]	내가 기뻐해야 합니까?
2인칭 단수(te)	örül**j(él)**[외뤼이-(일-)]	네가 기뻐해라!

	인칭변화	의미	
3인칭 단수(ő/ön)	örüljön[외뤼이-왠]	ő	그가 기뻐하면 좋겠다!
		ön	당신이 기뻐하십시오!
1인칭 복수(mi)	örüljünk [외뤼이-윙크]	우리가 기뻐해야 합니까? 우리 기뻐합시다!/기뻐하자!	
2인칭 복수(ti)	örüljetek[외뤼이-에떽]	너희가 기뻐해라!	
3인칭 복수(ők/önök)	örüljenek [외뤼이-에넥]	ők	그들이 기뻐하면 좋겠다!
		önök	당신들이 기뻐하십시오!

C. 자음동화로 인한 표기와 발음의 변화

명령형 기호소 j의 경우 동사 어간 끝에 어떤 철자가 오느냐에 따라 j가 다양한 다른 철자로 바뀌게 된다.

a) s, sz, z가 오는 경우

명령형 기호소 j 앞에 s, sz, z가 오는 경우에는 j가 s, sz, z에 동화되어 s, sz, z 로 철자와 발음이 바뀐다.

예 olvas[올버쉬] 읽다

	인칭변화	의미	
1인칭 단수(én)	olvassak[올버쉬-억]	내가 읽어야 합니까?	
2인칭 단수(te)	olvass(ál) [올버쉬-(알-)]	네가 읽어라!	
3인칭 단수(ő/ön)	olvasson [올버쉬-온]	ő	그가 읽으면 좋겠다!
		ön	당신이 읽으십시오!
1인칭 복수(mi)	olvassunk [올버쉬-웅크]	우리가 읽어야 합니까? 우리가 읽읍시다!/읽자!	
2인칭 복수(ti)	olvassatok [올버쉬-어똑]	너희가 읽어라!	
3인칭 복수(ők/önök)	olvassanak [올버쉬-어넉]	ők	그들이 읽으면 좋겠다!
		önök	당신들이 읽으십시오!

예 mászik[마-씩] 기어오르다

	인칭변화	의미	
1인칭 단수(én)	**másszak**[마-썩]	내가 기어올라야 합니까?	
2인칭 단수(te)	**mássz(ál)**[마-쓰(알-)]	네가 기어올라라!	
3인칭 단수(ő/ön)	**másszon**[마-쏜]	ő	그가 기어오르면 좋겠다!
		ön	당신이 기어오르십시오!
1인칭 복수(mi)	**másszunk**[마-쑹크]	우리기 기어올라야 합니까? 우리가 기어오릅시다!/기어오르자!	
2인칭 복수(ti)	**másszatok**[마-써똑]	너희가 기어올라라!	
3인칭 복수(ők/önök)	**másszanak**[마-써넉]	ők	그들이 기어오르면 좋겠다!
		önök	당신들이 기어오르십시오!

예 rendez[렌데즈] 정리하다, 정돈하다, 처리하다

	인칭변화	의미	
1인칭 단수(én)	**rendezzek**[렌데제-크]	내가 정리해야 합니까?	
2인칭 단수(te)	**rendezz(él)** [렌데즈-(일-)]	네가 정리해라!	
3인칭 단수(ő/ön)	**rendezzen** [렌데제-엔]	ő	그가 정리하면 좋겠다!
		ön	당신이 정리하십시오!
1인칭 복수(mi)	**rendezzünk** [렌데찡-크]	우리가 정리해야 합니까? 우리가 정리합시다!/정리하자!	
2인칭 복수(ti)	**rendezzetek**[렌데제-떽]	너희가 정리해라!	
3인칭 복수(ők/önök)	**rendezzenek** [렌데제-넥]	ők	그들이 정리하면 좋겠다!
		önök	당신들이 정리하십시오!

b) n, l, r, á, é, í, ű와 t가 오는 경우

명령형 기호소 j 앞에 n, l, r, á, é, í, ű 중 하나 이상의 철자와 t가 오는 경우에는 j가 s로 바뀐다. 이때 t와 s가 합쳐져 [취] 발음이 난다.

⊙ dönt[된뜨] 결정하다

	인칭변화	의미	
1인칭 단수(én)	dönt**sek**[된쳌]	내가 결정해야 합니까?	
2인칭 단수(te)	dönt**(él)**[된취(일-)]	네가 결정해라!	
3인칭 단수(ő/ön)	dönt**ön**[된췬]	ő	그가 결정하면 좋겠다!
		ön	당신이 결정하십시오!
1인칭 복수(mi)	dönt**ünk**[된췽크]	우리가 결정해야 합니까? 우리가 결정합시다!/결정하자!	
2인칭 복수(ti)	dönt**etek**[된췌떽]	너희가 결정해라!	
3인칭 복수(ők/önök)	dönt**enek**[된췌넼]	ők	그들이 결정하면 좋겠다!
		önök	당신들이 결정하십시오!

⊙ tilt[띨뜨] 금지하다

	인칭변화	의미	
1인칭 단수(én)	tilt**sak**[띨챀]	내가 금지해야 합니까?	
2인칭 단수(te)	tilt**(ál)**[띨취(알-)]	네가 금지해라!	
3인칭 단수(ő/ön)	tilt**on**[띨촌]	ő	그가 금지하면 좋겠다!
		ön	당신이 금지하십시오!
1인칭 복수(mi)	tilt**unk**[띨충크]	우리가 금지해야 합니까? 우리가 금지합시다!/금지하자!	
2인칭 복수(ti)	tilt**atok**[띨춰똑]	너희가 금지해라!	
3인칭 복수(ők/önök)	tilt**anak**[띨춰넉]	ők	그들이 금지하면 좋겠다!
		önök	당신들이 금지하십시오!

⊙ gyárt[자-르뜨] 제조하다, 만들다, 생산하다

	인칭변화	의미
1인칭 단수(én)	gyárt**sak**[자-르쳌]	내가 제조해야 합니까?
2인칭 단수(te)	gyárt**(ál)** [자-르취(알-)]	네가 제조해라!

	인칭변화	의미	
3인칭 단수(ő/ön)	gyárts**on**[자ー르촌]	ő	그가 제조하면 좋겠다!
		ön	당신이 제조하십시오!
1인칭 복수(mi)	gyárts**unk**[자ー르충크]	우리가 제조해야 합니까? 우리가 제조합시다!/제조하자!	
2인칭 복수(ti)	gyárts**atok**[자ー르춰똑]	너희가 제조해라!	
3인칭 복수(ők/önök)	gyárts**anak**[자ー르춰넉]	ők	그들이 제조하면 좋겠다!
		önök	당신들이 제조하십시오!

예 takarít[떠꺼리ー뜨] 청소하다

	인칭변화	의미	
1인칭 단수(én)	takaríts**ak**[떠꺼리ー쩍]	내가 청소해야 합니까?	
2인칭 단수(te)	takaríts(**ál**) [떠꺼리ー쭤(알ー)]	네가 청소해라!	
3인칭 단수(ő/ön)	takaríts**on**[떠꺼리ー촌]	ő	그가 청소하면 좋겠다!
		ön	당신이 청소하십시오!
1인칭 복수(mi)	takaríts**unk** [떠꺼리ー충크]	우리가 청소해야 합니까? 우리가 청소합시다!/청소하자!	
2인칭 복수(ti)	takaríts**atok** [떠꺼리ー춰똑]	너희가 청소해라!	
3인칭 복수(ők/önök)	takaríts**anak** [떠꺼리ー춰넉]	ők	그들이 청소하면 좋겠다!
		önök	당신들이 청소하십시오!

※ lát, bocsát의 경우에는 명령형 기호소 j앞에 á와 t가 옴에도 불구하고 예외적으로 t
와 j가 둘 다 s로 바뀌고 [쉬ー]로 발음된다.

예 lát[라ー뜨] 보다

	인칭변화	의미
1인칭 단수(én)	láss**ak**[라ー쉬ー억]	내가 봐야 합니까?
2인칭 단수(te)	láss(**ál**)[라ー쉬ー(알ー)]	네가 봐라!

	인칭변화	의미	
3인칭 단수(ő/ön)	lásson[라-쉬-온]	ő	그가 보면 좋겠다!
		ön	당신이 보십시오!
1인칭 복수(mi)	lássunk[라-쉬-웅크]	우리가 봐야 합니까? 우리가 봅시다!/보자!	
2인칭 복수(ti)	lássatok[라-쉬-어똑]	너희가 봐라!	
3인칭 복수(ők/önök)	lássanak [라-쉬-어넉]	ők	그들이 보면 좋겠다!
		önök	당신들이 보십시오!

c) a, e, i, o, u, ö, ü와 t가 오는 경우

명령형 기호소 j 앞에 a, e, i, o, u, ö, ü 중 하나 이상의 철자와 t가 오는 경우에는 t와 j가 둘 다 s 로 바뀐다. 이 때 발음은 [쉬-]로 발음된다.

예 hallgat[헐거뜨] 듣다, 경청하다

	인칭변화	의미	
1인칭 단수(én)	hallgassak[헐-거쉬-억]	내가 들어야 합니까?	
2인칭 단수(te)	hallgass(ál) [헐-거쉬-(알-)]	네가 들어라!	
3인칭 단수(ő/ön)	hallgasson [헐-거쉬-온]	ő	그가 들으면 좋겠다!
		ön	당신이 들으십시오!
1인칭 복수(mi)	hallgassunk [헐-거쉬-웅크]	우리가 들어야 합니까? 우리가 들읍시다!/듣자!	
2인칭 복수(ti)	hallgassatok [헐-거쉬-어똑]	너희가 들어라!	
3인칭 복수(ők/önök)	hallgassanak [헐-거쉬-어넉]	ők	그들이 들으면 좋겠다!
		önök	당신들이 들으십시오!

예 vezet[베제뜨] 운전하다, 조종하다

	인칭변화	의미
1인칭 단수(én)	vezessek[베제쉬-엑]	내가 운전해야 합니까?

	인칭변화	의미
2인칭 단수(te)	vezess(**él**) [베제쉬-(일-)]	네가 운전해라!
3인칭 단수(ő/ön)	vezess**en** [베제쉬-엔]	ő 그가 운전하면 좋겠다! ön 당신이 운전하십시오!
1인칭 복수(mi)	vezess**ünk** [베제쉬-윙크]	우리가 운전해야 합니까? 우리가 운전합시다!/운전하자!
2인칭 복수(ti)	vezess**etek** [베제쉬-에떽]	너희가 운전해라!
3인칭 복수(ők/önök)	vezess**enek** [베제쉬-에넥]	ők 그들이 운전하면 좋겠다! önök 당신들이 운전하십시오!

예 nyit[니뜨] 열다

	인칭변화	의미
1인칭 단수(én)	nyiss**ak**[니쉬-억]	내가 열어야 합니까?
2인칭 단수(te)	nyiss(**ál**)[니쉬-(알-)]	네가 열어라!
3인칭 단수(ő/ön)	nyiss**on**[니쉬-온]	ő 그가 열면 좋겠다! ön 당신이 여십시오!
1인칭 복수(mi)	nyiss**unk**[니쉬-웅크]	우리가 열어야 합니까? 우리가 엽시다!/열자!
2인칭 복수(ti)	nyiss**atok**[니쉬-어똑]	너희가 열어라!
3인칭 복수(ők/önök)	nyiss**anak**[니쉬-어넉]	ők 그들이 열면 좋겠다! önök 당신들이 여십시오!

예 süt[쉬뜨] 굽다, 튀기다

	인칭변화	의미
1인칭 단수(én)	süss**ek**[쉬쉬-엑]	내가 구워야 합니까?
2인칭 단수(te)	süss(**él**)[쉬쉬-(일-)]	네가 구워라!
3인칭 단수(ő/ön)	süss**ön**[쉬쉬-왼]	ő 그가 구우면 좋겠다! ön 당신이 구우십시오!

	인칭변화	의미
1인칭 복수(mi)	süss**ünk**[쉬쉬–윙크]	우리가 구워야 합니까? 우리가 구웁시다!/굽자!
2인칭 복수(ti)	süss**etek**[쉬쉬–에떽]	너희가 구워라!

| 3인칭 복수(ők/önök) | süss**enek**[쉬쉬–에넥] | ők | 그들이 구우면 좋겠다! |
| | | önök | 당신들이 구우십시오! |

d) s와 t가 오는 경우

명령형 기호소 j 앞에 s와 t가 오는 경우에는 t와 j가 하나의 철자 s로 바뀐다.

예 fest[페쉬뜨] 칠하다, 색칠하다

	인칭변화	의미	
1인칭 단수(én)	fess**ek**[페쉬–엑]	내가 칠해야 합니까?	
2인칭 단수(te)	fess(**él**)[페쉬–(일–)]	네가 칠해라!	
3인칭 단수(ő/ön)	fess**en**[페쉬–엔]	ő	그가 칠하면 좋겠다!
		ön	당신이 칠하십시오!
1인칭 복수(mi)	fess**ünk**[페쉬–윙크]	우리가 칠해야 합니까? 우리가 칠합시다!/칠하자!	
2인칭 복수(ti)	fess**etek**[페쉬–에떽]	너희가 칠해라!	
3인칭 복수(ők/önök)	fess**enek**[페쉬–에넥]	ők	그들이 칠하면 좋겠다!
		önök	당신들이 칠하십시오!

e) sz와 t가 오는 경우

명령형 기호소 j 앞에 sz와 t가 오는 경우에는 t와 j가 하나의 철자 sz로 바뀐다.

예 ébreszt[이–브레쓰뜨] 깨우다

	인칭변화	의미
1인칭 단수(én)	ébressz**ek** [이–브레쓰–엑]	내가 깨워야 합니까?
2인칭 단수(te)	ébressz(**él**) [이–브레쓰–(일–)]	네가 깨워라!

	인칭변화	의미	
3인칭 단수(ő/ön)	**ébresszen** [이-브레쓰-엔]	ő	그가 깨우면 좋겠다!
		ön	당신이 깨우십시오!
1인칭 복수(mi)	**ébresszünk** [이-브레쓰-윙크]	우리가 깨워야 합니까? 우리가 깨웁시다! / 깨우자!	
2인칭 복수(ti)	**ébresszetek** [이-브레쓰-에떽]	너희가 깨워라!	
3인칭 복수(ők/önök)	**ébresszenek** [이-브레쓰-에넥]	ők	그들이 깨우면 좋겠다!
		önök	당신들이 깨우십시오!

2. 형용사의 비교급

헝가리어로 비교급 구문을 나타낼 때에는 형용사에 비교급 기호소 –bb를 붙이고 (형용사가 a, e로 끝나면 장모음화 시킨다) 비교대상에 mint나 –nál/–nél을 붙인다. 이 때 mint는 품사가 접속사이므로 띄어 쓰며 –nál/–nél격조사이므로 비교대상에 붙여 쓴다. 형용사가 자음으로 끝날 때는 발음을 원활하게 하기 위해 비교급 기호소 –bb 앞에 삽입모음 a/e를 집어넣는다. nagy(크다)만 예외적으로 a대신 o를 집어넣는다.

> ⓔ forró (뜨거운) → forró**bb** (더 뜨거운)
> tiszta (깨끗한) → tisztá**bb** (더 깨끗한)
> gazdag (부유한) → gazdaga**bb** (더 부유한)
> szegény (가난한) → szegénye**bb** (더 가난한)

예문

A repülőgép általában gyorsabb, <u>mint</u> az autó.
(일반적으로 비행기는 자동차보다 빠르다.)
A repülőgép általában gyorsabb az autó<u>nál</u>.

a) 비교급의 불규칙 변화

일부 형용사는 규칙에서 벗어나 불규칙하게 변화한다. 이 불규칙 변화를 부류

별로 알아두면 편리하다.

※ 형용사의 모음이 단모음화 되는 경우

⬤ jó (좋은) → jobb (더 좋은)

nehéz (어려운) → nehezebb (더 어려운)

kevés (적은) → kevesebb (더 적은)

※ 형용사의 모음이 탈락하는 경우 (주로 ú나 ű로 끝나는 형용사들이 이에 속한
다.)

⬤ bátor (용감한) → bátrabb (더 용감한)

lassú (느린) → lassabb (더 느린)

hosszú (긴) → hosszabb (더 긴)

könnyű (쉬운) → könnyebb (더 쉬운)

※ 기타의 경우

⬤ sok (많은) → több (더 많은)

szép (예쁜) → szebb (더 예쁜)

kicsi (작은) → kisebb (더 작은)

b) ~(얼마) 더 ~하다

정도를 비교하는 경우에는 비교의 정도에 –val/–vel이나 szor/szer/ször를
붙인다.

⬤

Három évvel idősebb, mint te. (너보다 세 살 더 연상이다.)

Három évvel idősebb nálad.

Andrea sokkal gazdagabb, mint Péter.

(언드레어는 뻬떼르보다 훨씬 부유하다.)

Andrea sokkal gazdagabb Péternél.

Ez az autó kétszer drágább, mint az. (이 자동차는 저것보다 두 배 비싸다.)

Ez az autó kétszer drágább annál.

c) ~만큼 ~하다

동등함을 나타낼 때에는 비교급을 사용하지 않고 형용사 앞에 **ilyen**이나 **olyan**을 사용하며 비교대상 앞에는 접속사 **mint**를 붙인다.

예

Korea olyan nagy, mint Magyarország. (한국은 헝가리만큼 크다.)
Az az épület olyan magas, mint ez. (그 건물은 이것만큼 높다.)

3. 형용사의 최상급

헝가리어로 최상급 구문을 나타낼 때에는 비교급 앞에 **leg**를 붙인다. 이때 최상급 앞에는 정관사를 붙인다.

예문

Az autó gyorsabb, mint a kerékpár. (자동차는 자전거보다 빠르다.)
A repülőgép gyorsabb, mint az autó. (비행기는 자동차보다 빠르다.)
A repülőgép a leggyorsabb. (비행기는 가장 빠르다.)

4. 동사의 전철

헝가리어에서는 동사에 전철이 붙어 동사의 의미를 구체적으로 나타내거나 부가하기도하며 어떤 경우에는 동사의 의미를 원래의 의미와는 전혀 다른 제3의 의미를 만들기도 한다.

예 ki + megy(가다) → 나가다
be + megy(가다) → 들어가다

헝가리어에는 많은 전철이 있지만 초급 수준에서 알아야할 주요 전철은 다음과 같다.

전철	의미	예	
		전철이 붙은 형태	의미
fel-	위로	fel + megy(가다)	올라가다
le-	아래로	le + megy(가다)	내려가다
ki-	밖으로	ki + megy(가다)	나가다

전철	의미	예	
		전철이 붙은 형태	의미
be-	안으로	be + megy(가다)	들어가다
el-	떨어져 나옴, 이탈	el + megy(가다)	가버리다, 떠나다
össze-	함께	össze + szalad (달리다)	함께 달리다, 돌아다니다
szét-	흩어져서, 따로	szét + áll(서있다)	떨어져 서있다
vissza-	되돌아, 다시	vissza + ad(주다)	돌려주다, 반환하다
át-	통과하여	át + megy(가다)	통과하다. 건너다
végig-	끝까지	végig + énekel (노래하다)	끝까지 노래하다
ide-	여기로	ide + jön(오다)	여기로 오다, 다가오다
oda-	거기로, 저기로	oda + állít(세우다)	거기로 세우다
haza-	집으로	haza +megy(가다)	집에 가다
bele-	안으로, 내부로	bele + néz(보다)	들여다보다
rá-	위로	rá + néz(보다)	쳐다보다

※ 위의 전철 외에도 헝가리어에서 가장 많이 사용되는 전철이 **meg**이다. meg와 el이 붙은 경우에는 행위의 완료(끝까지 ~하다, 다 ~하다)의 의미와 행위의 시작(~하기 시작하다, ~하게 되다) 등의 의미를 갖는다. 특히 **el**은 위의 표에서 보듯 이탈의 의미 외에 붙은 동사에 따라 완료나 시작의 의미를 갖기도 한다.

Andrea megette az ételt. (언드레어는 그 음식을 다 먹었다.)
Andrea elolvasta a regényt. (언드레어는 그 소설을 (끝까지) 다 읽었다.)
Andrea már elaludt. (언드레어는 이미 잠이 들었다.)

※ 일부 동사의 경우에는 전철이 붙어 의미가 많이 달라지는 경우도 있으므로 유의하여야 한다.

el + ad(주다) → 팔다
ki + ad(주다) → 출판하다
fel + ad(주다) → (우편물을) 발송하다

※ 전철은 일반적으로 동사 앞에 붙어 사용되지만 의문사나 부정사가 오는 경우,
그리고 강조하는 단어가 올 경우에는 전철이 동사에서 분리 되어 동사 뒤로 오
게 된다.

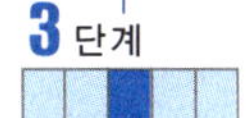

Ki megy fel a Gellérthegyre? (누가 겔리르트 산에 올라갑니까?)
끼 메지 펠 어 겔리-르뜨헤지레

Nem megyek fel a Gellérthegyre. (나는 겔리르트 산에 안 올라 갈 거야.)
넴 메젝 펠 어 겔리-르뜨헤지레

Csak Andrea megy fel a Gellérthegyre.
척 언드레어 메지 펠 어 겔리-르뜨헤지레

(언드레어만 겔리르트 산에 올라갑니다.)

3 단계

표 현 따 라 하 기

Elnézést kérek! Hol van a Rudas fürdő?
엘니-지-쉬뜨 끼-렉 홀 번 어 루더쉬 퓌르되-

(실례합니다! 루더쉬 온천이 어디에 있나요?)

Elnézést kérek! Hol van az Országház?
엘리-지-쉬뜨 끼-렉 홀 번 어즈 오르싸-그하-즈

(실례합니다! 국회가 어디에 있나요?)

Metróval is tudok menni? (지하철로도 갈 수 있나요?)
메뜨로-벌 이쉬 뚜독 멘니

Metróval is mehetek?
메뜨로-벌 이쉬 메헤떽

Miután a busz átmegy a Dunán, szálljon le a következő megállónál!
미우딴- 어 부쓰 아-뜨메지 어 두난- 싸-이온 레 어 꾀베뜨께죄- 메갈-로-날-

(버스가 다뉴브 강을 건너면 다음 정거장에서 내리세요!)

Onnan gyalog kell menni a Duna felé.
온넌 절로그 껠 멘니 어 두너 펠이-

(거기에서는 다뉴브강 쪽으로 걸어가야 합니다.)

A busz gyorsabb a metrónál.
어 부쓰   됴르셥   어 메뜨로-날-

(버스가 지하철보다 빠르다.)

헝 가 리 어 로   말 하 기

▶ **회화 1**

Elnézést kérek! Hol van a Rudas fürdő?
엘니-지-쉬뜨 끼렉   홀   번   어 루더쉬   퓌르되-

(실례합니다! 루더쉬 온천이 어디에 있나요?)

A Rudas fürdő a Duna-parton van. (루더쉬 온천은 다뉴브 강변에 있어요.)
어 루더쉬   퓌르되- 어 두너   뻐르똔   번

▶ **회화 2**

Hogyan mehetek a fürdőig? (그 온천까지 어떻게 갈 수 있나요?)
호전   메헤떽   어 퓌르되-이그

Szálljon fel a 7-es buszra ebben a buszmegállóban!
싸-이온   펠 어 헤떼쉬 부쓰러   엡벤   어 부쓰메갈-로-번

(이 버스정류장에서 7번 버스를 타세요!)

▶ **회화 3**

Metróval is tudok menni? (지하철을 타고도 갈 수 있나요?)
메뜨로-벌   이쉬 뚜독   멘니

Természetesen. Ott van a metróállomás.
떼르미-쎄떼쉔   오뜨 번 어 메뜨로-알로마-쉬

(물론입니다. 저기에 지하철역이 있어요.)

▶ **회화 4**

Melyik a gyorsabb? (어느 것이 빠른가요?)
메이익   어 됴르셥

A busz gyorsabb a metrónál.
어 부쓰   됴르셉   어 메뜨로–날–

(버스가 지하철보다 빠릅니다.)

함께 연습하기

1. 다음 동사를 명령형 1변화로 인칭 변화 시키시오.

   1) vár

   2) beszél

   3) ír

   4) ül

   5) olvas

2. 다음 동사를 명령형 1변화로 인칭 변화 시키시오.

   1) játszik

   2) szeret

   3) tölt

   4) segít

   5) ragaszt

3. 다음 동사를 명령형 1변화로 인칭 변화 시키시오.

   1) eszik

   2) alszik

   3) megy

   4) tesz

   5) jön

4. 다음 빈곳에 들어갈 전철을 쓰시오.

   1) Andrea családja ______ adta az autóját.

(언드레어 식구는 자동차를 팔았다.)

2) Sándor _____ mosta az autóját.

(샨도르는 자기의 자동차를 세차했다.)

3) Az eső miatt _____ maradt a futballmeccs.

(비 때문에 축구경기가 취소되었다.)

4) A diák _____ olvasta az újságot.

(그 학생은 신문을 끝까지 다 읽었다.)

5) A gyerek _____ ette a tortát.

(그 아이는 케이크를 다 먹었다.)

5. 다음 형용사의 비교급을 만드시오.

1) drága

2) kedves

3) nehéz

4) kicsi

5) sok

6. 다음 문장을 헝가리어로 쓰시오.

1) 내 가방은 너 가방보다 두 배 더 비싸다.

2) 실례합니다! 우체국이 어디에 있나요?

3) 버스를 타고도 갈 수 있나요?

4) 여기에서 타서 두 번째 정류장에서 내리세요.

5) 제 생각에는 지하철보다 버스가 빠를 것 같아요.

온천의 나라 – 헝가리

　헝가리는 유럽에서 가장 온천이 풍부한 나라이다. 전 국토의 3분의2가 온천 가용 지역일 정도로 온천이 널리 분포되어 있다. 쉽게 표현하면 아무 곳이나 땅을 파면 3곳 중 2곳에서 온천물이 나온다는 말이다. 그 만큼 헝가리에는 온천이 널리 분포되어 있고 또 실제로 개발하여 이용하고 있다. 이렇게 온천이 풍부한 헝가리이지만 화산활동은 이루어지지 않고 있다. 헝가리가 화산 활동지역이라 온전이 풍부하다기 보나는 열원이 비교직 지표면 가끼이에 있기 때문이다.

　역사적으로 보면 헝가리에서의 온천 이용은 약 기원전 2000년 전으로 거슬러 올라간다. 부다페스트 3구역에서 발견된 로마유적지에서 과거 뜨거운 온천물을 이용해 난방을 했던 흔적들이 발견되고 있다. 그 후 16세기에 오스만 터키에 의해 헝가리가 약 150년간 지배를 받은 기간 동안에는 터키식 온천들이 생겨났는데 부다페스트에서는 지금도 그 때 지어진 온천들이 사용되고 있다. 그 대표적인 터키식 온천으로는 엘리자베스 다리 부다 쪽에 위치한 루더쉬(Rudas) 온천으로 15세기 때부터 부다페스트 사람들이 애용하고 있다. 19세기 부터는 웅장하고 멋진 온천들이 들어섰는데 이 때 지어진 대표적인 온천으로는 1918년에 세세시오 양식으로 지어진 겔리르트(Gellért) 온천과 유럽에서 가장 큰 온천이며 1913년에 르네상스 양식으로 지어진 시체니(Szécsenyi) 온천을 들 수 있다. 최근에는 휴식과 치료를 목적으로 의료기관과 연계된 현대적 스파 시설이 구비된 호텔식 온천들이 많이 지어졌다.

　헝가리에는 일반적인 온천에 비해 특이한 온천들이 많이 있다. 예를 들면 미쉬꼴쯔 떠뽈쩌(Miskolctapolca)에는 온천에 의해 만들어진 천연 석회 동굴이 있다. 따라서 천연 석회 동굴 속에 여러 개의 온천탕이 있어 동굴 속에서 온천을 즐길 수 있다. 에게르썰록(Egerszalók)에는 터키의 팜묵칼레에서 볼 수 있는 석회붕 온천이 있다. 팜묵칼레 보다 규모 면에서는 다소 작지만 석회붕 온천 주위에 온천시설들이 잘 갖춰져 있어 많은 헝가리 사람들이 찾는 온천이다. 또 헝가리 온천에서 빼 놓을 수 없는 특이한 온천으로는 세계에서 가장 큰 자연 호수 온천중의 하나인 히비즈(Hévíz) 온천이다. 헝가리 남서쪽에 위치한 히비즈 온천은 어마어마한 규모의 자연 호수로 깊이가 38m에 달해 튜브를 타고 온천을 즐기는 모습을 볼 수 있다.

　한국인들이 가장 많이 찾는 온천은 위에서 언급한 루더쉬 온천으로 건물 지붕이 터키식 돔으로 이루어져 있어 외부에서도 터키식 온천임을 쉽게 알 수 있는 온천이다. 한국인들이 가장 많이 애용하는 이유는 다른 온천들의 경우 수온을 대부분 건강에 가장 좋은 섭시 36도에서 38도로 맞추어 온천을 즐기는 데 비해 루더쉬 온천은 섭씨 25도 탕에서부터 섭씨 42도 탕까지 다양한 수온의 온천을 즐길 수 있기 때문이다. 루더쉬 온천 방문 시 주의 할 점은 탕이 하나인 관계로 남자와 여자가 입장할 수 있는 요일이 다르므로 방문 시 반드시 확인하여야 한다.

Az étteremben

식당에서

Orosz Andrea: **Tessék, itt van az étlap. Mit szeretnél enni?**
떼쉬-이-크 이뜨 번 어즈 이-뜨럽 미뜨 쎄레뜨닐- 엔니

Yú Zsinil: **Andrea! Inkább ajánlj nekem valamilyen hagyományos**
언드레어 인깝 어이아-느이- 넥껨 벌어미이엔 허조마-니오쉬

magyar ételt!
머저르 이-뗄뜨

Sajnos nem sokat tudok a magyar ételekről.
셔이노쉬 넴 쇼꺼뜨 뚜독 어 머저르 이-뗄엑룈-

Orosz Andrea: **Jó. Szerencsére ebben az étteremben sok hagyományos**
요- 쎄렌취-레 엡벤 어즈 잍-떼렘벤 쇽 허조마-니오쉬

magyar étel van. Például gulyásleves, halászlé, paprikás
머저르 이-뗄 번 뻴-드아-울 구이아-쉬레베쉬 헐아-쓸리- 뻐쁘리까-쉬

csirke, töltött káposzta, sertéspörkölt stb.
취르께 뙬뙬뜨 까-뽀스떠 쇠르띠-쉬뾔르껠뜨 쉽뙵비

Yú Zsinil : **Ezek mind főételek?**
에젝 민드 푀-이-뗄엑

Orosz Andrea : Nem. Nézd meg az étlapot! Vannak benne képek is.
넴　　니-즈드 메그 어즈 이-뜨러뽀뜨 번넉　　벤네　　끼-뻭　이쉬

A leveseknél van a gulyásleves és a halászlé, a főételek
어 레베쉑닐-　　번 어 구이아-쉬레베쉬 이-쉬 어 헐아-쓸리-　어 푀-이-뗄엑

között pedig a paprikás csirke, a töltött káposzta meg
꾀죄뜨　　뻬디그 어 뻐쁘리까-쉬 취르께　어 뙬뙽뜨　까-뽀스떠　　메그

a sertéspörkölt.
어 쇠르띠-쉬뾔르꾈뜨

Yú Zsinil : Melyiket ajánlod?
메이-께뜨 어이안-을오드

Orosz Andrea : Kóstold meg a gulyáslevest! Az a leghagyományosabb
꼬-쉬똘드　메그 어 구이아-쉬레베쉬뜨 어즈 어 레그허조마-니오셥

magyar leves.
머저르　　레베쉬

Külföldön is sokan ismerik.
뀔퇼뢴　　　이쉬 쇼건　　이쉬메릭

Yú Zsinil : Jó. És melyik főételt ajánlod?
요- 이-쉬 메이-익 푀-이-뗄뜨 어이안-을오드

Orosz Andrea : Szerintem mindegyik főétel finom.
쎄린뗌　　　　민데직　　　　푀-이-뗄 피놈

Yú Zsinil : Jó, akkor paprikás csirkét eszem.
요- 억꼬르 뻐쁘리까-쉬 취르끼-뜨 에쎔

Orosz Andrea : Zsinil! Hány óra van?
진일　　하-니　오-러 번

Yú Zsinil : Pontosan 6 óra van.
뽄또션　　　　허뜨 오-러 번

Orosz Andrea : Legfőbb ideje, hogy vacsorázzunk.
레그푑-　이데이에 호지　　버초라-중-크

오로쓰 언드레어 : 자, 여기 메뉴판 있어. 어느 음식을 주문할래?
유진일 : 언드레어! 차라리 어떤 전통 헝가리 음식을 내게 추천해줘!
유감스럽게도 난 헝가리 음식들에 대해 잘 모르거든.
오로쓰 언드레어 : 알았어. 다행스럽게도 이 식당에는 헝가리 전통음식들이 많이 있네. 예를들면 구이
아-쉬레베쉬, 헐아-쓰리, 뻐쁘리까쉬 취르께, 뙬뙤뜨 까뽀스떠, 쇠르띠쉬뾔르꾈뜨
등이야.
유진일 : 그것들 다 주 요리들이야?
오로쓰 언드레어 : 아니. 메뉴판을 봐! 그 안에 사진들이 있어. 구이아-쉬레베쉬, 헐아-쓰리는 수프이
고 뻐쁘리까쉬 취르께, 뙬뙤뜨 까뽀스떠, 쇠르띠쉬뾔르꾈뜨는 주 요리야.

1 단계

단어익히기

• ajánl	추천하다
• eszik	먹다
• ismer	(~에 대해) 알다
• kóstol	맛보다
• mond	말하다
• rendel	주문하다
• vacsorázik	저녁식사를 하다
• étel	음식
• étlap	메뉴판
• étterem	식당
• főétel	주 메뉴
• gulyásleves	헝가리 음식 (구이아–쉬 수프)
• halászlé	헝가리 음식 (생선 매운탕)

• kép	사진, 그림
• külföld	외국
• leves	수프
• magyar	헝가리
• óra	시, 시간, 시계, 수업
• paprikás csirke	헝가리 음식 (고춧가루가 들어간 닭요리)
• sertéspörkölt	헝가리 음식 (돼지고기 볶음요리)
• töltött káposzta	헝가리 음식 (간 고기와 야채 등을 양배추에 싸서 삶은 요리)
• finom	맛있는
• hagyományos	전통적인
• inkább	차라리
• mindegyik	각기, 각각
• például	예를 들면
• pontosan	정확히
• sajnos	유감스럽게도
• sokan	많은 사람이
• szerencsére	다행스럽게도
• Tessék!	자, 여기!

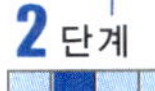

문법 배우기

1. 명령형 2변화의 인칭변화

명령형도 동사의 현재인칭변화, 과거인칭변화와 동일하게 2변화 조건에 해당될 경우 2변화 인칭어미들을 붙인다.

• **명령형 2변화의 인칭어미**

인칭	인칭어미	
	후설모음 동사	전설모음(원순모음)
1인칭 단수(én)	-am	-em
2인칭 단수(te)	-ad	-ed
3인칭 단수(ő/ön)	-a	-e
1인칭 복수(mi)	-uk	-ük
2인칭 복수(ti)	-átok	-étek
3인칭 복수(ők/önök)	-ák	-ék

예 tanul[떠눌] 공부하다

인칭	인칭변화	의미	
1인칭 단수(én)	tanul**jam** [떠누이염]	내가 (그것을) 공부해야 합니까?	
2인칭 단수(te)	tanul(j**a**)**d** [떠누이여드]	너는 (그것을) 공부해라!	
3인칭 단수(ő/ön)	tanul**ja** [떠누이여]	ő	그가 (그것을) 공부하면 좋겠다!
		ön	당신은 (그것을) 공부하십시오!
1인칭 복수(mi)	tanul**juk** [떠누이육]	우리는 (그것을) 공부해야 합니까? 우리가 (그것을) 공부합시다!/공부하자!	
2인칭 복수(ti)	tanul**játok** [떠누이야―똑]	너희는 (그것을) 공부해라!	
3인칭 복수(ők/önök)	tanul**ják** [떠누이약―]	ők	그들이 (그것을) 공부하면 좋겠다!
		önök	당신들은 (그것을) 공부하십시오!

* 1변화 2인칭 단수의 경우 짧은 형태로 사용할 때 인칭어미를 생략하지만 2변화 2인칭 단수의 경우에는 기호소 j와 인칭어미의 모음을 생략한다.

예 **kér**[끼-르] 부탁하다, 요청하다

	인칭변화	의미	
1인칭 단수(én)	**kérjem** [끼-리엠]	내가 (그것을) 부탁해야 합니까?	
2인칭 단수(te)	**kér(je)d** [끼-리에드]	네가 (그것을) 부탁해라!	
3인칭 단수(ő/ön)	**kérje**[끼-리에]	ő	그가 (그것을) 부탁하면 좋겠다!
		ön	당신이 (그것을) 부탁하십시오!
1인칭 복수(mi)	**kérjük**[끼-뤽]	우리가 (그것을) 부탁해야 합니까? 우리가 (그것을) 부탁합시다!/부탁하자!	
2인칭 복수(ti)	**kérjétek** [끼-리이-떽]	너희가 (그것을) 부탁해라!	
3인칭 복수(ők/önök)	**kérjék** [끼-리-익]	ők	그들이 (그것을) 부탁하면 좋겠다!
		önök	당신들이 (그것을) 부탁하십시오!

예 **küld**[뀔드] 보내다

	인칭변화	의미	
1인칭 단수(én)	**küldjem** [뀔젬]	내가 (그것을) 보내야 합니까?	
2인칭 단수(te)	**küld(je)d** [뀔제드]	네가 (그것을) 보내라!	
3인칭 단수(ő/ön)	**küldje** [뀔제]	ő	그가 (그것을) 보내면 좋겠다!
		ön	당신이 (그것을) 보내십시오!
1인칭 복수(mi)	**küldjük**[뀔뤽]	우리가 (그것을) 보내야 합니까? 우리가 (그것을) 보냅시다!/보내자!	
2인칭 복수(ti)	**küldjétek** [뀔지-떽]	너희가 (그것을) 보내라!	
3인칭 복수(ők/önök)	**küldjék** [뀔직-]	ők	그들이 (그것을) 보내면 좋겠다!
		önök	당신들이 (그것을) 보내십시오!

2. 불규칙 동사의 명령형 인칭변화

불규칙 동사들의 명령형 어간은 동사마다 형태가 다르므로 각각 알아두어야 한다. 대표적인 불규칙 동사들의 명령형 어간은 다음과 같다. 불규칙 동사의 명령형 인칭변화는 명령형 어간에 인칭어미를 붙이면 된다.

불규칙 동사	의미	기본형	명령형 어간
lesz[레쓰]	~이 되다, ~일 것이다	lenni	legy-
tesz[떼쓰]	하다, 놓다	tenni	tegy-
vesz[베쓰]	사다, 집다	venni	vegy-
visz[비쓰]	가져가다	vinni	vigy-
hisz[히쓰]	믿다	hinni	higgy-
jön[이윈]	오다	jönni	jöjj-
megy[메지]	가다	menni	menj-
eszik[에씩]	먹다	enni	egy-
iszik[이씩]	마시다	inni	igy-
alszik[얼씩]	자다	aludni	aludj-
fekszik[펙씩]	눕다	feküdni	feküdj-
nyugszik[뉴그씩]	쉬다, 휴식을 취하다	nyugodni	nyugodj-
ugrik[우그릭]	뛰어오르다	ugrani	ugorj-
fürdik[퓌르딕]	목욕하다, 미역 감다	fürödni	fürödj-
mosakszik[모셕씩]	씻다	mosakodni	mosakodj-

🔊 lesz[레쓰] ~이 되다, ~일 것이다

	인칭변화	의미	
1인칭 단수(én)	legyek[레젝]	내가 ~이 되어야 합니까?	
2인칭 단수(te)	legyél[레질-] légy[리-지]	네가 ~이 되어라!	
3인칭 단수(ő/ön)	legyen[레젠]	ő	그가 ~이 되면 좋겠다!
		ön	당신이 ~이 되십시오!
1인칭 복수(mi)	legyünk[레쥥크]	우리가 ~이 되어야 합니까? 우리가 ~이 됩시다!/되자!	

	인칭변화	의미	
2인칭 복수(ti)	legy**etek**[레제떽]	너희가 ~이 되어라!	
3인칭 복수(ők/önök)	legy**enek** [레제넥]	ők	그들이 ~이 되면 좋겠다!
		önök	당신들이 ~이 되십시오!

* lesz는 목적어를 취하지 않으므로 2변화는 없다.
* 1변화 2인칭단수의 경우 legyél의 단축형으로 legy가 아닌 légy가 사용되므로 주의하여야 한다. lesz 외에 tesz와 vesz의 경우에도 1변화 2인칭단수 형태인 tegyél과 vegyél의 단축형이 tegy외 vcgy기 아닌 tégy와 végy이다.

예 visz[비쓰] 가져가다

	인칭변화	의미	
1인칭 단수(én)	vigy**ek**[비젝]	내가 가져가야 합니까?	
2인칭 단수(te)	vigy**él**[비질-]	네가 가져가라!	
3인칭 단수(ő/ön)	vigy**en**[비젠]	ő	그가 가져가면 좋겠다!
		ön	당신이 가져가십시오!
1인칭 복수(mi)	vigy**ünk**[비쥥크]	우리가 가져가야 합니까? 우리가 가져갑시다!/가져가자!	
2인칭 복수(ti)	vigy**etek**[비제떽]	너희가 가져가라!	
3인칭 복수(ők/önök)	vigy**enek** [비제넥]	ők	그들이 가져가면 좋겠다!
		önök	당신들이 가져가십시오!

* visz, eszik, iszik 동사는 1변화 2인칭단수의 단축형이 사용되지 않는다.

	인칭변화	의미	
1인칭 단수(én)	vigy**em**[비젬]	내가 (그것을) 가져가야 합니까?	
2인칭 단수(te)	vigy**ed**[비제드] vi**dd**[비드-]	네가 (그것을) 가져가라!	
3인칭 단수(ő/ön)	vigy**e**[비제]	ő	그가 (그것을) 가져가면 좋겠다!
		ön	당신이 (그것을) 가져가십시오!
1인칭 복수(mi)	vigy**ük**[비쥑]	우리가 (그것을) 가져가야 합니까? 우리가 (그것을) 가져갑시다!/가져가자!	
2인칭 복수(ti)	vigy**étek** [비지-떽]	너희가 (그것을) 가져가라!	

	인칭변화		의미
3인칭 복수(ők/önök)	vigyék[비직-]	ők	그들이 (그것을) 가져가면 좋겠다!
		önök	당신들이 (그것을) 가져가십시오!

* 2변화 2인칭단수의 경우 vigyed의 단축형으로 vid가 아닌 vidd가 사용되므로 주의하여야 한다. visz 외에도 hisz, tesz, vesz, eszik, iszik의 경우에도 2변화 2인칭단수 형태인 higgyed, tegyed, vegyed, egyed, igyad의 단축형은 hidd, tedd, vedd, edd, idd이다.

예 jön[이왼] 오다

	인칭변화		의미
1인칭 단수(én)	jöjjek[이외이엑]		내가 와야 합니까?
2인칭 단수(te)	jöjj(él) [이외이(일-)] gyere		네가 와라!
3인칭 단수(ő/ön)	jöjjön[이외이왼]	ő	그가 오면 좋겠다!
		ön	당신이 오십시오!
1인칭 복수(mi)	jöjjünk [이외이윙크]		우리가 와야 합니까? 우리가 옵시다!/오자!
2인칭 복수(ti)	jöjjetek [이외이에떽] gyertek		너희가 와라!
3인칭 복수(ők/önök)	jöjjenek [이외이에넥]	ők	그들이 오면 좋겠다!
		önök	당신들이 오십시오!

3. 명령형의 부가적 용법

형가리어에서는 직접적인 명령 외에도 의미상으로는 명령의 의미가 없지만 형식상으로는 명령형 형태를 써야만 하는 경우가 있다. 이를 '간접명령'이라고 부르기도 한다.

A. 명령, 요구, 요청이 나타난 간접화법

간접화법에서 명령, 요구, 요청을 나타내는 mond, kér, parancsol, felszólít,

akar, tanácsol, kiabál 등의 동사가 hogy로 연결된 종속문을 가지고 있을 때에
는 반드시 종속문의 동사를 명령형으로 쓴다.

예문

A tanár azt mondja a diákoknak, hogy tanuljanak szorgalmasan.
(선생님은 학생들에게 열심히 공부하라고 말한다.)
Az orvos azt kéri a betegtől, hogy üljön le a székre.
(의사는 환자에게 의자 위로 앉으라고 요구한다.)
A kapitány azt parancsolja a hajósoknak, hogy maradjanak a hajón.
(선장은 선원들에게 배 위에 머무르라고 명령한다.)

B. 종속문이 주문의 목적, 필요, 가능을 나타낼 때

복문에서 종속문이 주문의 목적, 필요, 가능(금지) 등을 나타낼 때에는 종속문의
동사를 명령형으로 쓴다.

예문

Azért tanulok magyarul, hogy beszélgessek magyarokkal.
(헝가리인들과 대화하기 위해 나는 헝가리어를 배운다.) (목적)
A diákoknak szükséges, hogy sok könyvet olvassanak. (필요)
(학생들에게는 많은 책을 읽는 것이 필요하다.)
Lehetőségem van arra, hogy jövőre Magyarországra menjek. (가능)
(나는 내년에 헝가리에 갈 가능성이 있다.)

4. 시간 표현

헝가리어에서 시간 표현은 크게 두 가지로 나눌 수 있는데 한 가지는 '몇 시 입니
까' 에 대한 대답으로 '몇 시 입니다' 로 대답하는 경우이고 다른 한 가지는 부사적
인 표현으로 '몇 시에 ~합니까' 에 대한 대답으로 '몇 시에 ~합니다' 로 대답하는 경
우로 나누어 볼 수 있다. 이 두 가지 시간 표현법은 약간 차이가 나므로 주의하여야
한다.

A. '몇 시 입니까'에 대한 답변

① 정각 표현

Hány óra van? (몇 시입니까?)

Három óra van. (3시입니다.)

Tíz óra van. (10시입니다.)

② 15분 표현

Negyed négy van. (3시 15분입니다.)

Negyed nyolc van. (7시 15분입니다.)

③ 30분 표현:

Fél hat van. (5시 30분입니다.)

Fél tizenegy van. (10시 30분입니다.)

④ 45분 표현

Háromnegyed kilenc van. (8시 45분입니다.)

Háromnegyed kettő van. (1시 45분입니다.)

⑤ 기타 시간

Kilenc óra negyven van. (9시 40분입니다.)

Három óra húsz van. (3시 20분입니다.)

B. '몇 시에 ~ 합니까'에 대한 답변

① 정각 표현

Mikor megy az iskolába? (당신은 몇 시에 학교에 갑니까?)

Hét órakor megyek az iskolába. (나는 7시에 학교에 갑니다.)

Hétkor megyek az iskolába.

② 15분 표현

Negyed nyolckor megyek az iskolába. (나는 7시 15분에 학교에 갑니다.)

Negyed kilenckor megyek az iskolába.

(나는 8시 15분에 학교에 갑니다.)

③ 30분 표현

Fél nyolckor megyek az iskolába. (나는 7시 30분에 학교에 갑니다.)

Fél kilenckor megyek az iskolába. (나는 8시 30분에 학교에 갑니다.)

④ 45분 표현

Háromnegyed nyolckor megyek az iskolába.

(나는 7시 45분에 학교에 갑니다.)

Háromnegyed kilenckor megyek az iskolába.

(나는 8시 45분에 학교에 갑니다.)

⑤ 기타 시간

Nyolc óra negyven perckor megyek az iskolába.

(나는 8시 40분에 학교에 갑니다.)

Hét óra húsz perckor megyek az iskolába.

(나는 7시 20분에 학교에 갑니다.)

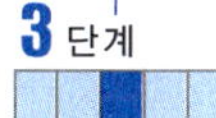

3 단계

표현 따라하기

▶ '몇 시입니까?' 의 표현

Hány óra van?
하-니　오-러 번

Mennyi az idő?
멘니　　　어즈 이되-

▶ '~ 좀 해주시겠습니까?' 의 표현

Legyen szíves ~ (존칭)

Légy szíves ~ (친한 사이)

Legyen szíves kinyitni az ablakot! (그 창문을 좀 열어주십시오!)
레젠　　씨-베쉬　끼니뜨니　어즈 어블어꼬뜨

Legyen szíves megmondani, hol van a városháza!
레젠　　씨-베쉬　메그몬더니　　　홀　번　어 바-로쉬하-저

(시청이 어디에 있는지 말씀 좀 해주십시오!)

Légy szíves hozz egy újságot! (신문 하나 좀 가져다줄래!)
리-지　씨-베쉬　호즈-　에지 우-이샤-고뜨

Légy szíves mondd meg, hol van a táskám!
리-지　씨-베쉬　몬-드　　메그　홀　번　어 따-쉬깜-

(내 가방이 어디에 있는지 말 좀 해줄래!)

▶ **물건을 건네줄 때**

Tessék, itt van az étlap. (자요, 여기에 메뉴판이 있습니다.)
떼쉬-크　이뜨 번　어즈 이-뜨럽

Tessék, itt van a könyv. (자요, 여기에 그 책이 있습니다.)
떼쉬-크　이뜨 번　어 꾀니브

▶ **'~하기에 가장 적당한 때다'의 표현**

Legfőbb ideje, hogy ~

Legfőbb ideje, hogy vacsorázzunk. (저녁을 먹기에 가장 적당한 때다.)
레그푑　　이데예 호지　버초라-중-크

Legfőbb ideje, hogy kiránduljunk. (소풍 가기에 가장 적당한 때다.)
레그푑-　이데예　호지　끼란-두이-웅크

4 단계

헝가리어로 말하기

▶ **회화 1**

Milyen ételt akarsz enni? (어떤 음식을 먹을래?)
미-엔　　이-뗄드 어꺼르쓰 엔니

Inkább ajánlj nekem valamilyen hagyományos magyar ételt!
인깝-　어이안-을이 네껨 벌어미-엔　　허조마-니오쉬　　머저르　이-뗄드

(차라리 어떤 전통 헝가리 음식을 내게 추천해줘!)

Sajnos nem sokat tudok a magyar ételekről.
셔이노쉬 넴　 쇼꺼뜨 뚜독 　어 머저르　 이-뗄엑뢸-

(유감스럽게도 난 헝가리 음식들에 대해 잘 모르거든.)

▶ **회화 2**

Ezek mind főételek? (그것들 다 주 요리들이야?)
에젝　 민드 　 푀-이-뗄엑

A gulyásleves és a halászlé leves, a paprikás csirke, a töltött káposzta
어 구이아-쉬레베쉬 이-쉬 어 헐아-쓸이- 레베쉬 어 뻐쁘리까-쉬 취르께 　어 뙬뙤뜨 　까-뽀스떠

meg a sertéspörkölt pedig főétel.
메그　 어 쇠르띠-쉬쀠르꾈뜨 뻬디그 　 푀-이-뗄

(구이아쉬레베쉬, 헐아쓸이는 수프이고 뻐쁘리까쉬 취르께, 뙬뙤뜨 까뽀스떠, 쇠
르띠쉬쀠르꾈뜨는 주 요리야.)

▶ **회화 3**

Melyiket ajánlod? (어느 것을 추천해줄래?)
메이-께뜨　 어이안-을오드

Kóstold meg a gulyáslevest! Az a leghagyományosabb magyar leves.
꼬-쉬똘드 메그　 어 구이아-쉬레베쉬뜨 어즈 어 레그허조마-니오섑 　 　 머저르　 　 레베쉬

(구이아쉬 수프를 먹어봐! 그게 가장 헝가리적인 전통 수프 거든.)

▶ **회화 4**

Hány óra van? (몇 시야?)
하-니　 오-러 번

Pontosan 6 óra van. (정확히 6시야.)
뽄또션　 　 허뜨 오-러 번

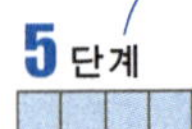

함께 연습하기

1. 다음 동사를 명령형 2변화로 인칭 변화 시키시오.
   1) tart
   2) lát
   3) épít
   4) fest
   5) szeret

2. 다음 동사를 명령형 1변화로 인칭 변화 시키시오.
   1) jön
   2) megy
   3) alszik
   4) ugrik
   5) mosakszik

3. 다음 동사를 명령형 2변화로 인칭 변화 시키시오.
   1) eszik
   2) tesz
   3) hisz
   4) iszik
   5) visz

4. 다음 시간을 헝가리어로 나타내시오.
   1) 5:00
   2) 3:15
   3) 8:30
   4) 11:45
   5) 6:20

5. 다음 시간 표현을 헝가리어로 나타내시오

  1) 2시에

  2) 2시 15분에

  3) 4시 30분에

  4) 5시 45분에

  5) 9시 10분에

6. 다음 문장을 헝가리어로 쓰시오.

  1) 유감스럽게도 난 헝가리 음식들에 대해 잘 모른다.

  2) 내 생각에는 주 요리가 다 맛있을 것 같다.

  3) 저녁 먹기에는 가장 적당한 시간이다.

  4) 메뉴판을 봐! 그 안에 사진들도 있어.

  5) 지금 몇 시입니까?

사랑과 죽음의 영화–글루미 선데이

　헝가리를 대표하는 영화 글루미 선데이는 부다페스트 다뉴브강을 배경으로 펼쳐지는 사랑과 죽음, 그리고 우정과 배신을 그린 영화이다. 글루미 선데이는 2차 대전을 배경으로 전개되는데 기본 스토리는 실화를 토대로 만들어진 영화이다. 특히 개봉 당시 한국에서 커다란 반향을 일으켰던 이 영화는 한 여자와 두 남자의 사랑이야기를 기본 구조로 하고 있다. 요즘에는 한국에서도 '아내가 결혼했다'와 '키친' 같은 영화가 큰 거부감 없이 관객들에게 받아들여지고 있지만 글루미 선데이가 국내에서 개봉되었던 당시만 해도 충격적인 영화로 받아들여졌던 것이 사실이다. 2차 세계대전 당시 유대인출신의 헝가리인인 식당주인 써보 라슬로와 그의 연인이며 종업원인 미모의 일로너는 식당에 피아노를 들이고 오디션을 통해 연주자 언드라시를 고용한다. 써보 식당의 주인 라슬로와 피아노 연주자 언드라시는 일로나와 삼각관계를 형성하고 서로 질투하지만 서로 반씩 양보하고 일로나를 공동으로 사귀기로 한다. 이 삼각관계는 시간이 흐르면서 안정되지만 한스라고 하는, 역시 일로나를 좋아하는 독일인 청년이 이들 관계 속에 끼어들면서 결국 비극적 종말을 맞게 된다.

　이 독일인 청년 한스는 시간이 흐른 뒤 나치 독일군 장교가 되어 헝가리에 거주하는 유대인들을 아우슈비츠로 보내는 임무를 맡아 부다페스트로 부임을 한다. 한스는 이미 독일인 여성과 결혼했지만 일로나를 소유하기 위해 결국 언드라시를 사건을 통해 죽이게 되고 식당주인 써보 마저 결국은 아우슈비츠로 보내고 만다.

　글루미 선데이'는 이 영화의 제목이면서 동시에 어드라시가 작곡한 곡의 이름이기도 하다. 일로나의 생일날 모두가 선물을 준비하여 일로나에게 주지만 너무 가난하여 일로나에게 줄 선물조차 살 돈이 없는 언드라시는 아름다운 곡을 하나 작곡하여 일로나에게 선물로 준다. 그 곡은 너무나도 아름다워 듣는 이들마다 그 음원 속으로 빠져든다. 써보 식당에는 매일 저녁 글루미 선데이 곡이 연주되고 사람들은 이 곡을 듣기 위해 식당으로 몰려든다. 하루는 이 식당을 찾은 오스트리아의 음반회사 사장에게 눈이 띄어 음반을 제작하면서 글루미 선데이와 이를 작곡한 언드라시는 세계적인 명성을 얻게 된다. 그러나 모든 것에는 양면성이 있는 것일까?

　그의 곡이 세계적으로 퍼져나감에 따라 이 아름다운 곡을 듣는 사람들은 자살을 하기 시작한다. 자살 사건은 헝가리를 넘어 전 유럽으로 퍼져나가고 급기야는 미국에까지 영향을 끼쳐 허드

슨 강에 몸을 던지는 청년들의 숫자가 기하급수적으로 늘어간다. 이 영화의 스토리는 실화에 바탕을 둔 것으로 이 곡의 실제 작곡가 레죄 세레쉬 역시 이 곡을 들으며 아파트에서 자살을 한 것으로 알려지고 있다.

이 영화에서 관객의 심금을 울리는 라슬로의 대사가 있다. "우리부모님들은 유대인이야. 그러니 나도 유대인이지. 누가 알고 태어나나?"라는 대사이다. 히틀러의 유대인 말살 정책에 항변하는, 그리고 인간의 존엄을 강조하는 대사이다. 결국 감독이 이 영화에서 하고 싶은 얘기는 바로 이 대사이다. 겉으로 보기에는 한 여자와 두 남자의 사랑이야기로 보이지만 실제로 감독이 관객들에게 전달하고자 하는 메시지는 결국 인간의 존엄성을 중시해야 한다는 것이다.

Zöldségesnél

야채가게에서

Eladó :	Jó napot kívánok! Mit parancsol?
	요- 너뽀뜨 끼-바-녹　　미뜨 뻐런촐
Vevő :	Jó napot kívánok! Meg tudná mondani, mennyibe kerül egy
	요- 너뽀뜨 끼-바-녹　　메그　뚜드나　몬더니　　멘니베　　께뤼ㄹ 에지
	kiló paradicsom?
	낄오- 뻐러디촘
Eladó :	Természetesen. Ez 400 forintba kerül, az pedig 800 forintba.
	떼르미쎼떼쉔　　에즈 니-지싸-즈 포린뜨버 께뤼ㄹ 어즈 뻬디그 뇰쯔싸-즈 포린뜨버
	Az kétszer drágább ennél, mert az import áru.
	어즈 끼-뜨쎄르 드라-갑- 엔닐-　메르뜨 어즈 임뽀르뜨 아-루
Vevő :	Értem. Akkor az olcsóbb paradicsomból kérek szépen két
	이-르뗌　억꼬르　어즈 올쵭-　　뻐러디촘볼-　　끼-렉 씨-뻰　　끼-뜨
	kilót!
	낄오-뜨
Eladó :	Azonnal adom. Tessék!
	어존널　　어돔　　떼쉬이-크

Vevő :   Köszönöm szépen! Kérhetek gyümölcsöt is?
꾀쐬뇜   씨-뻰   끼-르헤떽   귀묄최뜨   이쉬

Eladó :   Természetesen, uram. Mit adhatok?
떼르미-쎄떼쉔   우럼   미뜨 어드허똑

Vevő :   Egy kiló almát és két kiló cseresznyét kérek szépen.
에지   낄오-   얼마-뜨 이-쉬 끼-뜨 낄오-체레쓰니이-뜨 끼-렉   씨-뻰

Eladó :   Sajnos a cseresznye elfogyott. Majd vasárnap lesz.
셔이노쉬 어 체레쓰니에   엘포조뜨   머이드 버샤-르넙   레쓰

Vevő :   Vasárnap is nyitva van?
버샤-르넙   이쉬 니뜨버 번

Eladó :   Nem. Hétfőtől péntekig vagyunk nyitva.
넴   히-뜨푀-똘- 뻰-떼끼그   버중크   니뜨버

Vevő :   Akkor hétfőn visszajövök. Tessék, itt van 1000 forint.
억꼬르   히-뜨푄- 빗써이외뵉   떼쉭-   이드 번 에제르 포린뜨

Eladó :   Köszönöm szépen. Viszontlátásra!
꾀쐬뇜   씨-뻰   빗쏜뜨라-따-쉬러

Vevő :   Viszontlátásra!
빗쏜뜨라-따-쉬러

점원: 안녕하세요! 뭘 드릴까요?

손님: 안녕하세요! 토마토 1킬로그램이 얼마인지 말씀해 주시겠어요?

점원: 물론입니다. 이것은 400포린트이고 저것은 800포린트입니다. 저것이 수입상품이라 이것보다
        두 배 비싸요.

손님: 그렇군요. 그러면 저 저렴한 것으로 2킬로그램 주세요.

점원: 바로 드리죠. 여기 있습니다!

손님: 감사합니다. 과일도 좀 주실 수 있나요?

점원: 물론입니다, 사모님. 뭘 드릴까요?

손님: 사과 1킬로그램과 체리 2킬로그램 주세요.

점원: 죄송하지만 체리는 떨어졌습니다. 나중에 일요일에 있을 겁니다.

손님: 일요일에도 가게 문 여나요?

점원: 아니오. 월요일부터 금요일까지 열어요.

손님: 그럼 월요일에 다시 오겠습니다. 자, 여기 1000포린트요!

점원: 감사합니다. 안녕히 가세요!

손님: 안녕히 계세요!

단어 익히기

• ad	주다
• elfogy	떨어지다, 다 팔리다
• ért	이해하다
• hoz	가져오다
• tud	알다, 할 수 있다(조동사)
• nyitva van	(문, 가게 등이) 열려있다
• visszajön	돌아오다
• alma	사과
• áru	상품, 제품
• asszony	아주머니, 부인
• cseresznye	체리
• eladó	점원, 판매자
• forint	포린트(헝가리 화폐 단위)
• gyümölcs	과일
• hétfő	월요일
• kiló	킬로(그램)
• paradicsom	토마토; 천국, 낙원
• péntek	금요일
• vasárnap	일요일
• vevő	손님, 구매자
• azonnal	곧장, 바로
• majd	나중에, 후에
• olcsó	저렴한, 싼
• import	수입
• természetesen	물론, 당연히
• újra	다시, 또

• Mennyibe kerül?　얼마입니까?
• Mit parancsol?　뭘 드릴까요?

문법 배우기

1. 조건법 현재형의 인칭변화

현재의 비현실적인 희망이나 조건을 나타낼 때 사용하며 경우에 따라서는 겸양법으로도 사용된다. 조건법 기호소는 na/ne, ná/né 두 가지 형태가 있다. 3인칭단수 1변화에서만 na/ne를 붙이고 나머지는 모두 ná/né를 붙인다. 동사의 종류에 따라 후설모음 동사에는 na, ná를 붙이고 전설모음 동사에는 ne, né를 붙이지만 예외적으로 1인칭 단수 1변화의 경우에는 후설모음동사와 전설모음동사 모두 né를 붙인다.

A. 제 1변화의 어미

인칭	인칭어미	
	후설모음 동사	전설모음(원순모음)
1인칭 단수(én)	-k	
2인칭 단수(te)	-l	
3인칭 단수(ő/ön)		
1인칭 복수(mi)	-nk	
2인칭 복수(ti)	-tok	-tek
3인칭 복수(ők/önök)	-nak	-nek

예 tanul[떠눌] 공부하다

	인칭변화	의미
1인칭 단수(én)	tanulné**k** [떠눌니-크]	내가 공부할 텐데
2인칭 단수(te)	tanulná**l** [떠눌날-]	네가 공부할 텐데

	인칭변화		의미
3인칭 단수(ő/ön)	tanulna [떠눌너]	ő	그가 공부할 텐데
		ön	당신이 공부할 텐데
1인칭 복수(mi)	tanulnánk [떠눌낭-크]		우리가 공부할 텐데
2인칭 복수(ti)	tanulnátok [떠눌나-똑]		너희가 공부할 텐데
3인칭 복수(ők/önök)	tanulnának [떠눌나-넉]	ők	그들이 공부할 텐데
		önök	당신들이 공부할 텐데

예 kér[끼-르] 부탁하다, 요청하다

	인칭변화		의미
1인칭 단수(én)	kérnék [끼-르니-크]		내가 부탁할 텐데
2인칭 단수(te)	kérnél [끼-르닐-]		네가 부탁할 텐데
3인칭 단수(ő/ön)	kérne [끼-르네]	ő	그가 부탁할 텐데
		ön	당신이 부탁할 텐데
1인칭 복수(mi)	kérnénk [끼-르닝-크]		우리가 부탁할 텐데
2인칭 복수(ti)	kérnétek [끼-르니-뗑]		너희가 부탁할 텐데
3인칭 복수(ők/önök)	kérnének [끼-르니-넥]	ők	그들이 부탁할 텐데
		önök	당신들이 부탁할 텐데

예 küld[뀔드] 보내다

	인칭변화	의미
1인칭 단수(én)	küldenék [뀔데니-크]	내가 보낼 텐데
2인칭 단수(te)	küldenél [뀔데니-일]	네가 보낼 텐데

	인칭변화	의미	
3인칭 단수(ő/ön)	küldene [뀔데네]	ő	그가 보낼 텐데
		ön	당신이 보낼 텐데
1인칭 복수(mi)	küldené**nk** [뀔데닝-크]	우리가 보낼 텐데	
2인칭 복수(ti)	küldené**tek** [뀔데니-떽]	너희가 보낼 텐데	
3인칭 복수(ők/önök)	küldené**nek** [뀔데니-넥]	ők	그들이 보낼 텐데
		önök	당신들이 보낼 텐데

* 동사 어간이 두 개의 자음이나 ít로 끝나는 경우에는 삽입모음 a나 e가 삽입된다.

B. 제 2변화의 어미

인칭	인칭어미	
	후설모음 동사	전설모음(원순모음)
1인칭 단수(én)	-m	
2인칭 단수(te)	-d	
3인칭 단수(ő/ön)		
1인칭 복수(mi)	-nk	
2인칭 복수(ti)	-tok	-tek
3인칭 복수(ők/önök)	k	

예 tanul[떠눌] 공부하다

	인칭변화	의미	
1인칭 단수(én)	tanulná**m** [떠눌니-임]	내가 (그것을) 공부할 텐데	
2인칭 단수(te)	tanulná**d** [떠눌나-드]	네가 (그것을) 공부할 텐데	
3인칭 단수(ő/ön)	tanulná [떠눌나-]	ő	그가 (그것을) 공부할 텐데
		ön	당신이 (그것을) 공부할 텐데

	인칭변화	의미	
1인칭 복수(mi)	tanulnánk [떠눌낭-크]	우리가 (그것을) 공부할 텐데	
2인칭 복수(ti)	tanulnátok [떠눌나-똑]	너희가 (그것을) 공부할 텐데	
3인칭 복수(ők/önök)	tanulnák [떠눌나-크]	ők	그들이 (그것을) 공부할 텐데
		önök	당신들이 (그것을) 공부할 텐데

예 kér[까-르] 부탁하다, 요청하다

	인칭변화	의미	
1인칭 단수(én)	kérném [까-르니-임]	내가 (그것을) 부탁할 텐데	
2인칭 단수(te)	kérnéd [까-르니-드]	네가 (그것을) 부탁할 텐데	
3인칭 단수(ő/ön)	kérné [까-르니-]	ő	그가 (그것을) 부탁할 텐데
		ön	당신이 (그것을) 부탁할 텐데
1인칭 복수(mi)	kérnénk [까-르닝-크]	우리가 (그것을) 부탁할 텐데	
2인칭 복수(ti)	kérnétek [까-르니-떽]	너희가 (그것을) 부탁할 텐데	
3인칭 복수(ők/önök)	kérnék [까-르니-크]	ők	그들이 (그것을) 부탁할 텐데
		önök	당신들이 (그것을) 부탁할 텐데

예 küld[뀔드] 보내다

	인칭변화	의미	
1인칭 단수(én)	küldeném [뀔데니-임]	내가 (그것을) 보낼 텐데	
2인칭 단수(te)	küldenéd [뀔데니-드]	네가 (그것을) 보낼 텐데	
3인칭 단수(ő/ön)	küldené [뀔데니-]	ő	그가 (그것을) 보낼 텐데
		ön	당신이 (그것을) 보낼 텐데

	인칭변화	의미	
1인칭 복수(mi)	**küldenénk** [뀔데닝-크]	우리가 (그것을) 보낼 텐데	
2인칭 복수(ti)	**küldenétek** [뀔데니-떼크]	너희가 (그것을) 보낼 텐데	
3인칭 복수(ők/önök)	**küldenék** [뀔데니-크]	ők	그들이 (그것을) 보낼 텐데
		önök	당신들이 (그것을) 보낼 텐데

* 동사 어간이 두 개의 자음이나 **ít**로 끝나는 경우에는 삽입모음 a나 e가 삽입된다.

C. 불규칙 동사의 조건법 현재 인칭변화

불규칙 동사들의 조건법 현재형의 어간은 동사마다 형태가 다르므로 각각 알아두어야 한다. 대표적인 불규칙 동사들의 조건법 현재형의 어간은 다음과 같다. 불규칙 동사의 조건법 현재형의 인칭변화는 불규칙동사의 조건법 현재형 어간에 인칭어미를 붙이면 된다.

불규칙 동사	기본형	조건법 어간 (3인칭 단수 1변화)	의미
lesz	lenni	lenne	~이 될 텐데, ~ 일 텐데
tesz	tenni	tenne	할 텐데, 놓을 텐데
vesz	venni	venne	살 텐데, 집을 텐데
visz	vinni	vinne	가져갈 텐데
hisz	hinni	hinne	믿을 텐데
jön	jönni	jönne	올 텐데
megy	menni	menne	갈 텐데
eszik	enni	enne	먹을 텐데
iszik	inni	inna	마실 텐데
alszik	aludni	aludna	잘 텐데
fekszik	feküdni	feküdne	누울 텐데
nyugszik	nyugodni	nyugodna	쉴 텐데, 휴식을 취할 텐데
ugrik	ugrani	ugrana	뛰어오를 텐데
fürdik	fürödni	fürödne	목욕할 텐데
mosakszik	mosakodni	mosakodna	씻을텐데

예 lesz[레쓰] ~이 되다, ~일 것이다

	인칭변화	의미	
1인칭 단수(én)	lenné**k**[렌니-크]	내가 ~이 될 텐데	
2인칭 단수(te)	lenné**l**[렌니-일]	네가 ~이 될 텐데	
3인칭 단수(ő/ön)	lenne[렌네]	ő	그가 ~이 될 텐데
		ön	당신이 ~이 될 텐데
1인칭 복수(mi)	lenné**nk** [렌닝-크]	우리가 ~이 될 텐데	
2인칭 복수(ti)	lenné**tek** [렌니-떽]	너희가 ~이 되어라!	
3인칭 복수(ők/önök)	lenné**nek** [렌니-넥]	ők	그들이 ~이 될 텐데
		önök	당신들이 ~이 될 텐데

* lesz는 목적어를 취하지 않으므로 2변화는 없다.

예 visz[비쓰] 가져가다

	인칭변화(1변화)	의미	
1인칭 단수(én)	vinné**k**[빈니-크]	내가 가져갈 텐데	
2인칭 단수(te)	vinné**l**[빈니-일]	네가 가져갈 텐데	
3인칭 단수(ő/ön)	vinne[빈네]	ő	그가 가져갈 텐데
		ön	당신이 가져갈 텐데
1인칭 복수(mi)	vinné**nk** [빈닝-크]	우리가 가져갈 텐데	
2인칭 복수(ti)	vinné**tek** [빈니-떽]	너희가 가져갈 텐데	
3인칭 복수(ők/önök)	vinné**nek** [빈니-넥]	ők	그들이 가져갈 텐데
		önök	당신들이 가져갈 텐데

	인칭변화(2변화)	의미
1인칭 단수(én)	vinné**m**[빈니-임]	내가 (그것을) 가져갈 텐데
2인칭 단수(te)	vinné**d**[빈니-드]	네가 (그것을) 가져갈 텐데

	인칭변화(2변화)		의미
3인칭 단수(ő/ön)	vinné [빈니ᅳ]	ő	그가 (그것을) 가져갈 텐데
		ön	당신이 (그것을) 가져갈 텐데
1인칭 복수(mi)	vinnénk [빈닝ᅳ크]		우리가 (그것을) 가져갈 텐데
2인칭 복수(ti)	vinnétek [빈니ᅳ떽]		너희가 (그것을) 가져갈 텐데
3인칭 복수(ők/önök)	vinnék [빈니ᅳ크]	ők	그들이 (그것을) 가져갈 텐데
		önök	당신들이 (그것을) 가져갈 텐데

예 jön[이왼] 오다

	인칭변화(1변화)		의미
1인칭 단수(én)	jönnék [이왼니ᅳ크]		내가 올 텐데
2인칭 단수(te)	jönnél [이왼니ᅳ일]		네가 올 텐데
3인칭 단수(ő/ön)	jönne [이왼네]	ő	그가 올 텐데
		ön	당신이 올 텐데
1인칭 복수(mi)	jönnénk [이왼닝ᅳ크]		우리가 올 텐데
2인칭 복수(ti)	jönnétek [이왼니ᅳ떽]		너희가 올 텐데
3인칭 복수(ők/önök)	jönnének [이왼니ᅳ넥]	ők	그들이 올 텐데
		önök	당신들이 올 텐데

* jön은 목적어를 취하지 않으므로 2변화는 없다.

2. 요일 표현

요일을 부사 형태로 사용할 때는 위 처소격조사(-n/on/en/ön)를 붙인다. 단 일요일의 경우에는 명사 형태와 부사 형태가 같으므로 주의한다.

요일	명사 형태	부사 형태
월요일	hétfő	hétfőn
화요일	kedd	kedden
수요일	szerda	szerdán
목요일	csütörtök	csütörtökön
금요일	péntek	pénteken
토요일	szombat	szombaton
일요일	vasárnap	vasárnap

예문

Milyen nap van ma? (오늘은 무슨 요일입니까?)

Szerda. (수요일입니다.)

Melyik nap érkezik a barátod? (너 친구가 무슨 요일에 도착하니?)

Szerdán érkezik. (수요일에 도착해.)

3. 과거 분사

헝가리어에서는 과거분사, 현재분사, 미래분사, 부사적 분사 등의 분사가 사용되는데 과거분사의 경우 형태가 과거형 1변화 3인칭단수 형태와 동일하다. 의미에 있어서는 수동적 의미를 가지며 기능면에서는 뒤의 명사를 수식하는 역할을 한다.

예 érkezett diák 도착한 학생

olvasott könyv 읽혀진 책

eladott áru 팔린 상품

4. 부사적 분사

부사적으로 사용되는 분사로 후설모음 동사에는 **va**를 붙이며 전설모음 동사에는 **ve**를 붙인다. 뜻은 '~하면서' 의 의미를 갖는다.

예 olvasva 읽으면서

ülve 앉으면서

불규칙동사의 부사적 분사 형태는 동사마다 형태가 다르므로 각기 알아두어야
한다.

불규칙 동사	기본형	부사적 분사 형태	의미
tesz	tenni	téve	하면서, 놓으면서
vesz	venni	véve	사면서, 집으면서
visz	vinni	víve	가져가면서
jön	jönni	jőve	오면서
megy	menni	menve	가면서
alszik	aludni	alva	자면서
fekszik	feküdni	fekve	누우면서, 누운 채로
nyugszik	nyugodni	nyugodva	쉬면서, 휴식을 취하면서
fürdik	fürödni	fürödve	목욕하면서
mosakszik	mosakodni	mosakodva	씻으면서

Énekelve fürdik. (그는 노래를 하면서 목욕을 한다.)

Fekve olvas. (누워서 읽는다.)

Sétálva olvas. (산책을 하면서 읽는다.)

3 단계

표현 따라하기

▶ '얼마입니까?' 의 표현

Mennyibe kerül egy kiló paradicsom? (토마토 1킬로그램이 얼마입니까?)
멘니베　　께륄　에지 낄로- 뻐러디촘

Ez 400 forintba kerül, az pedig 800 forintba.
에즈 니-지싸-즈 포린뜨버 께륄 어즈 뻬디그 놀쯔싸-즈 포린뜨버

(이것은 400포린트이고 저것은 800 포린트입니다.)

▶ '몇 배 더 ~하다'의 표현

Az kétszer drágább ennél. (저것은 이것보다 두 배 비싸다.)
어즈 끼-쩨르   드라-갑- 엔닐-

Az alma háromszor olcsóbb, mint a körte.
어즈 얼머   하-롬쏘르   올촙-   민뜨 어 꾀르떼

(사과는 배보다 세 배 싸다.)

▶ '~을 ~ 킬로그램 주세요!'의 표현

Egy kiló almát és két kiló cseresznyét kérek szépen!
에지 낄로- 얼마-뜨 이-쉬 끼-뜨 낄로- 체레스니-뜨 끼-렉   씨-뻰!

(사과 1킬로그램과 체리 2킬로그램을 주세요!)

▶ '영업시간' 표현

Hétfőtől péntekig van nyitva. (월요일부터 금요일까지 영업합니다.)
히-뜨푀-뙬- 뻰-떼끼그   번   니뜨버

▶ 헝가리어 과일 이름

alma	사과	körte	배
ananász	파인애플	licsi	여주(리치)
banán	바나나	lime	라임
citrom	레몬	mandarin	귤
dinnye	수박	mangó	망고
dió	호도	narancs	오렌지
eper	딸기	őszibarack	복숭아
földimogyoró	땅콩	papaja	파파야
grépfruit	그레이프프루트	sárgadinnye	멜론
kiwi	키위	szilva	자두
kókuszdió	코코넛	szőlő	포도

헝가리어로 말하기

▶ **회화 1**

Meg tudná mondani, mennyibe kerül egy kiló paradicsom?
메그 뚜드나- 몬더니   멘니베   껠륄   에지 낄로- 뻐러디촘

(토마토 1킬로그램이 얼마인지 말씀해 주시겠어요?)

Természetesen. Ez 400 forintba kerül, az pedig 800 forintba.
떼르미-쎄떼쉔   에즈 니-지싸-즈 포린뜨버 께륄 어즈 뻬디그 뇰쯔싸-즈 포린트버

(물론입니다. 이것은 400포린트이고 저것은 800 포린트입니다.)

Akkor az olcsóbb paradicsomból kérek szépen két kilót!
억꼬르   어즈 올촙-   뻐러디촘볼-   끼-렉   씨-뻰   끼-뜨 낄로-뜨

(그러면 저 저렴한 토마토를 2킬로그램 주세요!)

Azonnal adom. (바로 드리겠습니다.)
어존널   어돔

▶ **회화 2**

Kérhetnék a gyümölcsből is?
끼-르헤뜨닉- 어 귀묄츠뵐-   이쉬

(과일도 좀 주실 수 있나요?)

Természetesen, asszonyom. Mit adhatok?
떼르미-쎄떼쉔,   어쏘놈   미뜨 어드허똑

(물론입니다, 사모님. 뭘 드릴까요?)

Egy kiló almát és két kiló cseresznyét kérek szépen!
에지 낄로- 얼마-뜨 이-쉬 끼-뜨 낄로- 체레스니-뜨 끼-렉   씨-뻰!

(사과 1킬로그램과 체리 2킬로그램을 주세요!)

▶ **회화 3**

Vasárnap is nyitva van? (일요일에도 가게 문 여나요?)
버샤-르넙   이쉬 니뜨버 번

Nem. Hétfőtől péntekig vagyok nyitva.
넴 히-뜨푀-뙐- 뻰-떼끼그 버죽 니뜨버

(아니오. 월요일부터 금요일까지 열어요.)

Akkor hétfőn visszajövök. (그럼 월요일에 다시 오겠습니다.)
어꼬르 히-뜨푄- 빗써외뵉

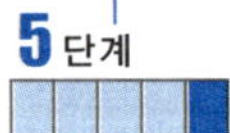
5 단계

함께 연습하기

1. 다음 동사를 조건법 1변화로 인칭 변화 시키시오.
   1) csenget
   2) dolgozik
   3) érkezik
   4) gyárt
   5) marad

2. 다음 동사를 조건법 2변화로 인칭 변화 시키시오.
   1) magyaráz
   2) mos
   3) számol
   4) eszik
   5) vár

3. 다음 문장을 헝가리어로 쓰시오.
   1) 그는 울면서 말한다.
   2) 제가 뭔가 여쭤 봐도 될까요?
   3) 시간이 있으면 그 책을 읽을 텐데.
   4) 만약 돈이 있으면 헝가리에 갈 텐데.
   5) 오늘은 무슨 요일 입니까?

헝가리의 대표 음식 – 구이아쉬 수프

　헝가리 사람들은 헝가리 음식을 프랑스, 이태리, 중국 음식과 더불어 세계 4대 음식에 포함시킬 뿐만 아니라 그들 음식에 대한 커다란 자부심을 갖고 있다. 헝가리 음식의 가장 특징이라면 육류 음식이 많고 동물성 기름을 많이 사용하며 마늘, 고추, 후추, 요케르 등 향신료를 많이 사용한다는 점이다. 특히 마늘과 고추가 들어간 음식이 많아 한국인의 입맛에 맞는 음식들이 많이 있다. 대표적인 헝가리의 스프로는 구이아쉬 수프(gulyásleves)를 들 수 있는데 쇠고기 사태, 다진 양파, 감자, 당근, 파프리카, 마늘, 요케르, 파슬레, 포카처 등을 넣고 끓인 스프로 한국음식의 육계장과 맛이 비슷하다. 이밖에 잉어, 각종야채, 베케타, 파프리카 등을 넣고 끓여 매운탕과 비슷한 헐라스리(halászlé), 그리고 뼈, 당근, 양배추를 끓인 국물에 국수를 넣은 촌트 레베쉬(csontleves)를 들 수 있다. 메인 요리는 여러 가지가 있지만 대표적인 음식을 몇 가지만 들면 고기를 갈아 밥, 야채와 함께 양배추 잎에 싸서 찐 퇼퇴트 카포스터(töltött káposzta), 한국의 소고기 덮밥과 비슷한 머르허 푀르켈트(marhapörkölt), 그리고 닭고기에 고춧가루를 듬뿍 넣어 익힌 퍼프리카시 취르케(paprikás csirke) 등을 들 수 있다.

　하지만 이들 헝가리 음식들 중에 헝가리를 대표하는 가장 헝가리적인 음식으로는 일반적으로 위에서 언급한 구이아쉬 수프를 든다. 헝가리의 대표적인 음식인 이 구이아쉬는 유럽으로도 널리 퍼져나가 이웃나라 오스트리아, 체코, 독일 등에서도 찾아볼 수 있지만 헝가리의 구이아쉬 와는 약간의 차이점이 있다. 헝가리의 구이아쉬는 수프로써 국물이 많지만 다른 나라들에서 찾아볼 수 있는 구이아쉬는 스프라기보다는 스튜 형태로 국물이 많지 않다. 헝가리의 대표적인 전통 음식 구이아쉬를 만드는 방법을 소개하면 다음과 같다.

♣ 재료(5인기준): 　소고기 다리살 500g, 양파 1개, 마늘 1개, 파프리카 1개(없으면 피망), 토마토 1개, 감자 3개, 당근 1개, 식용유 2큰 술

♣ 조리 시간: 약 3시간

♣ 조리 방식: 다음의 순서에 따른다.

1) 식용유 2큰 술을 냄비에 붓고 양파를 썰어 넣은 후 3-5분간 볶고 나서 불을 끈다.

2) Kalocsa산 고춧가루를 1-2 큰 술 넣고 저어준다. Kalocsa산 고춧가루를 구하기 힘든 경우에는 맵지 않은 한국산 고춧가루를 넣는다.

3) 물을 1/4컵 정도 붓고 불에 1분간 올린 후 다시 불을 끈다.

4) 고기와 소금 2큰 술을 넣고 뚜껑을 닫은 후 3분 간 끓인 후 불을 끈다.

5) 잘 저어준 후 다시 10분간 불에 끓인다.

6) 토마토 ⅛조각, 파프리카 4조각, 잘게 썬 마늘, 소금 1큰 술을 넣고, 물을 약 4컵 정도
부은 후 아주 약한 불에 1시간 30분간 끓인다.

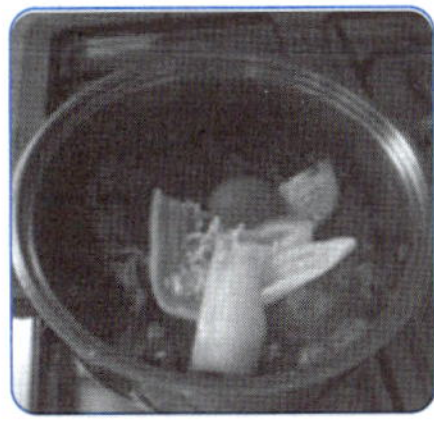

7) 감자, 당근을 넣고 아주 약한 불에 다시 30분간 끓이면 구야쉬가 완성된다.

8) 구야쉬는 원래 메인 식사로서 빵과 먹으면 한 끼 식사로 든든하다. 헝가리 빵 케니르
(Kenyér)가 없으면 바게트 빵과 먹어도 좋다.

Az életemről

나의 삶에 관하여

Orosz Andrea : Zsinil! Te mikor és hol születtél?
진일 떼 미꼬르 이-쉬 홀 쐴엗띨-

Yú Zsinil : 1969. július 26-án születtem Koreában.
에제르낄엔쯔싸-즈 허뜨번 낄엔쯔 율-리우쉬 후쏜허또디깐- 쐴엔뗌 꼬레아르번

Ha Magyarországon születtem volna, jobban beszélnék
허 머저로오르싸-곤 쐴엔뗌 볼너 욥번 베씰-닉-

magyarul, mint most.
머저룰 민뜨 모쉬뜨

Orosz Andrea : De Zsinil! Sajnos azt nem lehet megválasztani, hogy hol
데 진일 셔이노쉬 어스뜨 넴 레헤뜨 메그발-어스떠니 호지 홀

szüless.
쐴에쉬-

Yú Zsinil : Igazad van. De akkor is, ha Magyarországon vagy Angliában
이거저드 번 데 억꼬르 이쉬 허 머저로오르싸-곤 버지 언글이아-번

születtem volna, jobban beszélnék angolul vagy magyarul.
쐴엗뗌 볼너 욥번 베씰-닉- 언골울 버지 머저룰

Andrea, ha te nem tanár lettél volna, akkor mi lettél volna?
언드레어　허 떼 넴　떠나-르 렏띨-　볼너　　억꼬르 미 렏띨- 볼너

Orosz Andrea : Gyerekkoromban sok könyvet olvastam. Ha nem tanár lettem
제렉꼬롬번　　　속　꾀니베뜨 올버쉬떰　　허 넴　떠나-르 렏뗌

volna, akkor író lettem volna.
볼너　억꼬르 이-로- 렏뗌 볼너

Yú Zsinil : Nagyszerű! Ha te író lettél volna, akkor sok jó könyvet írtál
너지쎄류-　　　허 떼 이-로- 렏띨 볼너　　억꼬르 속 요- 꾀니베뜨 이-르딸-

volna.
볼너

Andrea, most mivel foglalkozik a férjed?
언드레어　모쉬뜨 미벨　포글얼꼬직　　어 피-리에드

Orosz Andrea : A férjem üzletember. Egy áruházban dolgozik menedzserként.
어 피-리엠 위즐레뜨엠베르 에지 아-루하-즈번 돌고직　　메니제르긴-뜨

Yú Zsinil : Hány éve dolgozik a férjed az áruházban?
하-니　이-베 돌고직　　어 피-리에드 어즈 아-루하-즈번

Orosz Andrea : Már tíz éve ott dolgozik.
마-르 띠-즈 이-베 옫뜨 돌고직

Yú Zsinil : Ha nem az áruházban dolgozna, akkor mivel foglalkozna?
허 넴　어즈 아-루하-즈번 돌고즈너　　억꼬르 미벨　포글얼꼬즈너

Orosz Andrea : Talán tanár lett volna. A férjem nagyon szeret tanítani.
떨안-　떠나-르 렏뜨 볼너　　어 피-리엠 너존　　쎄레뜨 떠니-떠니

Yú Zsinil : Az ott álló férfi a férjed?
어즈 옫뜨 알-오- 피-르피 어 피-리에드

Orosz Andrea : Igen. Ő a férjem, István.
이겐　외- 어 피-리엠 이쉬뜨반

<table>
<tr><td>오로쓰 언드레어 :</td><td>진일아! 넌 언제 어디에서 태어났어?</td></tr>
<tr><td>유진일 :</td><td>나는 1969년 7월 26일에 한국에서 태어났어. 내가 헝가리에서 태어났었다면 지금 보다는 헝가리어를 더 잘할 수 있을 텐데.</td></tr>
<tr><td>오로쓰 언드레어 :</td><td>하지만 진일! 유감스럽게도 네가 어디에서 태어날지는 선택할 수 있는 게 아니잖아.</td></tr>
<tr><td>유진일 :</td><td>너 말이 맞아. 하지만 그럴지라도 내가 헝가리나 영국에서 태어났다면 헝가리어나 영어를 잘 할 수 있을 텐데. 언드레어, 네가 만약 선생이 되지 않았다면 무엇이 되었을까?</td></tr>
<tr><td>오로쓰 언드레어 :</td><td>어렸을 때 나는 책을 많이 읽곤 했었어. 그래서 내가 선생이 안 되었다면 아마도 작가가 되었을 거야.</td></tr>
<tr><td>유진일 :</td><td>굉장한데! 네가 작가가 되었다면, 넌 많은 좋은 책을 썼을 텐데. 언드레어, 지금 네</td></tr>
</table>

남편은 무슨 일을 해?

오로쓰 언드레어 : 남편은 비즈니스맨이야. 백화점에서 매니저로 일해.

유진일 : 네 남편은 그 백화점에서 몇 년째 일하고 있어?

오로쓰 언드레어 : 벌써 그 백화점에서 10년째 일하고 있어.

유진일 : 만약에 그 백화점에서 일하지 않으면, 뭘 하고 있을까?

오로쓰 언드레어 : 아마도 선생이 됐을 거야. 남편은 가르치는 것을 아주 좋아하거든.

유진일 : 저기 서있는 남자가 네 남편이야?

오로쓰 언드레어 : 맞아. 그 사람이 내 남편 이쉬뜨반이야.

1 단계

단어 익히기

• áll	서있다
• dolgozik	일하다
• foglalkozik	종사하다
• ír	(글 등을) 쓰다
• szeret	사랑하다, 좋아하다
• születik	태어나다
• tanít	가르치다
• választ	선택하다
• Anglia	영국
• áruház	백화점
• év	연, 해
• férfi	신사, 남성
• férj	남편
• író	작가

• július	7월
• könyv	책
• menedzser	매니저
• tanár	선생
• tíz	(수사) 십
• üzletember	비즈니스 맨

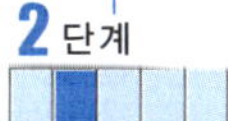

2 단계

문법 배우기

1. 조건법 과거형의 인칭변화

조건법 과거형의 형태는 인칭어미가 붙은 동사의 과거형에 존재동사 van의 조건법 형태인 volna를 붙여 사용한다. 이미 학습한바와 같이 동사의 과거형에는 1변화와 2변화가 있는데 이는 조건법 과거형에도 동일하게 적용된다.

A. 조건법 과거 1변화

예 tanul[떠눌] 공부하다

	인칭변화	의미	
1인칭 단수(én)	tanul**tam volna** [떠눌떰 볼너]	내가 공부했으면 좋았을 텐데	
2인칭 단수(te)	tanul**tál volna** [떠눌딸– 볼너]	네가 공부했으면 좋았을 텐데	
3인칭 단수(ő/ön)	tanul**t volna** [떠눌뜨 볼너]	ő	그가 공부했으면 좋았을 텐데
		ön	당신이 공부했으면 좋았을 텐데
1인칭 복수(mi)	tanul**tunk volna** [떠눌뚱크 볼너]	우리가 공부했으면 좋았을 텐데	
2인칭 복수(ti)	tanul**tatok volna** [떠눌떠똑 볼너]	너희가 공부했으면 좋았을 텐데	
3인칭 복수(ők/önök)	tanul**tak volna** [떠눌떡 볼너]	ők	그들이 공부했으면 좋았을 텐데
		önök	당신들이 공부했으면 좋았을 텐데!

예 kér[까-르] 부탁하다, 요청하다

	인칭변화	의미	
1인칭 단수(én)	**kértem volna** [까-르뗌 볼너]	내가 부탁했으면 좋았을 텐데	
2인칭 단수(te)	**kértél volna** [까-르띨- 볼너]	네가 부탁했으면 좋았을 텐데	
3인칭 단수(ő/ön)	**kért volna** [까-르뜨 볼너]	ő	그가 부탁했으면 좋았을 텐데
		ön	당신이 부탁했으면 좋았을 텐데
1인칭 복수(mi)	**kértünk volna** [까-르뛩크 볼너]	우리가 부탁했으면 좋았을 텐데	
2인칭 복수(ti)	**kértetek volna** [까-르떼떽 볼너]	너희가 부탁했으면 좋았을 텐데	
3인칭 복수(ők/önök)	**kértek volna** [까-르떽 볼너]	ők	그들이 부탁했으면 좋았을 텐데
		önök	당신들이 부탁했으면 좋았을 텐데

예 küld[뀔드] 보내다

	인칭변화	의미	
1인칭 단수(én)	**küldtem volna** [뀔뗌 볼너]	내가 보냈으면 좋았을 텐데	
2인칭 단수(te)	**küldtél volna** [뀔띨 볼너]	네가 보냈으면 좋았을 텐데	
3인칭 단수(ő/ön)	**küldött volna** [뀔뜨 볼너]	ő	그가 보냈으면 좋았을 텐데
		ön	당신이 보냈으면 좋았을 텐데
1인칭 복수(mi)	**küldtünk volna** [뀔뛩크 볼너]	우리가 보냈으면 좋았을 텐데	
2인칭 복수(ti)	**küldtetek volna** [뀔떼떽 볼너]	너희가 보냈으면 좋았을 텐데	
3인칭 복수(ők/önök)	**küldtek volna** [뀔떽 볼너]	ők	그들이 보냈으면 좋았을 텐데
		önök	당신들이 보냈으면 좋았을 텐데

B. 조건법 과거 2변화

⑩ tanul[떠눌] 공부하다

	인칭변화	의미	
1인칭 단수(én)	tanul**tam volna** [떠눌떰 볼너]	내가 (그것을) 공부했으면 좋았을 텐데	
2인칭 단수(te)	tanul**tad volna** [떠눌떠드 볼너]	네가 (그것을) 공부했으면 좋았을 텐데	
3인칭 단수(ő/ön)	tanul**ta volna** [떠눌떠 볼너]	ő	그가 (그것을) 공부했으면 좋았을 텐데
		ön	당신이 (그것을) 공부했으면 좋았을 텐데
1인칭 복수(mi)	tanul**tuk volna** [떠눌뚝 볼너]	우리가 (그것을) 공부했으면 좋았을 텐데	
2인칭 복수(ti)	tanul**tátok volna** [떠눌따–똑 볼너]	너희가 (그것을) 공부했으면 좋았을 텐데	
3인칭 복수(ők/önök)	tanul**ták volna** [떠눌딱– 볼너]	ők	그들이 (그것을) 공부했으면 좋았을 텐데
		önök	당신들이 (그것을) 공부했으면 좋았을 텐데

⑩ kér[끼–르] 부탁하다, 요청하다

	인칭변화	의미	
1인칭 단수(én)	kér**tem volna** [끼–르떔 볼너]	내가 (그것을) 부탁했으면 좋았을 텐데	
2인칭 단수(te)	kér**ted volna** [끼–르떼드 볼너]	네가 (그것을) 부탁했으면 좋았을 텐데	
3인칭 단수(ő/ön)	kér**te volna** [끼–르떼 볼너]	ő	그가 (그것을) 부탁했으면 좋았을 텐데
		ön	당신이 (그것을) 부탁했으면 좋았을 텐데
1인칭 복수(mi)	kér**tük volna** [끼–르뜍 볼너]	우리가 (그것을) 부탁했으면 좋았을 텐데	
2인칭 복수(ti)	kér**tétek volna** [끼–르띠–뗵 볼너]	너희가 (그것을) 부탁했으면 좋았을 텐데	

	인칭변화	의미	
3인칭 복수(ők/önök)	**kérték volna** [까-르떽- 볼너]	ők	그들이 (그것을) 부탁했으면 좋 았을 텐데
		önök	당신들이 (그것을) 부탁했으면 좋았을 텐데

예 **küld**[퓔드] 보내다

	인칭변화	의미	
1인칭 단수(én)	**küldtem volna** [퓔뗌 볼너]	내가 (그것을) 보냈으면 좋았을 텐데	
2인칭 단수(te)	**küldted volna** [퓔떼드 볼너]	네가 (그것을) 보냈으면 좋았을 텐데	
3인칭 단수(ő/ön)	**küldte volna** [퓔떼 볼너]	ő	그가 (그것을) 보냈으면 좋았을 텐데
		ön	당신이 (그것을) 보냈으면 좋았 을 텐데
1인칭 복수(mi)	**küldtük volna** [퓔뜩 볼너]	우리가 (그것을) 보냈으면 좋았을 텐데	
2인칭 복수(ti)	**küldtétek volna** [퓔띠-떽 볼너]	너희가 (그것을) 보냈으면 좋았을 텐데	
3인칭 복수(ők/önök)	**küldték volna** [퓔떽- 볼너]	ők	그들이 (그것을) 보냈으면 좋았 을 텐데
		önök	당신들이 (그것을) 보냈으면 좋 았을 텐데

2. 현재분사

현재분사는 동사에 ó 또는 ő를 붙여 사용하며 대부분의 경우에 능동적 의미를
가진다. ó는 후설모음동사에 붙이며 ő는 전설모음동사에 붙인다. 기능면에서는 대
부분의 경우에 뒤에 오는 명사를 수식하는 역할을 하지만 일부 현재분사는 명사화
되어 독립적으로 사용되는 단어들도 있다. 현재분사가 명사화되어 독립적으로 사
용되는 경우에는 독립된 표제어로 사전에 올라와 있다.

A. 현재분사가 명사를 수식하는 용례

tanuló diák : 공부하는 학생
érkező vendég : 도착하는 손님
ülő gyerek : 앉아있는 아이

B. 현재분사가 명사화 된 용례

tanuló : 학생, 견습생 (tanul: 공부하다, 배우다)
nevelő : 교육자, 양육자 (nevel: 교육하다, 양육하다)
szűrő : 여과기, 필터 (szűr: 여과하다, 거르다)

C. 불규칙 동사의 현재분사 형태

불규칙동사의 현재분사 형태는 동사마다 형태가 다르므로 따로 알아두어야 한다.

불규칙 동사	기본형	부사적 분사 형태	의미
tesz	tenni	tevő	(~을) 하는
vesz	venni	vevő	구매하는
visz	vinni	vivő	가져가는
hisz	hinni	hívő	믿는
van	lenni	levő	있는
eszik	enni	evő	먹는
iszik	inni	ivó	마시는
jön	jönni	jövő	오는
megy	menni	menő	가는
alszik	aludni	alvó	자는
fekszik	feküdni	fekvő	누워있는
lő	lőni	lövő	쏘는
nő	nőni	növő	자라는

불규칙동사의 경우에도 분사로 쓰이면서 동시에 명사화되어 독립적으로 쓰이기도 한다.

 A könyvet vevő diák magas. (현재분사로 쓰임)

(저 책을 사는 학생은 키가 크다.)

A vevő diák. (그 구매자는 학생이다.) (명사로 쓰임)

A szobában alvó férfi az apám.

(저 방에 자고 있는 남자는 나의 아빠다.) (현재분사로 쓰임)

Az alvó kövér. (저 자는 사람은 뚱뚱하다.) (명사로 쓰임)

3. 반복적인 습관을 나타내는 'szokott'

과거로부터의 반복적인 습관을 나타낼 때는 'szokik'의 과거형을 사용하며 동사는 infinitive형을 사용한다. 이때 'szokik'의 과거형은 일반 과거형에서와 동일하게 1변화와 2변화가 모두 사용되므로 유의한다.

A. 1변화의 용례

예 olvas[올버쉬] 읽다

	인칭변화	의미	
1인칭 단수(én)	szoktam olvasni [쏙떰 올버쉬니]	나는 읽곤 했었다	
2인칭 단수(te)	szoktál olvasni [쏙딸– 올버쉬니]	너는 읽곤 했었다	
3인칭 단수(ő/ön)	szokott olvasni [쏘꼬뜨 올버쉬니]	ő	그는 읽곤 했었다
		ön	당신은 읽곤 했었다
1인칭 복수(mi)	szoktunk olvasni [쏙뚱크 올버쉬니]	우리는 읽곤 했었다	
2인칭 복수(ti)	szoktatok olvasni [쏙떠똑 올버쉬니]	너희는 읽곤 했었다	
3인칭 복수(ők/önök)	szoktak olvasni [쏙떡 올버쉬니]	ők	그들은 읽곤 했었다
		önök	당신들은 읽곤 했었다

B. 2변화의 용례

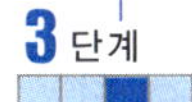 néz[니-즈] 보다

	인칭변화	의미	
1인칭 단수(én)	szoktam nézni a filmet [쏙떰 니-즈니 어 필름에뜨]	나는 그 영화를 보곤 했었다	
2인칭 단수(te)	szoktad nézni a filmet [쏙떠드 니-즈니 어 필름에뜨]	너는 그 영화를 보곤 했었다	
3인칭 단수(ő/ön)	szokta nézni a filmet [쏙떠 니-즈니 어 필름에뜨]	ő	그는 그 영화를 보곤 했었다
			ön	당신은 그 영화를 보곤 했었다
1인칭 복수(mi)	szoktuk nézni a filmet [쏙뚝 니-즈니 어 필름에뜨]	우리는 그 영화를 보곤 했었다	
2인칭 복수(ti)	szoktátok nézni a filmet [쏙따-똑 니-즈니 어 필름에뜨]	너희는 그 영화를 보곤 했었다	
3인칭 복수(ők/önök)	szokták nézni a filmet [쏙딱- 니-즈니 어 필름에뜨]	ők	그들은 그 영화를 보곤 했었다
			önök	당신들은 그 영화를 보곤 했었다

* 동사에 전철이 붙어있는 경우에는 szokott가 전철과 동사 사이에 위치한다.
   Andrea el szokta olvasni a folyóiratot.
   (언드레어는 그 잡지를 다 읽곤 했었다.)

3 단계

표 현 따 라 하 기

1969. július 26-án születtem Koreában.
에제르낄렌쯔싸-즈허뜨번낄렌쯔 율-리우쉬 후쏜허또디깐- 쐴에뗌 꼬레아-번

(나는 1969년 7월 26일에 한국에서 태어났다.)

Ha Magyarországon születtem volna, jobban beszélnék magyarul, mint
허 머저로르싸–곤　　쐴에뗌　　볼너　욥번　베씰–닉–　머저룰　　민뜨

most.
모쉬뜨

(내가 헝가리에서 태어났었다면 지금보다 헝가리어를 더 잘할 수 있을 텐데.)

Gyerekkoromban sok könyvet olvastam.
제렉꼬롬번　　　　속　꾀니베뜨　올버쉬떰

(어렸을 때 나는 책을 많이 읽었다.)

Ha nem tanár lettem volna, akkor író lettem volna.
허 넴　떠나–르 렏뗌　볼너　억꼬르 이–로– 레뗌 볼너

(내가 선생이 안 되었다면 아마도 작가가 되었을 거야.)

Mivel foglalkozik a férjed? (네 남편은 무슨 일을 해?)
미벨　포글럴꼬직　　어 피–리에드

Már tíz éve dolgozik egy áruházban.
마–르 띠–즈 이–베 돌고직　　에지 아–루–하–즈번

(벌서 그는 한 백화점에서 10년째 일하고 있어.)

형가리어로 말하기

▶ **회화 1**

Te mikor és hol születtél? (너는 언제 어디에서 태어났어?)
떼 미꼬르　이–쉬 홀 쐴엗띨–

1969. július 26-án születtem Koreában.
에제르낄렌쯔싸–즈허뜨번낄렌쯔 율–리우쉬 후쏜허또디깐– 쐴에뗌 꼬레아–번

(나는 1969년 7월 26일에 한국에서 태어났어.)

▶ **회화 2**

Ha te nem tanár lettél volna, akkor mi lettél volna?
허 떼 넴　떠나–르 레띨– 볼너　어꼬르 미 레띨– 볼너

(네가 만약 선생이 되지 않았다면 무엇이 되었을까?)

Ha nem tanár lettem volna, akkor író lettem volna.

허 넴 떠나-르 렏뗌 볼너 어꼬르 이-로- 레뗌 볼너

(나는 선생이 안 되었다면 작가가 되었을 거야.)

▶ 회화 3

Mivel foglalkozik a férjed? (네 남편은 무슨 일을 해?)

미벨 포글럴꼬직 어 피-리에드

A férjem üzletember. Egy áruházban dolgozik menedzscrként.

어 피-리엠 위즐레뜨엠베르 에지 아-루-하-즈번 돌고직 메니제르낀-뜨

(남편은 비즈니스맨이야. 백화점에서 매니저로 일해.)

▶ 회화 4

Hány éve dolgozik a férjed az áruházban?

하-니 이-베 돌고직 어 피-리에드 어즈 아-루-하-즈번

(네 남편은 그 백화점에서 몇 년째 일하고 있어?)

Már tíz éve dolgozik az áruházban.

마-르 띠-즈 이-베 돌고직 어즈 아-루-하-즈번

(벌서 그 백화점에서 10년째 일하고 있어.)

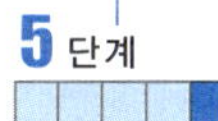

5 단계

함께 연습하기

1. 다음 동사를 조건법 과거 1변화로 인칭 변화 시키시오.

   1) tanul

   2) dolgozik

   3) lát

   4) olvas

   5) napozik

2. 다음 동사를 조건법 과거 2변화로 인칭 변화 시키시오.

   1) ébreszt

2) indít

3) kapcsol

4) néz

5) csomagol

3. 다음 동사의 현재 분사형을 쓰시오.

1) eszik

2) indul

3) hisz

4) fog

5) visz

4. 다음 문장을 헝가리어로 쓰시오.

1) 넌 언제 어디에서 태어났어?

2) 네가 만약 선생이 되지 않았다면 무엇이 되었을까?

3) 만약 내가 헝가리에서 태어났다면 지금보다는 헝가리어를 잘 할 텐데!

4) 네 남편은 무슨 일을 해?

5) 아마도 선생이 됐을 거야. 남편은 가르치는 것을 아주 좋아하거든.

와인의 왕, 왕의 와인 — 또꺼이 와인

　기후와 그 국민들의 음주 문화는 깊은 연관성을 가지고 있다. 헝가리가 속한 중부유럽의 경우에도 예외가 아니어서 북쪽에 위치한 폴란드에서는 주로 보드카를 많이 마시고 폴란드보다 아래에 위치한 체코에서는 주로 맥주를 많이 마신다. 그리고 위도상 좀 더 아래에 위치해 포도가 많이 생산되는 헝가리에서는 와인을 많이 마신다. 물론 와인 외에도 배, 서양자두 등 과일 증류주인 팔링커(pálinka)나 18세기 말 오스트리아 황제 요제프 2세의 주치의 츠바크가의 선조가 주군의 건강을 위해 제조했다고 전해지는 약술 우니쿰(Unicum) 역시 헝가리를 대표하는 술 중 하나이지만 그럼에도 불구하고 헝가리를 대표하는 술은 와인이며 와인 중에서도 토커이(tokaji) 와인을 최고로 꼽는다. 이 토커이 지방에서 나는 와인은 프랑스의 루이 14세가 퐁빠뚜 마담에게 권하면서 한 칭찬, 즉 포도주의 왕, 왕의 포도주(vinum renum, rex vinum)라는 말에서 유래하여 오늘 날에는 토커이 와인을 지칭하는 표현으로 굳어졌다. 이 토커이 와인이 한국에는 잘 알려져 있지 않지만 유럽에서는 최상급 품질의 와인으로 인식되고 있으며 생산량의 절반이 해외로 수출되고 있을 정도로 세계적으로 품질을 인정받고 있다.

　헝가리에는 모두 22곳의 와인 생산지가 있는데 다른 지역에서 생산되는 와인과는 달리 토커이에서 생산되는 와인은 귀부와인 혹은 아이스와인이라고 불리는 당도가 높고 캐러멜 빛이 나는 와인이다. 일반적으로 포도주는 맛, 색깔, CO_2의 유무, 알코올의 첨가 유무, 용도 등에 따라 다양하게 구분되지만 대부분이 잘 익은 싱싱한 포도로 와인을 담그는데 비해 토커이 와인은 서리를 맞고 어느 정도 포도 알갱이들이 말라 건조가 된 후에 수확하여 발효와 숙성 과정을 거치게 된다.

따라서 당도가 높아 디저트 와인으로 애용되며 포도가 어느 정도 건조 된 후에 수확하기 때문에 일반 와인에 비해 포도의 양이 많이 사용되어 가격 역시 상당히 비싼 편이다.

서리를 맞은 포도는 원액으로 사용되기도 하고 일반 와인과 섞어 숙성시켜 마시기도 하는데 원액을 '에센찌어'(esszencia)라고 부른다. 이 에센찌어는 과거에는 약국에서 팔았다. 그 이유는 서리를 맞은 포도 알은 건조되면서 갈라지고 갈라진 부분으로 세균이 침투하게 되고 포도는 이를 막기 위해 자체적으로 천연항생제를 분비하게 되는데 항생제가 개발되기 전에는 이 에센찌어를 항생제로 사용했기 때문이다. 이 에센찌어를 전년도에 만든 일반 와인과 혼합하기도 하는데 이 와인을 토커이 와인 중에서 가장 유명한 어쑤(aszú)라고 한다. 이 어쑤는 136.6 리터짜리 원목 저장 통에 든 전년도 일반 와인에 푸토니(puttony)라고 부르는 등에 지는 포도운반용 통으로 몇 개의 서리 맞은 포도를 넣느냐에 따라 3번, 4번, 5번, 6번으로 나뉘는데 숫자가 올라갈수록 포도 양이 많아 색깔이 진하고 당도도 높다.

Mikor fogsz visszamenni Koreába?

언제 한국에 돌아갈거니?

Orosz Andrea : Zsinil! Mikor fogsz visszamenni Koreába?
진일 미꼬르 포그쓰 빗써멘니 꼬레아-버

Yú Zsinil : Jövő hétfőn fogok visszamenni Koreába.
이외뵈- 히-뜨푄- 포곡 빗써멘니 꼬레아-버

Orosz Andrea : Sok magyar ajándékot vettél már?
쇽 머저르 어이안-디-꼬뜨 벧딜- 마-르

Yú Zsinil : Jaj, elfelejtettem ajándékot vásárolni! Andrea, pénteken
여이 엘펠에이뗄뗌 어이안-디-꼬뜨 바-샤-롤니 언드레어 뻰-떼껜

általában meddig vannak nyitva a boltok?
알-떨아-번 멛디그 번넉 니뜨버 어 볼똑

Orosz Andrea : 4 óráig biztos nyitva vannak.
니-지 오-라-이그 비스또쉬 니뜨버 번넉

Yú Zsinil : Jaj, de jó! Szerencsére van még időm. Andrea, mit csinál
여이 데 요- 쎄렌취-레 번 미그 이됨- 언드레어 미뜨 취날

Zoltán? Évek óta nem tudtam vele találkozni.
졸딴- 이-벡 오-떠 넴 뚣떰 벨레 떨알-꼬즈니

Egyetemen tanít?
에제뗌엔   떠니-뜨

Orosz Andrea : Igen, jelenleg a Kodolányi János Főiskolán tanít. Tavaly
이겐   옐엔레그   어 꼬돌아-니-   야-노쉬 푀-이쉬꼴안-   떠니-뜨 떠버이

nevezték ki professzornak.
네베스떽   끼   쁘로펫쏘르넉

Yú Zsinil : Szerencsés! Sajnos sokáig óraadó volt.
쎄렌취-쉬   셔이노쉬 쇼까-이그 오-러어도- 볼뜨

Orosz Andrea : Zsinil, van még teendőm a koreai-magyar szótárral
진일   번   미-그 떼엔됨-   어 꼬레어이 머저르   쏘-따-럴

kapcsolatban?
껍촐어뜨번

Yú Zsinil : A szótár már elkészült. Nincs már vele dolgod. Jövőre adják
어 쏘-따-르 마-르 엘끼-쐴뜨   닌취   마-르 벨레 돌고드   이외뵈-레 어작-

ki.
끼

Orosz Andrea : Nagyon kiváncsi vagyok, milyen lesz a szótár.
너존   끼반-취   버족   미-엔   레쓰 어 쏘-따-르

Yú Zsinil : Én is. Találkozzunk jövőre a nyári szünetben! Viszlát!
인- 이쉬 떨알-꼬중-크   이외뵈-레 어 냐-리 쒸네트벤   비쓰라-뜨

Orosz Andrea : Oké! Viszlát!
오끼- 비쓰라-뜨

오로스 언드레어 :	진일! 언제 한국에 돌아갈거니?
유진일 :	다음 주 월요일에 한국으로 갈 거야.
오로스 언드레어 :	헝가리 선물들은 많이 샀니?
유진일 :	아참, 선물 사는 것을 잊어 버렸네! 언드레어, 보통 가게들이 금요일에 몇 시까지 문을 열지?
오로스 언드레어 :	내 생각으로는 4시까지는 확실히 열거야.
유진일 :	야, 잘됐다! 다행히도 아직 시간이 있네. 언드레어 졸탄은 뭐해? 몇 년 전부터 못 만났거든. 대학교에서 가르쳐?
오로스 언드레어 :	응, 지금 꼬돌라니 야노쉬 대학에서 가르쳐. 작년에 교수로 임용됐어.
유진일 :	잘 됐다! 유감스럽게도, 오랫동안 강사였잖아.
오로스 언드레어 :	진일, 한국어-헝가리어 사전 관련해서 내가 더 할 일이 있어?
유진일 :	그 사전 작업은 이미 끝났어. 너는 더 이상 작업을 하지 않아도 돼. 내년에는 출판될 거거든.

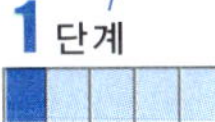

1 단계

단어 익히기

• áll	서있다
• csinál	하다
• elfelejt	잊어버리다
• kiad	출판하다
• nevez	임명하다
• nyitva van	열려있다, 개점상태다
• találkozik	만나다
• visszamegy	돌아가다
• ajándék	선물
• főiskola	전문대학
• idő	시간, 날씨
• kapcsolat	관계, 연결
• Korea	한국
• munka	일
• nyár	여름
• óraadó	시간강사
• professzor	교수
• szótár	사전
• szünet	방학, 휴식

• tavaly	작년(에)
• teendő	할 것
• általában	일반적으로
• biztos	확실히
• fog	할 것이다(미래조동사)
• jövő	다음의, 오는
• jövőre	내년에
• kész	끝난, 완성된
• kiváncsi	호기심 있는
• meddig	언제까지, 어디까지
• még	아직, 그밖에
• most	지금, 현재
• oké	오케이
• óta	… 이래로
• sajnos	유감스럽게도
• sokáig	오래 동안
• szerencsére	다행히, 운 좋게
• szerencsés	다행스러운, 운 좋은
• többet	더 이상(… 않다)
• Jaj, de jó!	야, 좋다!
• Viszlát!	안녕! Viszontlátásra의 준말

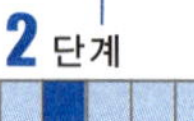

문법 배우기

1. 미래시제의 인칭변화

헝가리어의 미래시제는 동사원형 + fog(미래조동사)의 인칭변화로 나타낸다. 동사원형은 형태가 변하지 않으며 인칭변화를 시킬 때는 미래조동사 fog에 현재시제

인칭어미를 붙인다. 미래시제도 현재시제와 마찬가지로 1변화와 2변화가 존재한다.

A. 미래시제의 1변화

예 tanul[떠눌] 공부하다

	인칭변화	의미	
1인칭 단수(én)	tanul**ni fogok** [떠눌니 포곡]	나는 공부할 것이다	
2인칭 단수(te)	tanul**ni fogsz** [떠눌니 포그쓰]	너는 공부할 것이다	
3인칭 단수(ő/ön)	tanul**ni fog** [떠눌니 포그]	ő	그는 공부할 것이다
		ön	당신은 공부할 것이다
1인칭 복수(mi)	tanul**ni fogunk** [떠눌니 포궁크]	우리는 공부할 것이다	
2인칭 복수(ti)	tanul**ni fogtok** [떠눌니 포그똑]	너희는 공부할 것이다	
3인칭 복수(ők/önök)	tanul**ni fognak** [떠눌니 포그넉]	ők	그들은 공부할 것이다
		önök	당신들은 공부할 것이다

예 kér[끼-르] 부탁하다, 요청하다

	인칭변화	의미	
1인칭 단수(én)	kér**ni fogok** [끼-르니 포곡]	나는 부탁할 것이다	
2인칭 단수(te)	kér**ni fogsz** [끼-르니 포그쓰]	너는 부탁할 것이다	
3인칭 단수(ő/ön)	kér**ni fog** [끼-르니 포그]	ő	그는 부탁할 것이다
		ön	당신은 부탁할 것이다
1인칭 복수(mi)	kér**ni fogunk** [끼-르니 포궁크]	우리는 부탁할 것이다	
2인칭 복수(ti)	kér**ni fogtok** [끼-르니 포그똑]	너희는 부탁할 것이다	
3인칭 복수(ők/önök)	kér**ni fognak** [끼-르니 포그넉]	ők	그들은 부탁할 것이다
		önök	당신들은 부탁할 것이다

◉ **küld**[퓔드] 보내다

	인칭변화	의미	
1인칭 단수(én)	kü**deni fogok** [퓔데니 포곡]	나는 보낼 것이다	
2인칭 단수(te)	küld**eni fogsz** [퓔데니 포그쓰]	너는 보낼 것이다	
3인칭 단수(ő/ön)	küld**eni fog** [퓔데니 포그]	ő	그는 보낼 것이다
		ön	당신은 보낼 것이다
1인칭 복수(mi)	küld**eni fogunk** [퓔데니 포궁크]	우리는 보낼 것이다	
2인칭 복수(ti)	küld**eni fogtok** [퓔데니 포그똑]	너희는 보낼 것이다	
3인칭 복수(ők/önök)	küld**eni fognak** [퓔데니 포그넉]	ők	그들은 보낼 것이다
		önök	당신들은 보낼 것이다

B. 미래시제의 2변화

◉ **tanul**[떠눌] 공부하다

	인칭변화	의미	
1인칭 단수(én)	tanul**ni fogom** [떠눌니 포곰]	나는 (그것을) 공부할 것이다	
2인칭 단수(te)	tanul**ni fogod** [떠눌니 포고드]	너는 (그것을) 공부할 것이다	
3인칭 단수(ő/ön)	tanul**ni fogja** [떠눌니 포겨]	ő	그는 (그것을) 공부할 것이다
		ön	당신은 (그것을) 공부할 것이다
1인칭 복수(mi)	tanul**ni fogjuk** [떠눌니 포죾]	우리는 (그것을) 공부할 것이다	
2인칭 복수(ti)	tanul**ni fogjátok** [떠눌니 포갸-똑]	너희는 (그것을) 공부할 것이다	
3인칭 복수(ők/önök)	tanul**ni fogják** [떠눌니 포갹-]	ők	그들은 (그것을) 공부할 것이다
		önök	당신들은 (그것을) 공부할 것이다

예 kér[끼-르] 부탁하다, 요청하다

	인칭변화	의미	
1인칭 단수(én)	**kérni fogom** [끼-르니 포곰]	나는 (그것을) 부탁할 것이다	
2인칭 단수(te)	**kérni fogod** [끼-르니 포고드]	너는 (그것을) 부탁할 것이다	
3인칭 단수(ő/ön)	**kérni fogja** [끼-르니 포겨]	ő	그는 (그것을) 부탁할 것이다
		ön	당신은 (그것을) 부탁할 것이다
1인칭 복수(mi)	**kérni fogjuk** [끼-르니 포죽]	우리는 (그것을) 부탁할 것이다	
2인칭 복수(ti)	**kérni fogjátok** [끼-르니 포갸-똑]	너희는 (그것을) 부탁할 것이다	
3인칭 복수(ők/önök)	**kérni fogják** [끼-르니 포갹-]	ők	그들은 (그것을) 부탁할 것이다
		önök	당신들은 (그것을) 부탁할 것이다

예 küld[퀼드] 보내다

	인칭변화	의미	
1인칭 단수(én)	**küldeni fogom** [퀼데니 포곰]	나는 (그것을) 보낼 것이다	
2인칭 단수(te)	**küldeni fogod** [퀼데니 포고드]	너는 (그것을) 보낼 것이다	
3인칭 단수(ő/ön)	**küldeni fogja** [퀼데니 포겨]	ő	그는 (그것을) 보낼 것이다
		ön	당신은 (그것을) 보낼 것이다
1인칭 복수(mi)	**küldeni fogjuk** [퀼데니 포죽]	우리는 (그것을) 보낼 것이다	
2인칭 복수(ti)	**küldeni fogjátok** [퀼데니 포갸-똑]	너희는 (그것을) 보낼 것이다	
3인칭 복수(ők/önök)	**küldeni fogják** [퀼데니 포갹-]	ők	그들은 (그것을) 보낼 것이다
		önök	당신들은 (그것을) 보낼 것이다

C. 기타 미래 표현법

형가리어에서 미래시제는 동사원형 + fog(미래조동사)의 인칭변화로 나타내지만 문장 안에서 미래를 나타내는 부사와 함께 쓰일 때는 현재 동사를 사용하기도 한다.

> 예 **Holnap az iskolába megyek.** (나는 내일 학교에 갈 것이다.)

※ 미래를 나타내는 위의 두 가지 표현방법 중에서 미래조동사 fog를 사용하면 주어의 의지가 더 강하다.

D. 존재 동사 'van'의 미래시제

형가리어에서 존재동사 'van'은 '있다'와 '이다'의 두 가지 의미를 가지는데 이는 미래시제에서도 동일하다. 'van'의 미래시제는 '있을 것이다'와 '될 것이다'의 두 가지 의미를 가지며 형태는 다음과 같다.

	van의 미래형		의미
1인칭 단수(én)	leszek		나는 ~에 있을 것이다/~이 될 것이다
2인칭 단수(te)	leszel		너는 ~에 있을 것이다/~이 될 것이다
3인칭 단수(ő/ön)	lesz	ő	그는 ~에 있을 것이다/~이 될 것이다
		ön	당신은 ~에 있을 것이다/~이 될 것이다
1인칭 복수(mi)	leszünk		우리는 ~에 있을 것이다/~이 될 것이다
2인칭 복수(ti)	lesztek		너희는 ~에 있을 것이다/~이 될 것이다
3인칭 복수(ők/önök)	lesznek	ők	그들은 ~에 있을 것이다/~이 될 것이다
		önök	당신들은 ~에 있을 것이다/~이 될 것이다

> 예 **Holnap az iskolában leszek.** (나는 내일 학교에 있을 것이다.)
> **Egy év múlva tanár leszek.** (일 년이 지나면 나는 선생이 될 것이다.)

2. 미래분사

미래분사는 동사에 –andó 또는 –endő을 붙여 사용하는데 –andó는 후설모음 동사에 붙이며 –endő은 전설모음동사에 붙인다. 기능면에서는 대부분의 경우에 뒤에 오는 명사를 수식하는 역할을 하지만 일부 미래분사는 명사화 되어 독립적으로 사용되는 단어들도 있다. 그러나 미래분사는 현재분사나 과거분사처럼 광범위하게 사용되지는 않고 일부 동사들에 제한적으로 사용된다.

A. 미래분사가 명사를 수식하는 용례

olvasandó könyv : 읽을 책
elvégzendő munka : 할 일
jövendő világ : 다가올 세상

B. 미래분사가 명사화 된 용례

állandó : 정수(定數) (áll: 서다)
összeadandó : 가수(加數) (összead: 더하다)
osztandó : 분자 (oszt: 나누다)

3. 부사격조사 'vá/vé'

부사격조사 'vá/vé'는 '~로'의 의미를 가지는 격조사로 kinevez(임명하다), választ(선택하다), 바뀌다(válik) 등처럼 상태의 변화를 나타내는 동사들과 함께 쓰인다. 매우 제한된 단어들에 사용되며 'vá'는 후설모음으로 구성된 명사에, 'vé'는 전설모음으로 구성된 명사에 붙게 된다. 'vá/vé'가 붙은 명사가 자음으로 끝날 때에는 동화작용이 일어나게 된다.

A. 'vá/vé'의 사용 용례

학생들은 떠마쉬를 회장으로 선출했다.
Tamást elnökké választották a diákok.

표 현 따 라 하 기

Mikor fogsz visszamenni Koreába? (언제 한국에 돌아갈거니?)
미꼬르   포그스   비-써멘니   꼬레아-버

Jövő hétfőn fogok visszamenni Koreába.
이외뵈- 히-뜨푄- 포곡   비-써멘니   꼬레아-버

(다음 주 월요일에 한국으로 갈 거야.)

Pénteken általában meddig vannak nyitva a boltok?
쁜-떼껜   알-떨아-번   멛디그   번넉   니뜨버   어 볼똑

(보통 가게들이 금요일에 몇 시까지 문을 열지?)

Évek óta nem tudtam vele találkozni. (몇 년 전부터 못 만났거든.)
이-벡   오-떠 넴   뚣-떰   벨에 떨알-꼬즈니

Tavaly nevezték ki professzorrá. (그는 작년에 교수로 임용됐어.)
떠버이   네베스떽-   끼 쁘로페쏘-라-

Találkozzunk jövőre a nyári szünetben! (내년 여름 방학 때 만나자!)
떨알-꼬중-크   이외뵈-레 어 냐-리 쒸네뜨벤

헝 가 리 어 로   말 하 기

▶ 회화 1

Mikor fogsz visszamenni Koreába?
미꼬르   포그스   비-써멘니   꼬레아-버

(언제 한국에 돌아갈거니?)

Jövő hétfőn fogok visszamenni Koreába.
이외뵈- 히-뜨푄- 포곡   비-써멘니   꼬레아-버

(다음 주 월요일에 한국으로 갈 거야.)

▶ 회화 2

Sok magyar ajándékot vettél már?
속   머져르   어이안-디-꼬뜨 벧띨- 마-르

(형가리 선물들은 많이 샀니?)

Jaj, elfelejtettem ajándékot vásárolni!
여이, 엘펠에이뗀뗌   어이안-디-꼬뜨 바-샤-롤니

(아참, 선물 사는 것을 잊어 버렸네!)

▶ 회화 3

Pénteken általában meddig vannak nyitva a boltok?
뻰-떼껜   알-떨아-번 멛디그   번넉   니뜨버 어 볼똑

(보통 가게들이 금요일에 몇 시까지 문을 열지?)

4 óráig biztos nyitva vannak.
니-지 오-라-이그 비스또시 니뜨버 번넉

(4시까지는 확실히 열거야.)

5 단계

함께 연습하기

1. 다음 동사를 미래시제 1변화로 인칭 변화 시키시오.

   1) tanul

   2) dolgozik

   3) lát

   4) olvas

   5) napozik

2. 다음 동사를 미래시제 2변화로 인칭 변화 시키시오.

   1) ébreszt

   2) indít

   3) kapcsol

    4) néz

    5) csomagol

3. 다음 동사의 미래 분사형을 쓰시오.

    1) fizet

    2) elvégez

    3) megold

    4) kiszámít

    5) lesz

4. 다음 문장을 헝가리어로 쓰시오.

    1) 언제 한국에 돌아갈거니?

    2) 다음 주 월요일에 한국으로 갈 거야.

    3) 보통 가게들이 금요일에 몇 시까지 문을 열지?

    4) 그는 작년에 교수로 임용됐어.

    5) 그럼 내년 여름 방학 때 만나자!

헝가리의 세계유산

헝가리의 전체 인구는 약 1,000만 명이고 수도인 부다페스트의 인구는 약 180만 명이다. 면적은 약 93,000km^{2}로 남한의 면적과 비슷하다. 유럽의 중앙에 위치한 헝가리에는 많은 문화유산과 자연유산이 지정, 부존되고 있어 많은 관광객의 유입을 견인하고 있다. 현재 헝가리에 있는 세계 유산으로는 부다페스트(Budapest), 홀로쿼(Hollókő), 페르퇴 호수(Fertő tó), 펀논헐머(Pannonhalma)수도원, 토커이(Tokaj), 억텔렉(Aggtelek), 호르토바지(Hortobágy), 피치(Pécs) 등이 있다.

부다페스트는 구릉지로 구성된 부다 지역과 평지로 구성된 페스트로 이루어져 있는데 이 부다와 페스트 사이로 아름다운 다뉴브강이 흐른다. 약 2,800킬로미터의 다뉴브강이 지나는 도시 중에서 가장 아름다운 곳이 바로 이 부다페스트 구간이다. 구릉지와 평야, 그리고 강이 아름답게 조화를 이루고 있고 강 좌우에 아름다운 건축물들이 들어서 있어 1987년에 세계문화유산으로 지정되었다. 특히 다뉴브강 주변의 야경은 전 세계 도시 중에서 손꼽힐 정도로 아름답다. 홀로쿼 역시 1987년에 세계문화유산으로 지정되었는데 58체의 가옥으로 구성된 조그마한 마을이다. 이곳에는 중세시대부터 터키계 팔로츠인들이 그들의 전통의상을 입고 살아오고 있는데, 집집마다 그들의 전통의상을 입은 채 그들의 전통 수공예 업을 하며 살아가고 있다. 특히 마을 뒷산에는 13세기에 세워진 성의 폐허가 남아 있다. 억텔렉은 유럽 최대의 종유동굴이 있는 곳으로 카르스트 지형 지대이다. 길이가 25킬로미터에 달해 이웃나라 슬로바키아에까지 연결되어있다. 동굴 안에서는 기괴한 종유석들을 볼 수 있으며 중간 중간에 위치한 넓은 홀 안에서는 여름에도 시원해 콘서트나 문화행사들이 자주 열린다. 억텔렉은 1995년에 세계자연유산으로 지정되었다. 펀논헐머 수도원은 996년에 착공하고 1002년에 완공되었으며 1900년도 초까지 증 개축되었다. 이 수도원은 체코에서 파견된 베네딕트 수도사들이 머물며 기독교 전파에 커다란 역할을 한 곳이다. 수도원 안에는 36만권의 고서들이 보관되어있는데 헝가리어로 기록된 최초의 문헌도 이곳에 보관되어 있다. 1996년에 세계문화유산으로 지정된 펀논헐머 수도원 안에는 현재 고등학교가 운영되고 있다. 호르토바지는 헝가리 동부에 펼쳐진 대평원으로 1999년에 세계유산으로 등록되었다. 현재 국립공원으로 조성되어 있는데 뿔이 굽은 희귀한 산양이나 유럽의 다른 지역에서는 거의 찾아볼 수 없는 회색소, 야생마 등 희귀한 동물과 조류들이 서식하고 있다. 이곳에서는 거의 매일 말 쇼가 펼쳐져 방문객들의 눈을 사로잡는다. 페르퇴 호수 지역은 오스트리아와 헝가리 국경 근처에 위치하고 있는데 이 호수 주변은 기원전에서부터 서로 다른 문화교류의 중심지로 2001년에 지정되었다. 특히 이 근처에는 전 유럽에서 명성을 떨쳤던 귀족가문 에스테르하지 집안의 궁전이 위치해 있으며 사회주의 붕괴를 전후해서는 서유럽으로의 탈출로 이기도 했다. 헝가리 와인을 대표하는 토커이 와인의 산지인 토커이 지역 역시 2002년에 세계유산으로 지정되었다. 16세기부터 와인을 생산해 온 이 토커이에서는 매년 10월이면 세계적인 와인 페스티발이 열리고 있다. 특히 식당마다 자신들의 와인저장고를 가지고 있어 집집마다 맛과 향이 다른 다양한 와인들을 맛볼 수 있다. 피치는 2012년에 유럽의 문화수도로 지정되었을 정도로 아름다운 문화를 간직하고 있다. 1642년부터 약 150년간 오스만터키의 지배를 받기도 하여 현재도 이슬람문화와 기독교 문화가 잘 조화를 이루며 살아가는 도시이다. 특히 피치에는 헝가리를 대표하는 도자기 중 하나인 졸너이 도자기 공장과 헝가리의 천재 화가 촌트바리 박물관이 위치해 있다. 피치는 2006년에 세계문화유산으로 지정되었다.

부 록

1. 인칭대명사

형가리어에서 존칭 인칭대명사는 3인칭으로 취급된다. 따라서 문장에서 존칭 인칭대명사 ön이나 önök이 주어이면 동사는 3인칭 동사를 사용해야 한다.

	단수		복수	
1인칭	én[인]	나는	mi[미]	우리는
2인칭	te[떼]	너는	ti[띠]	너희는
3인칭	ő[외-]	그(녀)는	ők[외-크]	그(녀)들은
존칭	ön[왼]	당신은	önök[왼외크]	당신들은

2. 관사

정관사에는 a와 az가 있으며 부정관사로는 egy가 사용된다. 정관사에서 a는 자음으로 시작되는 명사에 붙게 되며 az는 모음으로 시작되는 명사에 붙는다. 형가리어 동사의 인칭변화에는 1변화형과 2변화형이 있는데 정관사가 붙어 있는 명사가 목적어일 경우에는 반드시 2변화형을 취한다.

3. 현재 1변화의 인칭변화

형가리어 동사의 인칭변화는 동사 어간에 인칭어미를 붙이게 된다.

	후설모음 동사	전설모음 동사	원순모음 동사
1인칭 단수(én)	ok	ek	ök
2인칭 단수(te)		sz	
3인칭 단수(ő/ön)			
1인칭 복수(mi)	unk	ünk	
2인칭 복수(ti)	tok	tek	tök
3인칭 복수(ők/önök)	nak	nek	

- 동사가 ik로 끝나면 1인칭 어미를 ok, ek, ök를 쓰지 않고 om, em, öm을 쓴다. 이때 ik 는 빼고 인칭변화를 시키지만 3인칭 단수에는 ik가 그대로 남아있다.
- 동사가 s, sz, z로 끝나면 2인칭 단수 인칭어미는 sz를 쓰지 않고 ol, el, öl을 쓴다.
- ik동사이면서 동시에 치음(s, sz, z)으로 끝나는 동사(ik는 제외)인 경우에는 1인칭 단수 인칭어미는 om, em, öm을 쓰고 2인칭 단수 인칭어미는 ol, el, öl을 쓴다.
- 두 개의 자음이나 ít로 끝나는 동사는 인칭어미가 자음으로 시작되는 2인칭 단수, 2인칭 복수, 3인칭 복수의 경우에 발음을 쉽게 하기 위해 삽입모음이 들어간다. 2인칭 단수와 3 인칭 복수의 경우에는 a, e 중 하나의 매개모음이 들어가고 2인칭 복수의 경우에는 o, e, ö 중 하나의 모음이 들어간다.
- van, jön, megy 동사는 불규칙하게 인칭변화를 한다. 자주 사용되는 동사이므로 반드시 알아두어야 한다. (van은 '있다'와 '이다' 두 가지 의미로 사용되지만 문장 내에서 '이다' 의 의미로 사용될 때는 3인칭에는 생략한다.)

4. 조동사 'tud'

　tud가 일반 동사 일 때는 '알다'의 의미이지만 조동사 일 때는 '할 수 있다'의 의미로 쓰인 다. tud가 조동사 일 때는 일반 동사와 함께 쓰이는데 이때 일반 동사는 반드시 원형 (infinitive) 형태가 온다. 헝가리어 규칙 동사의 원형은 동사의 현재 1변화 3인칭 단수 형태 에 ni를 붙인 형태이다. 그러나 불규칙 동사의 원형 형태는 동사마다 다르므로 따로 알아두어 야 한다.

현재 1변화 3인칭 단수 형태	의미	원형
van	있다	lenni
megy	가다	menni
jön	오다	jönni
tesz	하다, 두다	tenni
vesz	사다, 잡다	venni
visz	가져가다	vinni
hisz	믿다	hinni
lesz	되다	lenni
eszik	먹다	enni
iszik	마시다	inni

현재 1변화 3인칭 단수 형태	의미	원형
alszik	자다	aludni
fekszik	눕다	feküdni
haragszik	화내다	haragudni

5. 격조사 'val/vel'

격조사 val/vel은 명사에 붙게 되는데 사람에 붙게 되면 '~와'의 의미를 가지며 사물에 붙게 되면 '~을 가지고', '~으로'의 의미를 갖는다, 그리고 교통수단에 붙게 되면 '~을 타고'의 의미를 갖는다. 명사가 모음으로 끝나면 val/vel을 그대로 붙인다. (단 a, e로 끝날 경우에는 장모음화(á, é) 한 후 붙인다) 명사가 자음으로 끝나면 val/vel의 v가 그 자음으로 동화된다.

6. 격어미 'ig'

격어미 ig는 공간과 함께 쓰이면 '~까지'의 의미를 지니며 시간과 함께 쓰이면 '~까지' 또는 '~동안'의 의미를 갖는다. 모음으로 끝나든 자음으로 끝나든 그대로 ig를 붙이지만 a, e로 끝날 때는 장모음화(á, é)시킨 후 붙인다.

7. 복수형

- 명사나 대명사가 모음으로 끝나면 −k만 붙인다. 단 a, e로 끝날 경우에는 장모음화(á, é)시키고 −k를 붙인다. 자음으로 끝나는 경우에는 발음을 원활히 하기 위해 삽입모음 o, e, ö을 붙인다. 후설모음으로 구성된 단어에는 o를, 전설모음으로 구성된 단어에는 e를, 그리고 원순모음으로 구성된 단어에는 ö을 붙인다. 후설모음으로 이루어진 단어의 경우에는 예외적으로 o대신 a가 들어가는 경우도 있다.
- 형용사의 경우에도 명사나 대명사처럼 모음으로 끝나면 −k만 붙인다. 형용사가 a, e로 끝날 경우에도 역시 장모음화(á, é) 시키고 −k를 붙인다. 자음으로 끝나는 경우에는 발음을 원활히 하기 위해 삽입모음 a, e를 붙인다. 후설모음으로 구성된 단어에는 a를, 전설모음으로 구성된 단어에는 e를 붙인다.
- 일부 명사와 형용사의 복수형은 규칙에서 벗어나거나 불규칙하게 변하는 경우도 있다. 이런 경우에는 사전에 표기되어 있으므로 사전을 참조한다.

8. 목적격

- 헝가리어에서는 목적격을 만들 때 어미 t를 붙인다. 목적격 어미 t는 명사와 형용사에 붙인다.
- 모음으로 끝나는 명사나 형용사를 목적격으로 만들 때는 t만 붙인다. 단 a, e로 끝날 때는 장모음화 하고 t를 붙인다.
- 명사가 자음으로 끝날 때는 발음을 쉽게 하기 위해 매개모음 o, e, ö 중 하나를 넣고 t를 붙인다. 단 명사가 j, l, ly, n, ny, r, s, sz, z, zs로 끝나면 모음으로 끝날 때처럼 t만 붙인다. (예외도 있다)
- 형용사가 자음으로 끝날 때는 발음을 쉽게 하기 위해 삽입모음 a, e 중 하나를 넣고 t를 붙인다.

9. 수사

A. 기수

0	nulla[눌러]	5	öt[외뜨]
1	egy[에지]	6	hat[허뜨]
2	két[끼-뜨], kettő[껟뙤-]	7	hét[히-뜨]
3	három[하-롬]	8	nyolc[뇰쯔]
4	négy[니-지]	9	kilenc[낄엔쯔]

* 2의 경우 두 가지 형태가 있는데 két는 뒤에 오는 명사를 수식할 때 쓰이며 kettő는 술어 역할을 할 때 쓰인다. 나머지 숫자들은 수식어와 술어 형태가 동일하다.

10	tíz[띠-즈]	11	tizenegy[띠젠 에지]
20	húsz[후-쓰]	21	huszonegy[후쏜 에지]
30	harminc [허르민쯔]	31	harmincegy [허르민쯔 에지]
40	negyven[네지벤]	41	negyvenegy[네지벤 에지]
50	ötven[외뜨벤]	51	ötvenegy[외뜨벤 에지]
60	hatvan[허뜨번]	61	hatvanegy[허뜨번 에지]
70	hetven[헤뜨벤]	71	hetvenegy[헤뜨벤 에지]

80	nyolcvan[뇰쯔번]	81	nyolcvanegy [뇰쯔번 에지]
90	kilencven[낄엔쯔벤]	91	kilencvenegy [낄엔쯔벤 에지]
100	száz[싸-즈]	101	százegy[싸-즈 에지]
1 000	ezer[에제르]	1 001	ezeregy[에제르 에지]
10 000	tízezer [띠-즈에제르]	10 001	tízezer-egy [띠-즈에제르 에지]
100 000	százezer [싸-즈에제르]	100 001	százezer-egy [싸-즈에제르 에지]
1 000 000	egymillió [에지밀리오-]	1 000 001	egymillió-egy [에지밀리오- 에지]
10 000 000	tízmillió [띠-즈밀리오-]	10 000 001	tízmillió-egy [띠-즈밀리오- 에지]
100 000 000	százmillió [싸-즈밀리오-]	100 000 001	százmillió-egy [싸-즈밀리오- 에지]
1 000 000 000	egymilliárd [에지밀리아-르드]	1 000 000 001	egymilliárd-egy [에지밀리아-르드 에지]

B. 서수

1.	első[엘쇠-]	6.	hatodik[허또딕]
2.	második[마-쇼딕]	7.	hetedik[헤떼딕]
3.	harmadik[허르머딕]	8.	nyolcadik[뇰쩌딕]
4.	negyedik[네제딕]	9.	kilencedik[낄엔쩨딕]
5.	ötödik[외퇴딕]	10.	tizedik[띠제딕]

* 헝가리어에서는 서수의 경우 기수와 구별하기 위해 숫자 다음에 점을 찍는다.

10.	tizedik[띠제딕]	11.	tizenegyedik [띠젠에제딕]
20.	huszadik[후써딕]	21.	huszonegyedik [후쏜에제딕]
30.	harmincadik [허르민쩌딕]	31.	harmincegyedik [허르민쯔에제딕]

40.	negyvenedik [네지베네딕]	41.	negyvenegyedik [네지벤에제딕]
50.	ötvenedik [외뜨베네딕]	51.	ötvenegyedik [외뜨벤에제딕]
60.	hatvanadik [허뜨버너딕]	61.	hatvanegyedik [허뜨번에제딕]
70.	hetvenedik [헤뜨베네딕]	71.	hetvenegyedik [헤뜨벤에제딕]
80.	nyolcvanadik [뇰쯔버너딕]	81.	nyolcvanegyedik [뇰쯔번에제딕]
90.	kilencvenedik [낄렌쯔베네딕]	91.	kilencvenegyedik [낄렌쯔벤에제딕]
100.	századik [싸ー저딕]	101.	százegyedik [싸ー즈에제딕]
1 000.	ezredik [에즈레딕]	1 001.	ezeregyedik [에제르 에제딕]
10 000.	tízezredik [띠ー즈에즈레딕]	10 001.	tízezer-egyedik [띠ー즈에제르 에제딕]
100 000.	százezredik [싸ー즈에즈레딕]	100 001.	százezer-egyedik [싸ー즈에제르 에제딕]
1 000 000.	egymilliomodik [에지밀리오모딕]	1 000 001.	egymillió-egyedik [에지밀리오ー 에제딕]
10 000 000.	tízmilliomodik [띠ー즈밀리오모딕]	10 000 001.	tízmillió-egyedik [띠ー즈밀리오ー 에제딕]
100 000 000.	százmilliomodik [싸ー즈밀리오모딕]	100 000 001.	százmillió-egyedik [싸ー즈밀리오ー 에제딕]
1 000 000 000.	egymilliárdadik [에지밀리아ー르더딕]	1 000 000 001.	egymilliárd-egyedik [에지밀리아ー르드 에제딕]

10. '가능'을 나타내는 파생어미 hat/het

동사 어간에 '가능'을 의미하는 파생어미 hat/het를 붙여 행위의 가능을 나타낸다. 후설모음 동사에는 hat를 붙이고 전설모음 동사에는 het를 붙인다. 인칭어미는 hat/het 다음에 온다.

11. '장소'를 나타내는 부사

itt[읻뜨]	여기에
ott[옫뜨]	저기에, 거기에
ide[이데]	여기로
oda[오더]	저기로, 거기로
innen[인넨]	여기로부터
onnan[온넌]	서기로부터, 거기로부터

12. 동사 인칭변화의 1변화와 2변화

형가리어 동사 인칭변화에는 1변화형과 2변화형 두 가지가 있다. 따라서 동사를 인칭변화 시킬 때에는 문장에서 1변화인지 2변화인지를 확인해야 한다. 이러한 구분은 동사의 현재 인칭변화뿐만 아니라 과거형, 미래형, 명령법, 조건법 등에 모두 해당된다.

A. 1변화

문장 내에서 동사가 목적어를 필요로 하지 않는 자동사인 경우에는 항상 1변화이다. 또 동사가 타동사라 할지라도 2변화에 속하지 않는 경우에는 모두 1변화로 인칭변화 한다. 따라서 2변화의 조건을 알아두고 그 조건에 속하지 않는 경우에는 1변화로 인칭변화 시킨다.

B. 2변화

문장 내에서 동사가 타동사이면서 아래 조건에 해당되면 2변화로 인칭변화 한다.

a) 목적어에 정관사가 있는 경우(a, az)

b) 목적어가 고유명사인 경우

c) 목적어가 3인칭 대명사인 경우(őt, önt, őket, önöket)

d) 목적어가 지시대명사인 경우(ezt, azt 등)

e) 목적어에 소유격 어미가 포함되어 있는 경우

f) 목적어가 종속문이나 인용문 전체인 경우

g) 목적어가 재귀대명사인 경우(magam, magad, maga, magunk, magatok, maguk)

h) 목적어가 다음의 단어들인 경우(egymást, mindet, melyiket, amelyiket)

13. 현재 2변화의 인칭변화

위에서 살펴본 2변화 조건에 해당되는 경우에는 동사의 인칭변화 시 1변화와는 달리 다음
의 어미들을 붙여 인칭변화 시킨다.

	후설모음 동사	전설모음 동사	원순모음 동사
1인칭 단수(én)	om	em	öm
2인칭 단수(te)	od	ed	öd
3인칭 단수(ő/őn)	ja	i	
1인칭 복수(mi)	juk	jük	
2인칭 복수(ti)	játok	itek	
3인칭 복수(ők/önök)	ják	ik	

14. 처소격조사

처소격조사는 안 처소격조사, 위 처소격조사, 옆 처소격조사로 나누어지며 각 처소격조사
는 다시 정지를 나타내는 처소격조사와 이동을 나타내는 처소격조사로 나눌 수 있다.

	정지	이동	
		접근	이탈
안 처소격조사	-ban/-ben (~안에)	-ba/-be (~안으로)	-ból/-ből (~안으로부터)
위 처소격조사	-n/-on/-en/-ön (~위에)	-ra/-re (~위로)	-ról/-ről (~위로부터)
옆 처소격조사	-nál/-nél (~옆에)	-hoz/-hez/-höz (~옆으로)	-tól/-től (~옆으로부터)

15. közel, messze 구문

közel(가깝게) 부사 뒤에 -hoz/-hez를 붙여 '~에 가깝다'의 의미를 나타내며 messze(멀
리) 부사 뒤에는 -tól/-től을 붙여 '~에서 멀다'의 의미를 나타낸다. 명사가 a, e로 끝나면
장모음화 한 후 붙인다.

16. 시간을 나타내는 후치사

시간을 나타내는 후치사에는 elött(~ 전에), után(~ 후에), alatt(~ 동안에, ~ 중에), óta(~ 이래로), múlva(~ 지난 후에) 등이 있다.

17. 장소를 나타내는 후치사

장소를 나타내는 후치사로는 앞, 뒤, 옆, 위, 밑, 사이, 주변, 쪽 등이 있다. 위를 나타내는 후치사와 옆을 나타내는 후치사는 처소격조사에도 동일하게 존재하는데 장소후치사와 처소격조사의 차이점은 장소후치사는 사람이나 사물이 서로 떨어져 있는 상태를 나타내는 반면 처소격조사는 서로 붙어 있는 상태를 나타낸다. 또 장소후치사는 문장에서 독립적으로 쓰이는 반면 처소격조사는 독립적으로 쓰이지 못하고 명사나 대명사에 붙어서 쓰인다.

	정지	이동	
		접근	이탈
앞	elött (~ 앞에)	elé (~ 앞으로)	elöl (~ 앞으로부터)
뒤	mögött (~ 뒤에)	mögé (~ 뒤로)	mögül (~ 뒤로부터)
옆	mellett (~ 옆에)	mellé (~ 옆으로)	mellöl (~ 옆으로부터)
위	felett/fölött (~ 위에)	fölé (~ 위로)	fölül (~ 위로부터)
밑	alatt (~ 밑에)	alá (~ 밑으로)	alól (~ 밑으로부터)
사이	között (~ 사이에)	közé (~ 사이로)	közül (~ 사이로부터)
주변	körül (~ 주변에)	köré (~ 주변으로)	
쪽(방향)		felé (~ 쪽으로)	felöl (~ 쪽으로부터)

18. 과거형 기호소(jel)

형가리어에서 동사의 인칭변화는 항상 동사어간+기호소+인칭어미로 구성된다. 따라서 과거형, 명령법, 조건법 등으로 동사를 인칭변화 시킬 때는 항상 이러한 순서로 인칭변화 시켜야 한다. 그러나 앞에서 배운 동사의 현재 인칭변화에서는 기호소를 붙이지 않았는데 그 이유는 현재에서만 유일하게 기호소를 생략하기 때문이다. 과거형 기호소에는 T형, TT형, T/TT형 세 가지로 나누어진다. 따라서 동사의 과거형을 인칭변화 시킬 때에는 항상 동사어간에 세 가지 기호소 중 어느 것을 붙여야 할지를 확정하고 그 후에 인칭어미를 붙인다.

A. T형 기호소

인칭이나 단수, 복수에 상관없이 기호소로 항상 t를 붙인다. T형 기호소를 넣는 경우는 두 가지 경우인데 첫째, 동사가(ik동사는 ik제외) j, l, n, r 등으로 끝나는 경우. 둘째, ad나 ed로 끝나는 2음절 동사의 경우이다.

B. TT형 기호소

인칭이나 단수, 복수에 상관없이 기호소로 항상 ott, ett, ött를 붙인다. ott는 후설모음 동사에, ett는 전설모음 동사에, 그리고 ött는 원순모음 동사에 붙인다. 이때 o, e, ö는 삽입모음으로 발음을 원활하게 하기 위한 역할을 한다. TT형 기호소를 넣는 경우 역시 두 가지로 첫째, 동사가(ik동사는 ik제외) 두 개의 자음, 또는 it/ít로 끝나는 경우. 둘째, t로 끝나는 1음절 동사의 경우이다.

C. T/TT형 기호소

형가리어 동사의 대부분이 이 T/TT형 동사에 속하는데, T형과 TT형에 속하지 않는 동사들이다. T/TT형 동사는 1변화 3인칭단수에만 ott, ett, ött를 붙이고 나머지 인칭들은 모두 t를 붙인다. 이때도 ott는 후설모음 동사에, ett는 전설모음 동사에, 그리고 ött는 원순모음 동사에 붙인다.

19. 과거 1변화의 인칭변화

형가리어에서는 현재 1변화, 현재 2변화, 과거 1변화, 과거 2변화, 명령 1변화, 명령 2변화, 가정 1변화, 가정 2변화의 어미가 모두 다르다. 따라서 형가리어를 정확히 구사하기 위해서는 이들 인칭어미들을 명확히 구분할 수 있어야 한다.

	후설모음 동사	전설모음 동사(원순모음 동사 포함)
1인칭 단수	am	em
2인칭 단수	ál	él
3인칭 단수		
1인칭 복수	unk	ünk
2인칭 복수	atok	etek
3인칭 복수	ak	ek

20. 국명과 지명에 연결되는 처소격조사

국명과 지명에 처소격조사가 연결될 때는 안 처소격조사(-ban/-ben, -ba/-be, -ból/-ből)와 위 처소격조사(-n/-on/-en/-ön, ra/re, ról/ről)가 연결된다.

A. 외국의 국명과 지명

헝가리를 제외한 외국의 국명과 지명에는 안 처소격조사(-ban/-ben, -ba/-be, -ból/-ből)를 붙인다. 이때 국명이나 지명이 a, e 모음으로 끝나면 장모음화 한 후에 붙인다.

B. i, j, m, n, ny로 끝나는 헝가리 지명

헝가리 지명 중 i, j, m, n, ny로 끝나는 지명은 안 처소격조사(-ban/-ben, -ba/-be, -ból/-ből)를 붙인다. 이때 지명이 a, e 모음으로 끝나면 장모음화 한 후에 붙인다. Eger와 Győr도 예외적으로 안 처소격조사를 붙인다.

C. 헝가리 국명과 B에 속하지 않는 헝가리 지명

헝가리 국명과 B에 속하지 않는 헝가리 지명에는 위 처소격조사(-n/-on/-en/-ön, ra/re, ról/ről)를 붙인다.

21. 동사의 인칭어미 -lak/-lek

동사의 인칭변화 시 주어가 1인칭 단수이고 목적어가 2인칭 단수나 복수인 경우 특별한 인칭어미 -lak/-lek를 붙인다. 이때 동사가 두 개의 자음이나 ít로 끝나는 경우에는 삽입모음 a 또는 e가 삽입된다.

22. 과거 2변화의 인칭변화

과거도 현재와 마찬가지로 2변화요건에 해당하는 경우에는 반드시 2변화형으로 인칭변화 시켜야 한다. 과거 2변화의 인칭어미는 다음과 같다. 과거 1변화의 인칭어미와 인칭에 따라 같은 어미도 있고 비슷하지만 약간 다른 어미들도 있으므로 정확히 구분하여 인칭변화 시켜야 한다.

	후설모음 동사	전설모음 동사(원순모음 동사 포함)
1인칭 단수	am	em
2인칭 단수	ad	ed
3인칭 단수	a	e
1인칭 복수	uk	ük
2인칭 복수	átok	étek
3인칭 복수	ák	ék

23. 비인칭 동사 kell

'누구는 무엇을 해야 한다' 표현을 헝가리어에서는 '누구에게는 무엇을 하는 것이 필요하다' 라는 구조로 표현한다. 이때 사용되는 비인칭 동사가 **kell**(필요하다)이다. 한국어와는 표현 방식이 다르므로 숙지하여야 한다.

인칭	형태	의미
1인칭 단수(én)	nekem[네껨]	나에게는
2인칭 단수(te)	neked[네께드]	너에게는
3인칭 단수(ő)	neki[네끼]	그에게는
1인칭 복수(mi)	nekünk[네낑크]	우리에게는
2인칭 복수(ti)	nektek[넥떼]	너희에게는
3인칭 복수(ők)	nekik[네끽]	그들에게는

	후설모음동사	전설모음동사	원순모음동사
1인칭 단수	-nom	-nem	-nöm
2인칭 단수	-nod	-ned	-nöd
3인칭 단수	-nia	-nie	
1인칭 복수	-nunk	-nünk	
2인칭 복수	-notok	-netek	-nötök
3인칭 복수	-niuk	-niük	

24. 불규칙 동사의 과거 인칭변화

불규칙동사들의 경우 과거형을 만들 때 어간의 형태가 달라지므로 유의해야 한다. 다음 불규칙 동사들의 과거형 어간 형태는 반드시 알아두어야 한다.

현재 1변화 3인칭 단수 형태	의미	원형	과거형 어간	
			1변화3인칭단수	기타 인칭
van	있다	lenni	volt(-)	
megy	가다	menni	ment(-)	
jön	오다	jönni	jött(-)	
nő	자라다	nőni	nőtt(-)	
lő	쏘다	lőni	lőtt(-)	
fő	삶다, 끓이다	főni	főtt(-)	
tesz	하다, 두다	tenni	tett(-)	
vesz	사다, 잡다	venni	vett(-)	
visz	가져가다	vinni	vitt(-)	
hisz	믿다	hinni	hitt(-)	
lesz	되다	lenni	lett(-)	
alszik	자다	aludni	aludt(-)	
fekszik	눕다	feküdni	feküdt(-)	
haragszik	화내다	haragudni	haragudott	haragudt-
iszik	마시다	inni	ivott	itt-
eszik	먹다	enni	evett	ett-

25. 종속 접속사 hogy

　헝가리어에서 가장 일반적으로 사용되는 종속접속사는 hogy이다. 이 hogy로 연결되는 종속절은 주어, 목적어, 부사 역할을 한다.

26. 소유관계 표현 (소유물이 단수인 경우)

　헝가리어에서 소유관계의 표현은 크게 소유물이 단수일 때와 복수일 때로 나뉘며 그 각각의 경우는 소유자가 인칭대명사인 경우와 일반명사인 경우로 나누어진다. 이 때 소유관계를 나타내는 방식이 서로 다르므로 정확하게 구분하여 학습하여야 한다.

A. 소유자가 인칭대명사인 경우

　소유자가 인칭대명사인 경우의 소유관계 표현은 정관사, 소유자(인칭대명사), 소유물의 순서로 오며 소유물에 소유 인칭어미를 붙여 소유자와 소유물의 관계를 구분한다. 이 때 소유물에 붙은 소유 인칭어미를 통해 소유자를 알 수 있기 때문에 강조되는 경우를 제외하고는 소유자(인칭대명사)를 생략한다. 단 존칭의 경우에는 의미의 혼돈을 방지하기 위해 소유자(인칭대명사)를 생략하지 않는다.

a) 소유물이 모음으로 끝나는 경우의 소유 인칭어미

소유자	소유 인칭 어미		
	후설모음 명사	전설모음 명사	원순모음 명사
1인칭 단수(én)	-m		
2인칭 단수(te)	-d		
3인칭 단수(ő/ön)	-ja	-je	
1인칭 복수(mi)	-nk		
2인칭 복수(ti)	-tok	-tek	-tök
3인칭 복수(ők)	-juk	-jük	

b) 소유물이 자음으로 끝나는 경우의 소유 인칭어미

소유자	소유 인칭 어미		
	후설모음 명사	전설모음 명사	원순모음 명사
1인칭 단수(én)	-om	-em	-öm
2인칭 단수(te)	-od	-ed	-öd
3인칭 단수(ő/ön)	-a	-e	
1인칭 복수(mi)	-unk	-ünk	
2인칭 복수(ti)	-otok	-etek	-ötök
3인칭 복수(ők)	-uk	-ük	

- 소유물이 자음으로 끝나는 경우의 소유 인칭어미들은 발음의 원활함을 위해 모음으로 시작된다.
- 소유물이 tár나 ház 등으로 끝나는 합성어의 경우 1인칭단수, 2인칭단수, 2인칭복수에서 소유 인칭어미에 있는 모음 o대신에 a를 사용한다.
- 자음으로 끝나는 명사 중에서 p, t, k로 끝나는 상당수의 명사와 기타 예외의 경우(사전에 표시됨)에는 3인칭 단수, 복수 소유 인칭어미를 모음으로 끝나는 경우와 동일하게 –ja/–je와 –juk/–jük를 붙인다.

B. 소유자가 일반명사인 경우

소유자가 일반명사인 경우의 소유관계 표현은 정관사, 소유자(일반명사), 정관사, 소유물의 순서로 온다. 이 때 소유자에 nak/nek을 붙이고 소유물에 3인칭단수 소유 인칭어미를 붙여 소유 관계를 나타낸다. 그러나 nak/nek과 그 다음에 오는 정관사는 둘 다 생략할 수 있다. 소유물에 붙이는 3인칭단수 소유 인칭어미는 소유자가 인칭대명사일 때의 3인칭단수 소유 인칭어미와 동일하다.

a) 소유물이 모음으로 끝나는 경우

소유물이 모음으로 끝나는 경우에는 소유자가 인칭대명사일 때 소유물이 모음으로 끝나는 경우의 3인칭단수 소유 인칭어미 ja/je를 소유물에 붙인다.

b) 소유물이 자음으로 끝나는 경우

소유물이 자음으로 끝나는 경우에는 소유자가 인칭대명사일 때 소유물이 자음으로 끝나는 경우의 3인칭단수 소유 인칭어미 a/e를 소유물에 붙인다.

• 자음으로 끝나는 명사 중에서 p, t, k로 끝나는 상당수의 명사와 기타 예외의 경우(사전에 표시됨)에는 3인칭단수 소유 인칭어미를 모음으로 끝나는 경우와 동일하게 -ja/-je를 붙인다. (nap, kert, diák, csomag, film, föld, újság, nadrág, telefon, bőrönd 등)

27. 관계대명사

관계대명사는 두 개의 문장을 하나의 문장으로 만들 때 반복되는 단어를 대치하는 과정에서 생겨난다. 헝가리어에서 관계대명사는 aki, amely, ami, amelyik 등이 사용되는데 aki는 선행사가 사람일 때 사용하며 amely와 ami는 선행사가 사물일 때 사용한다. amelyik는 선행사가 사람일 때와 사물일 때 모두 사용가능하지만 특정한 것을 지칭할 때 사용한다.

A. 선행사가 사람인 경우

선행사가 사람인 경우에 관계대명사는 aki를 사용한다. 이 때 aki는 주어, 목적어, 부사어 등의 역할을 한다.

B. 선행사가 사물인 경우

선행사가 사물인 경우에는 관계대명사로 amely와 ami를 사용한다. 이 때 amely와 ami는 주어, 목적어, 부사어 등의 역할을 한다. amely는 선행사가 사물이면서 동시에 일반명사일 때 사용하며 ami는 선행사가 지시대명사일 때 사용한다.

C. 선행사가 몇 개 중 특정한 것을 지칭하는 경우

선행사가 몇 개 중 특정한 것을 지칭할 때는 사람과 사물, 그리고 일반명사와 지시대명사에 관계없이 amelyik를 사용한다. amelyik 역시 주어, 목적어, 부사어 등의 역할을 한다.

28. 인칭대명사의 목적격

헝가리어에서 인칭대명사의 목적격은 다음과 같다.

	주격	목적격	의미
1인칭 단수	én	engem	나를
2인칭 단수	te	téged	너를
3인칭 단수	ő	őt	그를
	ön	önt	당신을
1인칭 복수	mi	minket	우리를
2인칭 복수	ti	titeket	너희를
3인칭 복수	ők	őket	그들을
	önök	önöket	당신늘을

* 과거에는 1인칭복수 인칭대명사 minket 대신에 bennünket를, 2인칭복수 인칭대명사 titeket 대신에 benneteket를 사용하기도 했는데 현대에는 잘 사용하지 않는다.

29. 소유인칭대명사

헝가리어에서 소유인칭대명사는 다음과 같다.

인칭	소유인칭대명사(단수)		소유인칭대명사(복수)	
		의미		의미
1인칭 단수(én)	enyém	나의 것	enyéim	나의 것들
2인칭 단수(te)	tied	너의 것	tieid	너의 것들
3인칭 단수(ő/ön)	övé	그의 것	övéi	그의 것들
	öné	당신의 것	önéi	당신의 것들
1인칭 복수(mi)	mienk	우리의 것	mieink	우리의 것들
2인칭 복수(ti)	tietek	너희의 것	tieitek	너희의 것들
3인칭 복수(ők/önök)	övék	그들의 것	övéik	그들의 것들
	önöké	당신들의 것	önökéi	당신들의 것들

30. 장소 관계부사

장소를 나타내는 관계부사 중 가장 자주 사용되는 것이 ahol, ahová, ahonnan이다. ahol은 정지를 나타내며 ahová는 접근, ahonnan은 이탈을 나타낸다.

31. 소유관계 표현(소유물이 복수인 경우)

소유관계를 표현할 때 소유물이 복수인 경우에는 소유 인칭어미 앞에 복수기호소 **i**를 붙인다.

A. 소유자가 인칭대명사인 경우

소유자가 인칭대명사인 경우의 소유관계 표현은 정관사, 소유자(인칭대명사), 소유물의 순서로 오며 소유물에 복수기호소(i)와 소유 인칭어미를 붙여 소유자와 소유물의 관계를 구분한다. 이 때 소유물에 붙은 소유 인칭어미를 통해 소유자를 알 수 있기 때문에 강조되는 경우를 제외하고는 소유자(인칭대명사)를 생략한다. 단 존칭의 경우에는 의미의 혼돈을 방지하기 위해 소유자(인칭대명사)를 생략하지 않는다.

a) 소유물이 모음으로 끝나는 경우의 소유 인칭어미

소유자	복수기호(i)+소유 인칭어미	
	후설모음 명사	전설모음(원순모음) 명사
1인칭 단수(én)	-im	
2인칭 단수(te)	-id	
3인칭 단수(ő/ön)	-i	
1인칭 복수(mi)	-ink	
2인칭 복수(ti)	-itok	-itek
3인칭 복수(ők)	-ik	

* 3인칭 단수의 경우는 복수기호(i)만 붙고 소유 인칭어미는 없다.

* 3인칭 복수 소유자 ők를 강조하여 표기할 경우에는 소유물에 붙어 있는 소유 인칭어미에 이미 3인칭 복수임이 나타나 있으므로 ők 대신에 ő을 쓴다.

* 3인칭 복수 önök가 소유자인 경우에는 소유자에 이미 3인칭 복수임이 나타나 있으므로 소유물에 붙는 소유 인칭어미는 3인칭 복수 소유 인칭어미 대신 3인칭 단수 소유 인칭어미를 사용한다.

b) 소유물이 자음으로 끝나는 경우의 소유 인칭어미

소유자	삽입모음(a, e) +복수기호(i) +소유 인칭어미	
	후설모음 명사	전설모음(원순모음) 명사
1인칭 단수(én)	-aim	-eim
2인칭 단수(te)	-aid	-eid

소유자	삽입모음(a, e) +복수기호(i) +소유 인칭어미	
	후설모음 명사	전설모음(원순모음) 명사
3인칭 단수(ő/ön)	-ai	-ei
1인칭 복수(mi)	-aink	-eink
2인칭 복수(ti)	-aitok	-eitek
3인칭 복수(ők)	-aik	-eik

* 소유물이 자음으로 끝나는 경우에는 모음으로 끝나는 경우와 달리 복수기호(i) 앞에 삽입모음(a, e)이 들어가며 모든 인칭에 있어서 후설모음 명사의 소유 인칭어미와 전설모음(원순모음) 명사의 소유 인칭어미 형태가 모두 다르다.
* 자음으로 끝나는 명사 중에서 p, t, k로 끝나는 상당수의 명사와 기타 예외의 경우 모음으로 끝나는 경우와 동일하게 삽입모음 a/e 대신에 ja/je를 붙인다. 여기에 속하는 명사에 대한 특별한 규칙은 없으며 사진에 표기되어 있으므로 사전을 참조한다.

B. 소유자가 일반명사인 경우

소유자가 일반명사인 경우의 소유관계 표현은 정관사, 소유자(일반명사), 정관사, 소유물의 순서로 온다. 이 때 소유자에 nak/nek을 붙이고 소유물에 3인칭단수 소유 인칭어미를 붙여 소유 관계를 나타낸다. 그러나 nak/nek과 그 다음에 오는 정관사는 둘 다 생략할 수 있다. 소유자가 인칭대명사일 때처럼 복수기호소(i)만 붙고 3인칭단수 소유 인칭어미는 없다.

a) 소유물이 모음으로 끝나는 경우
소유물이 모음으로 끝나는 경우에는 소유자가 인칭대명사일 때 소유물이 모음으로 끝나는 경우의 3인칭단수 형태처럼 복수기호소 i만 붙인다.

b) 소유물이 자음으로 끝나는 경우
소유물이 자음으로 끝나는 경우에는 모음으로 끝나는 경우와 달리 복수기호소 i앞에 매개 모음(a, e)이 붙는다.

※ 자음으로 끝나는 명사 중에서 p, t, k로 끝나는 상당수의 명사와 기타 예외의 경우 복수기호소 앞에 삽입모음 a, e 대신에 –ja/–je를 붙인다.

32. 사역형 파생소 at/et, tat/tet

동사를 사역형으로 만들어 '누구로 하여금 ~하게 하다' 라는 의미를 표현할 때에는 동사어간에 at/et, 혹은 tat/tet를 붙이고 사람에 val/vel을 붙인다.

A. 동사에 at/et를 붙이는 경우

at/et를 붙이는 경우는 동사가 하나의 모음으로 이루어진 1음절 동사일 때와 동사가 자음+t로 끝날 때이다. 이때 at는 후설모음동사에 붙이며 et는 전설모음동사에 붙인다.

B. 동사에 tat/tet를 붙이는 경우

tat/tet를 붙이는 경우는 동사가 복수의 모음으로 이루어진 다음절 동사일 때와 동사가 모음+t로 끝날 때이다. 이때 tat는 후설모음동사에 붙이며 tet는 전설모음동사에 붙인다.

※ ül(앉다)과 lép(걷다)는 예외적인 경우로 1음절 동사임에도 불구하고 et를 붙이지 않고 tet를 붙인다.

C. 불규칙동사의 사역형

불규칙 동사	사역형	의미
lő[뢰-]	lövet	쏘게 하다
tesz[떼쓰]	tetet	하게하다, 놓게 하다
vesz[베쓰]	vetet	사게 하다, 집게 하다
visz[비쓰]	vitet	가져가게 하다
hisz[히쓰]	hitet	믿게 하다
alszik[얼씩]	altat	재우다
fekszik[펙씩]	fektet	눕히다
iszik[이씩]	itat	마시게 하다
eszik[에씩]	etet	먹이다

* van, jön, megy 등 일부 불규칙동사는 사역형을 사용하지 않는다.

33. 격조사 -nak/-nek

헝가리어에서는 격조사나 후치사 등에 인칭어미를 붙여서 사용하는 경우가 많이 있다. '~에게'의 의미를 지닌 -nak/-nek의 경우에도 원래는 독립적으로 쓰이지 않지만 인칭어미가 결합하면 독립적으로 쓰인다. 이 때 두 형태 중 대표형은 nek이며 인칭어미도 nek에만 붙여 사용한다.

인칭	–nak/–nek +인칭어미	의미
1인칭 단수(én)	nekem	나에게
2인칭 단수(te)	neked	너에게
3인칭 단수(ő)	neki	그에게
1인칭 복수(mi)	nekünk	우리에게
2인칭 복수(ti)	nektek	너희에게
3인칭 복수(ők)	nekik	그들에게

* 존칭인 ön과 önök의 경우에는 격조사에 인칭어미를 붙여 사용하지 않고 önnek, önöknek의 형태를 사용한다.

34. 명령형 1변화의 인칭변화

한국어에서는 1인칭이 2인칭에게 명령하는 직접명령이 명령형의 주된 기능이기 때문에 명령형이 제한적으로 사용된다. 그러나 헝가리어에서는 이러한 직접적인 명령 외에도 1인칭단수의 경우 '~해야 합니까? 혹은 ~할까요?'의 의미로 사용되며 1인칭 복수의 경우 '~할까요? 혹은 ~합시다'의 의미로 사용된다. 또 3인칭(ő, ők)으로 사용될 경우에는 '희망'을 나타내고 존칭(ön/önök)에 사용될 경우 공손한 표현(공대법)이 된다. 이외에도 의미상으로는 명령의 의미가 없지만 문법적으로 반드시 동사의 형태를 명령형으로 사용해야 하는 경우들도 있다. 따라서 헝가리어에서는 한국어에서보다 명령형이 다양하게 사용된다.

A. 명령형 기호소

헝가리어 동사의 명령형은 과거형의 경우와 마찬가지로 동사어간에 명령형 기호소를 붙이고 인칭에 따라 인칭어미를 붙인다. 명령형 기호소는 j 한 가지 형태가 사용되지만 치음과 만날 때는 동화작용으로 형태가 바뀌기도 한다.

B. 명령형 1변화의 인칭어미

인칭	인칭어미		
	후설모음 동사	전설모음 동사	원순모음 동사
1인칭 단수(én)	-ak	-ek	
2인칭 단수(te)	(-ál)	(-él)	
3인칭 단수(ő/ön)	-on	-en	-ön

인칭	인칭어미		
	후설모음 동사	전설모음 동사	원순모음 동사
1인칭 복수(mi)	-unk	-ünk	
2인칭 복수(ti)	-atok	-etek	
3인칭 복수(ők/önök)	-anak	-enek	

* 2인칭 단수의 경우에는 인칭어미를 생략할 수도 있다.

C. 자음동화로 인한 표기와 발음의 변화

명령형 기호소 j의 경우 동사 어간 끝에 어떤 철자가 오느냐에 따라 j가 다양한 다른 철자로 바뀌게 된다.

a) s, sz, z가 오는 경우

명령형 기호소 j 앞에 s, sz, z가 오는 경우에는 j가 s, sz, z에 동화되어 s, sz, z로 철자와 발음이 바뀐다.

b) n, l, r, á, é, í, ű와 t가 오는 경우

명령형 기호소 j 앞에 n, l, r, á, é, í, ű 중 하나 이상의 철자와 t가 오는 경우에는 j가 s로 바뀐다. 이 때 t와 s가 합쳐져 [취] 발음이 난다.

c) a, e, i, o, u, ö, ü와 t가 오는 경우

명령형 기호소 j 앞에 a, e, i, o, u, ö, ü 중 하나 이상의 철자와 t가 오는 경우에는 t와 j가 둘 다 s로 바뀐다. 이 때 발음은 [쉬–]로 발음된다.

d) s와 t가 오는 경우

명령형 기호소 j 앞에 s와 t가 오는 경우에는 t와 j가 하나의 철자 s로 바뀐다.

e) sz와 t가 오는 경우

명령형 기호소 j 앞에 sz와 t가 오는 경우에는 t와 j가 하나의 철자 sz로 바뀐다.

35. 형용사의 비교급

형가리어로 비교급 구문을 나타낼 때에는 형용사에 비교급 기호소 –bb를 붙이고 (형용사가 a, e로 끝나면 장모음화 시킨다) 비교대상에 mint나 –nál/–nél을 붙인다. 이 때 mint는 품사가 접속사이므로 띄어 쓰며 –nál/–nél격조사이므로 비교대상에 붙여 쓴다. 형용사가 자

음으로 끝날 때는 발음을 원활하게 하기 위해 비교급 기호소 –bb 앞에 삽입모음 a/e를 집어
넣는다. nagy(크다)만 예외적으로 a대신 o를 집어넣는다.

a) 비교급의 불규칙 변화

일부 형용사는 규칙에서 벗어나 불규칙하게 변화한다. 이 불규칙 변화를 부류별로
알아두면 편리하다.

- 형용사의 모음이 단모음화 되는 경우
- 형용사의 모음이 탈락하는 경우 (주로 ú나 u로 끝나는 형용사들이 이에 속한다)
- 기타의 경우

sok (많은) → több (더 많은)

szép (예쁜) → szebb (더 예쁜)

kicsi (작은) → kisebb (더 작은)

b) ~(얼마) 더 ~하다

정도를 비교하는 경우에는 비교의 정도에 –val/–vel이나 szor/szer/ször를 붙인다.

c) ~만큼 ~하다

동등함을 나타낼 때에는 비교급을 사용하지 않고 형용사 앞에 ilyen이나 olyan을 사용하
며 비교대상 앞에는 접속사 mint를 붙인다.

36. 형용사의 최상급

헝가리어로 최상급 구문을 나타낼 때에는 비교급 앞에 leg를 붙인다. 이때 최상급 앞에는
정관사를 붙인다.

37. 동사의 전철

헝가리어에서는 동사에 전철이 붙어 동사의 의미를 구체적으로 나타내거나 부가하기도하
며 어떤 경우에는 동사의 의미를 원래의 의미와는 전혀 다른 제3의 의미를 만들기도 한다.
헝가리어에는 많은 전철이 있지만 초급 수준에서 알아야할 주요 전철은 다음과 같다.

전철	의미	예	
		전철이 붙은 형태	의미
fel-	위로	fel + megy(가다)	올라가다
le-	아래로	le + megy(가다)	내려가다
ki-	밖으로	ki + megy(가다)	나가다
be-	안으로	be + megy(가다)	들어가다
el-	떨어져 나옴, 이탈	el + megy(가다)	가버리다, 떠나다
össze-	함께	össze + szalad(달리다)	함께 달리다, 돌아다니다
szét-	흩어져서, 따로	szét + áll(서있다)	떨어져 서있다
vissza-	되돌아, 다시	vissza + ad(주다)	돌려주다, 반환하다
át-	통과하여	át + megy(가다)	통과하다. 건너다
végig-	끝까지	végig + énekel(노래하다)	끝까지 노래하다
ide-	여기로	ide + jön(오다)	여기로 오다, 다가오다
oda-	거기로, 저기로	oda + állít(세우다)	거기로 세우다
haza-	집으로	haza +megy(가다)	집에 가다
bele-	안으로, 내부로	bele + néz(보다)	들여다보다
rá-	위로	rá + néz(보다)	쳐다보다

* 위의 전철 외에도 헝가리어에서 가장 많이 사용되는 전철이 meg이다. meg와 el이 붙은 경우에는 행위의 완료(끝까지 ∼하다, 다 ∼하다)의 의미와 행위의 시작(∼하기 시작하다, ∼하게 되다) 등의 의미를 갖는다. 특히 el은 위의 표에서 보듯 이탈의 의미 외에 붙은 동사에 따라 완료나 시작의 의미를 갖기도 한다.
* 일부 동사의 경우에는 전철이 붙어 의미가 많이 달라지는 경우도 있으므로 유의하여야 한다.
* 전철은 일반적으로 동사 앞에 붙어 사용되지만 의문사나 부정사가 오는 경우, 그리고 강조하는 단어가 올 경우에는 전철이 동사에서 분리 되어 동사 뒤로 오게 된다.

38. 명령형 2변화의 인칭변화

명령형도 동사의 현재인칭변화, 과거인칭변화와 동일하게 2변화 조건에 해당될 경우 2변화 인칭어미들을 붙인다.

▶ **명령형 2변화의 인칭어미**

인칭	인칭어미	
	후설모음 동사	전설모음(원순모음)
1인칭 단수(én)	-am	-em
2인칭 단수(te)	-ad	-ed
3인칭 단수(ő/ön)	-a	-e
1인칭 복수(mi)	-uk	-ük
2인칭 복수(ti)	-átok	-étek
3인칭 복수(ők/önök)	-ák	-ék

* 1변화 2인칭 단수의 경우 짧은 형태로 사용할 때 인칭어미를 생략하지만 2변화 2인칭 단수의 경우에는 기호소 j와 인칭어미의 모음을 생략한다.

39. 불규칙 동사의 명령형 인칭변화

불규칙 동사들의 명령형 어간은 동사마다 형태가 다르므로 각각 알아두어야 한다. 대표적인 불규칙 동사들의 명령형 어간은 다음과 같다. 불규칙 동사의 명령형 인칭변화는 명령형 어간에 인칭어미를 붙이면 된다.

불규칙 동사	의미	기본형	명령형 어간
lesz	~이 되다, ~일 것이다	lenni	legy-
tesz	하다, 놓다	tenni	tegy-
vesz	사다, 집다	venni	vegy-
visz	가져가다	vinni	vigy-
hisz	믿다	hinni	higgy-
jön	오다	jönni	jöjj-
megy	가다	menni	menj-
eszik	먹다	enni	egy-
iszik	마시다	inni	igy-
alszik	자다	aludni	aludj-
fekszik	눕다	feküdni	feküdj-
nyugszik	쉬다, 휴식을 취하다	nyugodni	nyugodj-

불규칙 동사	의미	기본형	명령형 어간
ugrik	뛰어오르다	ugrani	ugorj-
fürdik	목욕하다, 미역 감다	fürödni	fürödj-
mosakszik	씻다	mosakodni	mosakodj-

* lesz는 목적어를 취하지 않으므로 2변화는 없다.
* 1변화 2인칭단수의 경우 legyél의 단축형으로 legy가 아닌 légy가 사용되므로 주의하여야 한다. lesz 외에 tesz와 vesz의 경우에도 1변화 2인칭단수 형태인 tegyél과 vegyél의 단축형이 tegy와 vegy가 아닌 tégy 와 végy이다.

40. 명령형의 부가적 용법

헝가리어에서는 직접적인 명령 외에도 의미상으로는 명령의 의미가 없지만 형식상으로는 명령형 형태를 써야만 하는 경우가 있다. 이를 '간접명령' 이라고 부르기도 한다.

A. 명령, 요구, 요청이 나타난 간접화법

간접화법에서 명령, 요구, 요청을 나타내는 mond, kér, parancsol, felszólít, akar, tanácsol, kiabál 등의 동사가 hogy로 연결된 종속문을 가지고 있을 때에는 반드시 종속문의 동사를 명령형으로 쓴다.

B. 종속문이 주문의 목적, 필요, 가능을 나타낼 때

복문에서 종속문이 주문의 목적, 필요, 가능(금지) 등을 나타낼 때에는 종속문의 동사를 명령형으로 쓴다.

41. 시간 표현

헝가리어에서 시간 표현은 크게 두 가지로 나눌 수 있는데 한 가지는 '몇 시 입니까' 에 대한 대답으로 '몇 시 입니다' 로 대답하는 경우이고 다른 한 가지는 부사적인 표현으로 '몇 시에 ~ 합니까' 에 대한 대답으로 '몇 시에 ~합니다' 로 대답하는 경우로 나누어 볼 수 있다. 이 두 가지 시간 표현법은 약간 차이가 나므로 주의하여야 한다.

A. '몇 시 입니까'에 대한 답변

- 정각 표현

  Hány óra van? (몇 시입니까?)

  Három óra van. (3시입니다.)

  Tíz óra van. (10시입니다.)

- 15분 표현

  Negyed négy van. (3시 15분입니다.)

  Negyed nyolc van. (7시 15분입니다.)

- 30분 표현

  Fél hat van. (5시 30분입니다.)

  Fél tizenegy van. (10시 30분입니다.)

- 45분 표현

  Háromnegyed kilenc van. (8시 45분입니다.)

  Háromnegyed kettő van. (1시 45분입니다.)

- 기타 시간

  Kilenc óra negyven van. (9시 40분입니다.)

  Három óra húsz van. (3시 20분입니다.)

B. '몇 시에 ～ 합니까'에 대한 답변

- 정각 표현

  Mikor megy az iskolába? (당신은 몇 시에 학교에 갑니까?)

  Hét órakor megyek az iskolába. (나는 7시에 학교에 갑니다.)

  Hétkor megyek az iskolába.

- 15분 표현

  Negyed nyolckor megyek az iskolába. (나는 7시 15분에 학교에 갑니다.)

  Negyed kilenckor megyek az iskolába. (나는 8시 15분에 학교에 갑니다.)

- 30분 표현

  Fél nyolckor megyek az iskolába. (나는 7시 30분에 학교에 갑니다.)

  Fél kilenckor megyek az iskolába. (나는 8시 30분에 학교에 갑니다.)

• 45분 표현

Háromnegyed nyolckor megyek az iskolába.

(나는 7시 45분에 학교에 갑니다.)

Háromnegyed kilenckor megyek az iskolába.

(나는 8시 45분에 학교에 갑니다.)

• 기타 시간

Nyolc óra negyven perckor megyek az iskolába.

(나는 8시 40분에 학교에 갑니다.)

Hét óra húsz perckor megyek az iskolába.

(나는 7시 20분에 학교에 갑니다.)

42. 조건법 현재형의 인칭변화

현재의 비현실적인 희망이나 조건을 나타낼 때 사용하며 경우에 따라서는 겸양법으로도 사용된다. 조건법 기호소는 na/ne, ná/né 두 가지 형태가 있다. 3인칭단수 1변화에서만 na/ne를 붙이고 나머지는 모두 ná/né를 붙인다. 동사의 종류에 따라 후설모음 동사에는 na, ná를 붙이고 전설모음 동사에는 ne, né를 붙이지만 예외적으로 1인칭 단수 1변화의 경우에는 후설모음동사와 전설모음동사 모두 né를 붙인다.

A. 제 1변화의 어미

인칭	인칭어미	
	후설모음 동사	전설모음(원순모음)
1인칭 단수(én)	-k	
2인칭 단수(te)	-l	
3인칭 단수(ő/ön)		
1인칭 복수(mi)	-nk	
2인칭 복수(ti)	-tok	-tek
3인칭 복수(ők/önök)	-nak	-nek

B. 제 2변화의 어미

인칭	인칭어미	
	후설모음 동사	전설모음(원순모음)
1인칭 단수(én)	-m	
2인칭 단수(te)	-d	
3인칭 단수(ő/ön)		
1인칭 복수(mi)	-nk	
2인칭 복수(ti)	-tok	-tek
3인칭 복수(ők/önök)	k	

C. 불규칙 동사의 조건법 현재 인칭변화

불규칙 동사들의 조건법 현재형의 어간은 동사마다 형태가 다르므로 각각 알아두어야 한다. 대표적인 불규칙 동사들의 조건법 현재형의 어간은 다음과 같다. 불규칙 동사의 조건법 현재형의 인칭변화는 불규칙동사의 조건법 현재형 어간에 인칭어미를 붙이면 된다.

불규칙 동사	기본형	조건법 어간 (3인칭 단수 1변화)	의미
lesz	lenni	lenne	~이 될 텐데, ~ 일 텐데
tesz	tenni	tenne	할 텐데, 놓을 텐데
vesz	venni	venne	살 텐데, 집을 텐데
visz	vinni	vinne	가져갈 텐데
hisz	hinni	hinne	믿을 텐데
jön	jönni	jönne	올 텐데
megy	menni	menne	갈 텐데
eszik	enni	enne	먹을 텐데
iszik	inni	inna	마실 텐데
alszik	aludni	aludna	잘 텐데
fekszik	feküdni	feküdne	누울 텐데
nyugszik	nyugodni	nyugodna	쉴 텐데, 휴식을 취할 텐데
ugrik	ugrani	ugrana	뛰어오를 텐데
fürdik	fürödni	fürödne	목욕할 텐데
mosakszik	mosakodni	mosakodna	씻을텐데

43. 요일 표현

요일을 부사 형태로 사용할 때는 위 처소격조사(-n/on/en/ön)를 붙인다. 단 일요일의 경우에는 명사 형태와 부사 형태가 같으므로 주의한다.

요일	명사 형태	부사 형태
월요일	hétfő	hétfőn
화요일	kedd	kedden
수요일	szerda	szerdán
목요일	csütörtök	csütörtökön
금요일	péntek	pénteken
토요일	szombat	szombaton
일요일	vasárnap	vasárnap

44. 과거 분사

형가리어에서는 과거분사, 현재분사, 미래분사, 부사적 분사 등의 분사가 사용되는데 과거분사의 경우 형태가 과거형 1변화 3인칭단수 형태와 동일하다. 의미에 있어서는 수동적 의미를 가지며 기능면에서는 뒤의 명사를 수식하는 역할을 한다.

45. 부사적 분사

부사적으로 사용되는 분사로 후설모음 동사에는 va를 붙이며 전설모음 동사에는 ve를 붙인다. 뜻은 '~하면서' 의 의미를 갖는다.

불규칙동사의 부사적 분사 형태는 동사마다 형태가 다르므로 각기 알아두어야 한다.

불규칙 동사	기본형	부사적 분사 형태	의미
tesz	tenni	téve	하면서, 놓으면서
vesz	venni	véve	사면서, 집으면서
visz	vinni	víve	가져가면서
jön	jönni	jőve	오면서

불규칙 동사	기본형	부사적 분사 형태	의미
megy	menni	menve	가면서
alszik	aludni	alva	자면서
fekszik	feküdni	fekve	누우면서, 누운 채로
nyugszik	nyugodni	nyugodva	쉬면서, 휴식을 취하면서
fürdik	fürödni	fürödve	목욕하면서
mosakszik	mosakodni	mosakodva	씻으면서

46. 조건법 과거형의 인칭변화

조건법 과거형의 형태는 인칭어미가 붙은 동사의 과거형에 존재동사 **van**의 조건법 형태인 **volna**를 붙여 사용한다. 이미 학습한바와 같이 동사의 과거형에는 1변화와 2변화가 있는데 이는 조건법 과거형에도 동일하게 적용된다.

47. 현재분사

현재분사는 동사에 ó 또는 ő를 붙여 사용하며 대부분의 경우에 능동적 의미를 가진다. ó는 후설모음동사에 붙이며 ő는 전설모음동사에 붙인다. 기능면에서는 대부분의 경우에 뒤에 오는 명사를 수식하는 역할을 하지만 일부 현재분사는 명사화 되어 독립적으로 사용되는 단어들도 있다. 현재분사가 명사화되어 독립적으로 사용되는 경우에는 독립된 표제어로 사전에 올라와 있다.

불규칙동사의 현재분사 형태는 동사마다 형태가 다르므로 따로 알아두어야 한다.

불규칙 동사	기본형	부사적 분사 형태	의미
tesz	tenni	tevő	(~을) 하는
vesz	venni	vevő	구매하는
visz	vinni	vivő	가져가는
hisz	hinni	hívő	믿는
van	lenni	levő	있는

불규칙 동사	기본형	부사적 분사 형태	의미
eszik	enni	evő	먹는
iszik	inni	ivó	마시는
jön	jönni	jövő	오는
megy	menni	menő	가는
alszik	aludni	alvó	자는
fekszik	feküdni	fekvő	누워 있는
lő	lőni	lövő	쏘는
nő	nőni	növő	자라는

48. 반복적인 습관을 나타내는 'szokott'

과거로부터의 반복적인 습관을 나타낼 때는 'szokik'의 과거형을 사용하며 동사는 infinitive형을 사용한다. 이때 'szokik'의 과거형은 일반 과거형에서와 동일하게 1변화와 2변화가 모두 사용되므로 유의한다.

49. 미래시제의 인칭변화

형가리어의 미래시제는 동사원형 + fog(미래조동사)의 인칭변화로 나타낸다. 동사원형은 형태가 변하지 않으며 인칭변화를 시킬 때는 미래조동사 fog에 현재시제 인칭어미를 붙인다. 미래시제도 현재시제와 마찬가지로 1변화와 2변화가 존재한다.

형가리어에서 미래시제는 동사원형 + fog(미래조동사)의 인칭변화로 나타내지만 문장 안에서 미래를 나타내는 부사와 함께 쓰일 때는 현재 동사를 사용하기도 한다.

※ 미래를 나타내는 위의 두 가지 표현방법 중에서 미래조동사 fog를 사용하면 주어의 의지가 더 강하다.

50. 미래분사

미래분사는 동사에 –andó 또는 –endő를 붙여 사용하는데 –andó는 후설모음동사에 붙이며 -endő은 전설모음동사에 붙인다. 기능면에서는 대부분의 경우에 뒤에 오는 명사를 수식하는 역할을 하지만 일부 현재분사는 명사화 되어 독립적으로 사용되는 단어들도 있다. 그러나 미래분사는 현재분사나 과거분사처럼 광범위하게 사용되지는 않고 일부 동사들에 제한적으로 사용된다.

51. 부사격조사 'vá/vé'

부사격조사 'vá/vé' 는 '~로' 의 의미를 가지는 격조사로 kinevez(임명하다), választ(선택하다), 바뀌다(válik) 등처럼 상태의 변화를 나타내는 동사들과 함께 쓰인다. 매우 제한된 단어들에 사용되며 'vá' 는 후설모음으로 구성된 명사에, 'vé' 는 전설모음으로 구성된 명사에 붙게 된다. 'vá/vé' 가 붙은 명사가 자음으로 끝날 때에는 동화작용이 일어나게 된다.

A		
	a Duna-part	다뉴브 강변
	ad	주다
	ah!	아!
	ahol	거기에(관계부사)
	ajándék	선물
	ajánl	추천하다
	akar	원하다
	akkor	그때(부사), 그러면(접속사)
	áll	서있다
	alma	사과
	általában	일반적으로
	Anglia	영국
	áru	상품, 제품
	áruház	백화점
	Astoria	어스토리어(지하철 역 이름)
	asszony	아주머니, 부인, 여성
	átmegy	건너가다
	autó	자동차
	autóbusz	버스
	az	정관사, 그것(지시대명사), 저것(지시대명사)
	azonnal	곧장, 바로

B		
	báty	형, 오빠
	belváros	도심, 시내
	beszél	말하다, 이야기하다
	Bécs	비엔나
	beteg	병든, 아픈(형용사), 환자(명사)

B		
	biztos	확실히
	bőrönd	가방(여행용)
	Budapest	부다페스트
	busz	버스
	buszmegálló	버스정류장

C		
	cím	주소, 제목

CS		
	cseresznye	체리
	csinál	하다

D		
	de	하지만, 그러나
	délután	오후
	drága	비싼
	dolgozik	일하다
	Duna	다뉴브

E		
	egy	하나
	egyetem	대학교
	eladó	점원, 판매자
	elég	충분한
	elfelejt	잊어버리다
	elfogy	떨어지다, 다 팔리다
	Elnézést kérek!	실례합니다!
	elveszít	잃다
	enyém	나의것(소유대명사)
	este	저녁

E		
	eszik	먹다
	én	나, 저(1인칭 단수 인칭대명사)
	érkezik	도착하다
	épület	건물
	élelmiszer	식료품
	étlap	메뉴판
	ért	이해하다
	étel	음식
	étterem	식당
	év	연, 해
	éves	나이의, 나이를 먹은

F		
	felszáll	승차하다
	férfi	신사, 남성
	férj	남편
	finom	맛있는
	fog	할 것이다(미래조동사)
	foglalkozik	종사하다
	forint	포린트(헝가리 화폐)
	főépület	본관건물
	főétel	주 메뉴
	főiskola	전문대학

G		
	Gellérthegy	겔리르트 산
	gulyásleves	헝가리 음식 (구이아쉬 수프)

Gy		
	gyalog	걸어서
	gyalogol	걷다

| **Gy** | gyors | 빠른 |
| | gyümölcs | 과일 |

H	hagyományos	전통적인
	halászlé	헝가리 음식 (생선 매운탕)
	Halló!	여보세요!
	hány	몇의?, 얼마나 많은?(의문사)
	hegedűs	바이올리니스트
	hétfő	월요일
	hol	어디에(의문사)
	holnap	내일
	hoz	가져오다
	húg	여동생

I	ide	여기로
	igen	예
	import	수입한
	indul	출발하다
	inkább	차라리
	is	도, 역시, 또한
	ismer	(~에 대해) 알다
	iszik	마시다
	idő	시간, 날씨
	ír	(글 등을) 쓰다
	író	작가

| **J** | jaj! | 아! 야! 앗! |
| | Jaj, de jó! | 야, 좋다! |

J	jó	좋은
	jön	오다
	jövő	다음의, 오는
	jövőre	내년에
	július	7월

K	kapcsolat	관계, 연결
	kávé	커피
	kell	해야한다
	kerület	구역, 구
	kép	사진, 그림
	kész	끝난, 완성된
	ki	누구, 누가(의문대명사)
	kiad	출판하다
	kiló	킬로(그램)
	kíván	원하다, 희망하다, 요구하다
	kiváncsi	호기심 있는
	kollégium	기숙사
	korán	일찍
	Korea	한국
	kóstol	맛보다
	könyv	책
	könyvesbolt	책방
	könyvtár	도서관
	köszön	감사하다, 인사하다
	következő	바로 다음의
	külföld	외국

| **L** | lakik | 살다, 주거하다, 머무르다 |

L

lát	보다
lehet	가능하다, …할 수 있다, …해도 된다
leszáll	하차하다, 내리다
leves	수프

M

magyar	헝가리인, 헝가리어
Magyarország	헝가리
majd	나중에, 후에
már	이미, 벌써
másik	다른 것의(지시형용사), 다른 것(대명사)
meddig	언제까지, 어디까지
meg	그리고, 와, 과
megáll	정차하다
megálló	정류장
megy	가다
mellett	옆에
melyik	어느 것?(의문대명사)
menedzser	매니저
mennyi	얼마나 많은?(의문대명사)
Mennyibe kerül?	얼마입니까?
messze	먼(형), 멀리(부)
metró	지하철
még	아직, 그밖에
milyen	어떤?(의문대명사)
mindegyik	각기, 각각
mindenképpen	어떤 경우라도
mindjárt	곧
mikor	언제?(의문대명사)
mit	무엇을?(의문대명사)
Mit parancsol?	뭘 드릴까요?

M		
	miután	~한 후에(접속사)
	MOM Park	몸파크(쇼핑센터이름)
	mond	말하다
	most	지금
	munka	일
	múlva	지나면(시간)

N		
	nagy	큰
	nagyon	아주, 상당히
	nap	날, 해, 태양
	neked	너에게(격조사)
	nekem	나에게(격조사)
	nem	아니요
	nevez	임명하다
	nincs	없다

Ny		
	nyár	여름
	nyitva van	열려있다, 개점상태다

O		
	oké	오케이
	olcsó	저렴한, 싼
	onnan	거기로부터
	ott	저기에, 거기에
	óra	시, 시간, 시계, 수업
	óraadó	시간강사
	óta	…이래로

Ö	ön	당신(3인칭 단수 인칭대명사)
	önnel	당신과
	örül	기뻐하다, 즐거워하다
	ő	그, 그녀(3인칭 단수 인칭대명사)

P	paprikás csirke	헝가리 음식 (고춧가루가 들어간 닭요리)
	paradicsom	토마토; 천국, 낙원
	Párizs	파리(프랑스 수도)
	pedig	반면에, 그러나(접속사)
	például	예를 들면
	perc	분(시간에서)
	persze	물론, 당연히
	péntek	금요일
	pillanat	순간, 찰라
	pincér	웨이터
	piros	빨간
	pontosan	정확히
	póló	티셔츠
	professzor	교수

R	rendel	주문하다
	repülőtér	공항
	régen	옛날에
	Rudas fürdő	루더쉬 온천(온천 이름)

S	sajnos	유감스럽게도
	sertéspörkölt	헝가리 음식 (돼지고기 볶음요리)
	sok	많은

| **S** | sokan | 많은 사람이 |
| | sokáig | 오래 동안 |

Sz	szerencsére	다행히, 운 좋게
	szerencsés	다행스러운, 운 좋은
	szeret	좋아하다, 사랑하다
	szép	예쁜(형), 미, 아름다움(명)
	szépen	예쁘게, 상당히, 꽤
	Szia!	안녕!(만날 때, 헤어질 때)
	szívesen	기꺼이, 천만에요
	szótár	사전
	születik	태어나다
	szünet	방학, 휴식

T	találkozik	만나다
	tanár	선생
	tanít	가르치다
	tanul	배우다
	tavaly	작년(에)
	teendő	할 것
	tegnapelőtt	그제, 그저께
	természetesen	물론, 당연히
	testvér	형제자매
	Tessék!	자, 여기요!(물건을 건넬 때 – 이 외에도 다양한 의미로 사용된다)
	téged	너를
	tényleg	정말로, 참으로
	térkép	지도
	tied	너의 것(소유대명사)

T		
	tíz	(수사) 십
	többet	더 이상 …않다
	töltött káposzta	헝가리 음식 (간 고기와 야채 등을 양배추에 싸서 삶은 요리)
	tud	할 수 있다(조동사), 알다(동사)

U		
	újra	다시, 또
	újság	신문
	úr	~씨
	út	거리, 길

Ü		
	üzletember	비즈니스 맨

V		
	vacsorázik	저녁식사를 하다
	vagyok	이다, 있다(1인칭 단수 존재동사)
	valaki	누군가
	valami	무언가
	van	있다
	vasárnap	일요일
	választ	선택하다
	vár	기다리다(동사), 성, 왕궁(명)
	vásárol	사다, 구입하다
	vesz	사다, 집다
	vevő	손님
	visz	가져가다
	Viszlát!	안녕! Viszontlátásra의 준말
	visszajön	돌아오다
	visszamegy	돌아가다

Lecke 01

1. az autó, a könyv, az iskola, a pénz, a kéz, az asztal, az óra, a cipő, a naptár, a tanár

2. fut: futok, futsz, fut, futunk, futtok, futnak
   lép: lépek, lépsz, lép, lépünk, léptek, lépnek
   ül: ülök, ülsz, ül, ülünk, ültök, ülnek
   ad: adok, adsz, ad, adunk, adtok, adnak
   csinál: csinálok, csinálsz, csinál, csinálunk, csináltok, csinálnak
   csókol: csókolok, csókolsz, csókol, csókolunk, csókoltok, csókolnak
   vár: várok, vársz, vár, várunk, vártok, várnak
   ver: verek, versz, ver, verünk, vertek, vernek
   tör: török, törsz, tör, törünk, törtök, törnek
   kér: kérek, kérsz, kér, kérünk, kértek, kérnek

3. lámpával, csillaggal, lánnyal, fiúval, villamossal, metróval, szerszámmal, számítógéppel, kézzel, szótárral

4. határig: 국경까지, Budapestig: 부다페스트까지, két napig: 이틀 동안, délig: 정오까지, péntekig: 금요일까지

5. 1) Jó napot kívánok!
   2) Yú Zsinil vagyok.
   3) Ön kicsoda? / Hogy hívják?
   4) Én megyek önnel az egyetemig.
   5) Sajnos, Andrea most nem tud idejönni.

Lecke 02

1. vesz: veszek, veszel, vesz, veszünk, vesztek, vesznek
   mond: mondok, mondasz, mond, mondunk, mond(o)tok, mondanak
   kérdez: kérdezek, kérdezel, kérdez, kérdezünk, kérdeztek, kérdeznek
   tanít: tanítok, tanítasz, tanít, tanítunk, tanítotok, tanítanak

iszik: iszom, iszol, iszik, iszunk, isztok, isznak

2. tanulók, emberek, polcok, ruhák, nagyok, tornyok, madarak, régiek, lassúak, földek

3. bajt, szobát, italt, autót, barnát

4. 39: harminckilenc

    83: nyolcvanhárom

    249: kétszáznegyvenkilenc

    305: háromszázöt

    983: kilencszáznyolcvanhárom

5. 19.: tizenkilencedik

    23.: huszonharmadik

    55.: ötvenötödik

    704.: hétszáznegyedik

    890.: nyolcszázkilencvenedik

6. 1) Akkor, indulhatunk?

    2) Egy pillanat! Veszek egy újságot.

    3) Ott vásárolhat újságot.

    4) Kovács úr, mivel megyünk az egyetemig?

    5) Ott van a megálló.

Lecke 03

1. vesz: veszem, veszed, veszi, vesszük, veszitek, veszik

    mond: mondom, mondod, mondja, mondjuk, mondjátok, mondják

    kérdez: kérdezem, kérdezed, kérdezi, kérdezzük, kérdezitek, kérdezik

    tanít: tanítom, tanítod, tanítja, tanítjuk, tanítjátok, tanítják

    iszik: iszom, iszod, issza, isszuk, isszátok, isszák

2. bankban, szobában, autóban, házban, tanteremben

3. hegyen, autón, házon, asztalon, könyvön

4. széknél, fánál, asztalnál, ajtónál, szobornál

5. 1) Egy perc múlva megérkezünk az egyetemre.

    2) Az egyetem nincs messze a repülőtértől.

    3) Mi az az épület ott?

4) A kollégium ott van a könyvtár mellett.

5) Majd én viszem a nagy bőröndöt.

Lecke 04

1. sír: sírtam, sírtál, sírt, sírtunk, sírtatok, sírtak

mond: mondtam, mondtál, mondott, mondtunk, mondtatok, mondtak

kérdez: kérdeztem, kérdeztél, kérdezett, kérdeztünk, kérdeztetek, kérdeztek

tanít: tanítottam, tanítottál, tanított, tanítottunk, tanítottatok, tanítottak

marad: maradtam, maradtál, maradt, maradtunk, maradtatok, maradtak

2. szeret: szerettem, szerettél, szeretett, szerettünk, szerettetek, szerettek

nevet: nevettem, nevettél, nevetett, nevettünk, nevettetek, nevettek

győz: győztem, győztél, győzött, győztünk, győztetek, győztek

mozog: mozogtam, mozogtál, mozgott, mozogtunk, mozogtatok, mozogtak

találkozik: találkoztam, találkoztál, találkozott, találkoztunk, találkoztatok, találkoztak

3. Helsinkiben, Debrecenbe, Egerből, Budapesten, Magyarországon

4. látlak, szeretlek, segítelek, hozlak, tanítalak/tanítlak

5. 1) Orosz Andreával szeretnék beszélni.

2) Mikor érkeztél Magyarországra?

3) Hol laksz Budapesten?

4) Hol van a kollégium?

5) Odamegyünk holnap délután Andreával.

Lecke 05

1. olvas: olvastam, olvastad, olvasta, olvastuk, olvastátok, olvasták

fizet: fizettem, fizetted, fizette, fizettük, fizettétek, fizették

főz: főztem, főzted, főzte, főztük, főztétek, főzték

köt: kötöttem, kötötted, kötötte, kötöttük, kötöttétek, kötötték

ismer: ismertem, ismerted, ismerte, ismertük, ismertétek, ismerték

2. iszik: ittam, ittad, itta, ittuk, ittátok, itták

visz: vittem, vitted, vitte, vittük, vittétek, vitték

lő: lőttem, lőtted, lőtte, lőttük, lőttétek, lőtték

eszik: ettem, etted, ette, ettük, ettétek, ették

hisz: hittem, hitted, hitte, hittük, hittétek, hitték

3. tanulnom, beszélned, főznie, tanulnunk, beszélnetek, főzniük

4. 1) Kati vette a könyvet tegnap.

2) Hamburgert ettem.

3) A tanár úr adta nekem a ceruzát.

4) A diák olvasta a regényt.

5) Vitted a táskát tegnap.

5. 1) Nagyon örülök, hogy itt Magyarországon találkozunk!

2) Tegnapelőtt este érkeztem.

3) Délelőtt könyvesboltba mentem.

4) Mennyiért vetted a pólót?

5) Szerintem kicsit drága.

Lecke 06

1. aki, amelyet, amit, amelyikben, aki

2. a diákom, a táskád, az újságja, a házunk, az országotok

3. a tanár asztala, a diák táskája, Sándor könyve, Budapest belvárosa, az egyetem diákja

4. 1) Az a diák tanul szorgalmasan, aki Magyarországon tanult.

2) Azzal a fiúval találkozom, akinek jó autója van.

3) Az nagyon vicces, amit mondasz most.

4) Azt a barátomat szeretem, amelyik Budapesten lakik.

5) Ez jó kérdés, amire könnyen válaszolhatsz.

5. 1) Akarsz ott valamit vásárolni?

2) Nem az iskolába megyek, hanem a postára.

3) Kivel ebédelsz?

4) Hol van a táskád?

5) Oda megyek, ahová te mész.

Lecke 07

1. olvastat, utaztat, töltet, ültet, nézet

2. a diákjaim, a táskáid, az újságjai, a házaink, az országaitok

3. a tanár asztalai, a diák táskái, Sándor könyvei, Magyarország városai, az egyetem diákjai

4. 1) A tanár nekem adta a könyvet.

2) Az iskolának az épületei modernek.

3) Az anyám velem vetette meg a vizet.

4) Nekem van két kocsim.

5) A ruháim mind régiek.

Lecke 08

1. 1) vár: várjak, várj(ál), várjon, várjunk, várjatok, várjanak

2) beszél: beszéljek, beszélj(él), beszéljen, beszéljünk, beszéljetek, beszéljenek

3) ír: írjak, írj(ál), írjon, írjunk, írjatok, írjanak

4) ül: üljek, ülj(él), üljön, üljünk, üljetek, üljenek

5) olvas: olvassak, olvass(ál), olvasson, olvassunk, olvassatok, olvassanak

2. 1) játszik: játsszak, játssz(ál), játsszon, játsszunk, játsszatok, játsszanak

2) szeret: szeressek, szeress(él), szeressen, szeressünk, szeressetek, szeressenek

3) tölt: töltsek, tölts(él), töltsön, töltsünk, töltsetek, töltsenek

4) segít: segítsek, segíts(él), segítsen, segítsünk, segítsetek, segítsenek

5) ragaszt: ragasszak, ragassz(ál), ragasszon, ragasszunk, ragasszatok, ragasszanak

3. 1) eszik: egyek, egyél, egyen, együnk, egyetek, egyenek

2) alszik: aludjak, aludj(ál), aludjon, aludjunk, aludjatok, aludjanak

3) megy: menjek, menj(él), menjen, menjünk, menjetek, menjenek

4) tesz: tegyek, tegy(él), tegyen, tegyünk, tegyetek, tegyenek

5) jön: jöjjek, jöjj(él), jöjjön, jöjjünk, jöjjetek, jöjjenek

4. eladta, lemosta, elmaradt, elolvasta, megette

5. drágább, kedvesebb, nehezebb, kisebb, több

6. 1) A táskám kétszer drágább, mint a tied.

2) Elnézést kérek! Hol van a posta?

3) Busszal is tudok menni?

4) Szálljon fel itt és szálljon le a második megállónál.

5) A busz gyorsabb a metrónál.

Lecke 09

1. 1) tart: tartsam, tarts(a)d, tartsa, tartsuk, tartsátok, tartsák

2) lát: lássam, lás(sa)d, lássa, lássuk, lássátok, lássák

3) épít: építsem, építs(e)d, építse, építsétek, építsék

4) fest: fessem, fes(se)d, fesse, fessük, fessétek, fessék

5) szeret: szeressem, szeres(se)d, szeresse, szeressük, szeressétek, szeressék

2. 1) jön: jöjjek, jöjj(él)/gyere, jöjjön, jöjjünk, jöjjetek/gyertek, jöjjenek

2) megy: menjek, menj(él), menjen, menjünk, menjetek, menjenek

3) alszik: aludjak, aludj(ál), aludjon, aludjunk, aludjatok, aludjanak

4) ugrik: ugorjak, ugorj(ál), ugorjon, ugorjunk, ugorjatok, ugorjanak

5) mosakszik: mosakodjak, mosakodj(ál), mosakodjon, mosakodjunk, mosakodjatok, mosakodjanak

3. 1) eszik: egyem, egyed, egye, együk, egyétek, egyék

2) tesz: tegyem, tegyed, tegye, tegyük, tegyétek, tegyék

3) hisz: higgyem, higgyed, higgye, higgyük, higgyétek, higgyék

4) iszik: igyam, igyad, igya, igyuk, igyátok, igyák

5) visz: vigyem, vigyed, vigye, vigyük, vigyétek, vigyék

4. 1) 05:00: öt óra

2) 03:15: negyed négy

3) 08:30: fél kilenc

4) 11:45: háromnegyed tizenkettő

5) 06:20: hat óra húsz perc

5. 1) két órakor

2) negyed háromkor

3) fél ötkor

4) háromnegyed hatkor

5) kilenc óra tíz perckor

6. 1) Sajnos nem sokat tudok a magyar ételekről.

2) Szerintem mindegyik főétel finom.

3) Legfőbb ideje, hogy vacsorázzunk.

4) Nézd meg az étlapot! Vannak benne képek is.

5) Hány óra van most?

Lecke 10

1. 1) csenget: csengetnék, csengetnél, csengetne, csengetnénk, csengetnétek, csengetnének

2) dolgozik: dolgoznék, dolgoznál, dolgozna, dolgoznánk, dolgoznátok, dolgoznának

3) érkezik: érkeznék, érkeznél, érkezne, érkeznénk, érkeznétek, érkeznének

4) gyárt: gyártanék, gyártanál, gyártana, gyártanánk, gyártanátok, gyártanának

5) marad: maradnék, maradnál, maradna, maradnánk, maradnátok, maradnának

2. 1) magyaráz: magyaráznám, magyaráznád, magyarázná, magyaráznánk, magyaráznátok, magyaráznák

2) mos: mosnám, mosnád, mosná, mosnánk, mosnátok, mosnák

3) számol: számolnám, számolnád, számolná, számolnánk, számolnátok, számolnák

4) eszik: enném, ennéd, enné, ennénk, ennétek, ennék

5) vár: várnám, várnád, várná, várnánk, várnátok, várnák

3. 1) Sírva beszél.

2) Kérdezhetnék valamit?

3) Olvasnám a könyvet, ha lenne időm!

4) Mennék Magyarországra, ha lenne pénzem!

5) Milyen nap van ma?

Lecke 11

1. 1) tanul: tanultam volna, tanultál volna, tanult volna, tanultunk volna, tanultatok volna, tanultak volna

2) dolgozik: dolgoztam volna, dolgoztál volna, dolgozott volna, dolgoztunk volna, dolgoztatok volna, dolgoztak volna

3) lát: láttam volna, láttál volna, látott volna, láttunk volna, láttatok volna, láttak volna

4) olvas: olvastam volna, olvastál volna, olvasott volna, olvastunk volna, olvastatok

volna, olvastak volna

5) napozik: napoztam volna, napoztál volna, napozott volna, napoztunk volna, napoztatok volna, napoztak volna

2. 1) ébreszt: ébresztettem volna, ébresztetted volna, ébresztette volna, ébresztettük volna, ébresztettétek volna, ébresztették volna

2) indít: indítottam volna, indítottad volna, indította volna, indítottuk volna, indítottátok volna, indították volna

3) kapcsol: kapcsoltam volna, kapcsoltad volna, kapcsolta volna, kapcsoltuk volna, kapcsoltátok volna, kapcsolták volna

4) néz: néztem volna, nézted volna, nézte volna, néztük volna, néztétek volna, nézték volna

5) csomagol: csomagoltam volna, csomagoltad volna, csomagolta volna, csomagoltuk volna, csomagoltátok volna, csomagolták volna

3. evő, induló, hívő, fogó, vivő

4. 1) Te mikor és hol születtél?

2) Ha te nem tanár lettél volna, akkor mi lettél volna?

3) Ha Magyarországon születtem volna, jobban beszélnék magyarul, mint most.

4) Mivel foglalkozik a férjed?

5) Talán tanár lett volna. A férjem nagyon szeret tanítani.

Lecke 12

1. 1) tanul: tanulni fogok, tanulni fogsz, tanulni fog, tanulni fogunk, tanulni fogtok, tanulni fognak

2) dolgozik: dolgozni fogok, dolgozni fogsz, dolgozni fog, dolgozni fogunk, dolgozni fogtok, dolgozni fognak

3) lát: látni fogok, látni fogsz, látni fog, látni fogunk, látni fogtok, látni fognak

4) olvas: olvasni fogok, olvasni fogsz, olvasni fog, olvasni fogunk, olvasni fogtok, olvasni fognak

5) napozik: napozni fogok, napozni fogsz, napozni fog, napozni fogunk, napozni fogtok, napozni fognak

2. 1) ébreszt: ébreszteni fogom, ébreszteni fogod, ébreszteni fogja, ébreszteni fogjuk, ébreszteni fogjátok, ébreszteni fogják

2) indít: indítani fogom, indítani fogod, indítani fogja, indítani fogjuk, indítani fogjátok, indítani fogják

3) kapcsol: kapcsolni fogom, kapcsolni fogod, kapcsolni fogja, kapcsolni fogjuk, kapcsolni fogjátok, kapcsolni fogják

4) néz: nézni fogom, nézni fogod, nézni fogja, nézni fogjuk, nézni fogjátok, nézni fogják

5) csomagol: csomagolni fogom, csomagolni fogod, csomagolni fogja, csomagolni fogjuk, csomagolni fogjátok, csomagolni fogják

3. fizetendő, elvégzendő, megoldandó, kiszámítandó, leendő

4. 1) Mikor fogsz visszamenni Koreába?

2) Jövő hétfőn fogok visszamenni Koreába.

3) Pénteken általában meddig vannak nyitva a boltok?

4) Tavaly nevezték ki professzorrá.

5) Találkozzunk jövőre a nyári szünetben!